O novo mundo digital: você já está nele

RICARDO NEVES

O novo mundo digital: você já está nele

OPORTUNIDADES, AMEAÇAS E AS MUDANÇAS QUE ESTAMOS VIVENDO

Relume Dumará

Direitos cedidos para esta edição à
EDIOURO PUBLICAÇÕES S.A.
Rua Nova Jerusalém, 345 – Bonsucesso
CEP 21042-235 – Rio de Janeiro, RJ
Tel. (21)3882-8338 – Fax (21)2560-1183
www.relumedumara.com.br

A RELUME DUMARÁ É UMA EMPRESA EDIOURO PUBLICAÇÕES

Revisão
Herminia Totti

Editoração
Dilmo Milheiros

Capa
Simone Villas-Boas

CIP-Brasil. Catalogação-na-fonte.
Sindicato Nacional dos Editores de Livros, RJ.

N427n Neves, Ricardo
O novo mundo digital : você já está nele : oportunidades, ameaças e as mudanças que estamos vivendo / Ricardo Neves. – Rio de Janeiro : Relume Dumará, 2007.
224p. – (Renascença digital ; 1)

ISBN 978-85-7316-483-1

1. Sociedade da informação. 2. Tecnologia da informação. 3. Tecnologia e civilização. 4. Previsão. 5. Computadores e civilização. I. Título. II. Série

07-0535 CDD: 303.483
CDU: 316.422.44

Sumário

Prefácio

De que trata este livro?

Este livro trata de caminhos que várias pessoas estão descobrindo exatamente como meio de se tornarem menos reféns de estruturas antiquadas (instituições, tecnologias, estilos de vida, trabalho sem sentido etc.) e ter uma vida mais cheia de significado. Não são caminhos prontos, mas em processo de construção, obra inovadora de indivíduos que não estão dispostos a resignar-se ao papel de espectador passivo da vida que transcorre.

Mais e mais pessoas se descobrem como pioneiros que avançam em direção à nova fronteira: os tempos futuros. Como lagartas que tentam sair da crisálida para tornarem-se borboleta, esses novos pioneiros trabalham arduamente construindo novos estilos de vida e organizações inovadoras.

Assim, como os pioneiros que descobriram novos mundos exteriores – Marco Polo, Colombo, Vasco da Gama –, estes pioneiros arriscam mais do que a média da humanidade que prefere engordar, se intoxicando, corpo, mente e alma de lixo, que mistura fast-food, reality shows, entretenimento de massa, consumismo, comodismo e conformismo.

É com essas pessoas e sobre estas questões que este livro se propõe a dialogar, contribuindo para um círculo virtuoso, que parte da reflexão, passa pelo diálogo e deságua nas ações de transformação.

Capítulo 1

Crônicas do século XXI

Um choque para cair na real

Sentindo a gravidade das transformações

Não sinto ainda que a maioria das pessoas compreenda de fato a radicalidade do que está ocorrendo em termos de mudança nos tempos atuais. A maioria dos indivíduos segue levando seu cotidiano sem se dar conta de que algo dramático, grandioso, épico e mesmo assustador está acontecendo a todos nós, coletivamente. Ainda não nos convencemos de que somos testemunhas, atores e espectadores, da transição entre duas eras da história da humanidade.

Da mesma forma, sem ter a exata clareza do que está acontecendo e sem desenvolver um senso de urgência, seguem as organizações, sejam elas privadas ou públicas, empresas ou ONGs. Apesar de muitas das organizações terem elaborado planejamentos estratégicos ambiciosos, no dia-a-dia o comportamento da média das pessoas nessas organizações assemelha-se à orquestra do Titanic, que segue tocando enquanto o navio afunda.

Por outro lado, a imprensa, com raríssimas exceções, segue noticiando fatos do dia-a-dia sem articular uma reflexão preditiva. Mesmo os analistas econômicos que, por dever de ofício, devem fazer exercícios exploratórios sobre o futuro, se limitam a fazer extrapolações lineares, acreditando que o futuro será uma extensão incremental do presente e do passado.

A questão é que o futuro não será como era imaginado antigamente. Vivemos tempos disruptivos e precisamos nos conscientizar de que transições abruptas estão se configurando e se abaterão sobre nós como ondas cada vez mais intensas de transformações. Sem uma compreensão dessa extensão das mudanças que vão sacudir nossas vidas com a intensidade de fenômenos cataclísmicos, torna-se muito mais difícil tomarmos medidas de preparação ou precaução. Pior do que isso, nossas reações não podem ser de fazer ajustes incrementais para nos prepararmos. De grão em grão a galinha enche o papo e vai do mesmo jeito para a panela.

Para procurar realizar um tratamento de choque, meu caro leitor, fui pescar algumas "notícias sobre tentativas do futuro", uma espécie de arqueologia reversa do futuro, com o objetivo de dar uma sensação do que vem por aí.

Manchetes do Futuro: a data você pode escolher

Noventa e sete por cento dos domicílios acham-se conectados à grande rede global de comunicação digital e praticamente todos os indivíduos brasileiros têm acesso a essa rede. Esperava-se que esse alto nível de penetração levasse décadas para ser registrado, no entanto, depois que aconteceu a chamada "convergência digital" entre Internet, a TV digital e a telefonia celular, ocorreu um espetacular salto exponencial que acabou por tornar a conexão da grande rede algo tão natural quanto ter documento de identidade. Uma revolução vem acontecendo na vida produtiva de todos os países, bem como no estilo de vida das pessoas. Milhares de tipos de negócios simplesmente têm deixado de existir, assim como os empregos por eles gerados; em alguns casos, literalmente da noite para o dia. Porém, de forma igualmente frenética, outros diferentes e inovadores negócios vêm sendo progressivamente criados.

Os jornais diários em papel acabaram e o mercado de livros vem paradoxalmente crescendo com extrema vitalidade. Quando se fala em notícia, tudo agora é on-line. Com a acessibilidade à grande rede tendo se tornado lugar-comum, e em especial depois que a velocidade de conexão ultrapassou a barreira dos dez gigabytes por segundo, mesmo sem necessidade de conexão por fios, tornou-se irracional e totalmente anticomercial fazer jornal impresso por causa dos custos com papel, serviços gráficos e especialmente por causa dos custos de distribuição. Por outro lado, indo na contramão das análises de tendências de mercado dos especialistas, o segmento editorial deu um salto de crescimento. A indústria do livro nunca esteve tão bem. O livro se tornou um produto mais desejado pelas pessoas, pois apresenta um grande diferencial em relação aos produtos digitais. O livro, costuma-se dizer, tem permanência e charme em um mundo onde tudo é digital. A produção gráfica se tornou mais caprichada, com design mais arrojado. Além disso, o preço do livro caiu graças ao crescimento da economia de escala, isto é, o aumento das tiragens em cada edição e o aumento da eficiência da industria editorial. Na medida em que o livro passou a ser visto como uma espécie de "suvenir de conhecimento", as editoras passaram a "customizar" edições: você pode comprar um mesmo texto com diferentes opções de formato, capa, textura, ilustrações. Escolha o tipo que mais combinar com você, como são ainda os tênis e sapatos esportivos.

A expectativa de vida ao nascer nos países escandinavos já alcançou a marca de 97 anos para as mulheres e 95 para os homens. Com isso, será votado brevemente um novo piso para a aposentadoria nos países da União Européia: 78 anos. Estima-se que 60% das pessoas da geração que nasceu na virada do século XX para o XXI deverão ultrapassar cem anos. No Brasil, estamos chegando à média de 90 anos de expectativa de vida ao nascer, e o governo está tentando convencer o Congresso a votar um aumento do piso de aposentadoria para 72 anos ao mesmo tempo que procura convencer a sociedade da importância do aumento.

O mal de Alzheimer atinge mais de 5% da população nos EUA. O número de pessoas internadas nos asilos para idosos acometidos de Alzheimer já é maior que a população do estado do Rio de Janeiro no começo do século XXI.

A eutanásia, como um direito do indivíduo, foi finalmente reconhecida pela Suprema Corte nos EUA. Esse fato ocorre com uma defasagem de duas décadas em relação aos países escandinavos e anglo-saxônicos europeus.

Filmes e músicas não são mais comprados nem alugados em lojas. Você pode baixar da Internet tudo o que quiser. Na verdade, a tendência de substituir produtos por serviços vem sendo acentuada mundialmente. Cada vez mais as pessoas preferem alugar produtos eletrônicos e eletrodomésticos na forma de assinatura à disponibilização em suas residências. Ao alugar um aparelho de TV, ar-condicionado, geladeira, home theater, computador, e mesmo automóvel, as pessoas se livram das dores de cabeça de manutenção e de obsolescência. Esse processo melhorou consideravelmente a reciclagem dos produtos. Para isso, os grandes fabricantes tiveram que se reinventar para trabalhar em parceria com uma rede de fornecedores que atende localmente os seus clientes.

TV e rádio convergiram para dentro da Internet. A grade de horário de programação não existe mais. Você vê o que quer, na hora que quer. Muita gente ainda conta para os netos como era engraçado juntar todo mundo na sala em determinada hora para assistir à novela, ao noticiário e outros programas de TV.

A SSCC – **Síndrome da Sobrecarga Cognitiva – é uma das principais razões de pedidos de aposentadoria por questões de saúde.** Esta é uma síndrome típica da Era Digital que começou a ser observada por especialistas ainda nos primórdios do século XXI. Em seu estágio inicial, as pessoas se mostram irritadiças ou frustradas por não conseguirem acompanhar e processar as informações às quais são expostas. Se não for acompanhado e tratado, com terapias, medicamentos, grupo de auto-ajuda, o quadro poderá evoluir para catatonia crônica ou então para comportamentos marcadamente anti-sociais.

Todo o mundo tem seu próprio *tablet*. O aparelho eletrônico do tamanho de um pequeno bloco de papel e que integra o computador pessoal ao telefone celular alcançou a penetração de 100% do mercado na Europa, na América do Norte e no Japão. Adultos e também crianças a partir da pré-escola usam seus *tablets* para as mais diversas finalidades. Noventa por cento dos jornais diários são lidos on-line nesses dispositivos.

A frota mundial de carros atingiu a marca de dois bilhões de veículos. Em 2000 eram 700 milhões. O maior crescimento se registrou em países como China, Índia e Brasil, o qual triplicou sua frota de 2000, tendo atingido a marca de 60 milhões de veículos. Os veículos atuais produzem baixa poluição. Os maiores transtornos são congestionamentos e a segurança viária. Todos os países estão adotando o pedágio eletrônico nas principais artérias urbanas e foi abolido o estacionamento gratuito. O carro transformou-se em um bem barato, acessível a qualquer um. Na verdade, o custo da posse do carro se tornou irrelevante. O que conta é o custo do uso: pedágio e estacionamento, principalmente. Para se livrar dos transtornos dos congestionamentos e para ter uma vida mais barata, um novo estilo de vida tem se tornado muito popular, o das pessoas que optam por morar nas chamadas centralidades urbanas, locais onde mesmo a pé pode-se ter acesso ao trabalho e às atividades de lazer e compras etc. Andar a pé, resolver necessidades cotidianas via grande rede e poder optar por usar o carro com muita moderação passaram a ser um estilo de vida almejado como busca por qualidade de vida. Isso provocou uma enorme desvalorização dos imóveis situados em condomínios fechados distantes dos centros urbanos, os quais eram vistos como oásis de qualidade de vida e segurança no começo do século XXI.

Crime organizado, narcotráfico, terrorismo e armas de destruição em massa: os quatros cavaleiros do Apocalipse. Guerra, epidemias, pobreza e fome não são consideradas mais as grandes ameaças à humanidade atualmente. Os riscos de conflagração militar se tornaram pontuais. Com isso, os exércitos sofreram um processo radical de reengenharia. As Forças Armadas típicas do século XX – multidões de soldados com armamento de alto poder de destruição que exigiam uma megaestrutura de logística – foram substituídas por redes de unidades constituídas de comandos de elite. A figura do soldado raso – a carne de canhão – desapareceu. Apenas permanecem em forças armadas de países muito atrasados. Praticamente todos os militares são oficiais profissionais altamente qualificados em inteligência e ação militares típicas de comandos de elite, equipados com os mais avançados recursos tecnológicos, que vão desde aviões e viaturas-robôs, nanotecnologia, *lasers*, satélites, até redes neurais.

O hidrogênio vai se tornando a verdadeira fonte de energia da Era Digital, da mesma forma que o minério foi a fonte da Revolução Industrial e depois o petróleo no caso da sociedade pós-industrial. O petróleo, como combustível, está praticamente aposentado. Os países produtores de petróleo que não conseguiram encontrar outra vocação, como a Nigéria, a Venezuela, o Irã e vários países árabes, estão passando por sérias dificuldades econômicas e turbulências sociais.

O Brasil e todos os países das Américas assinaram a formalização da União das Américas, a chamada UA. Com um bilhão de habitantes, os 38 países da Patagônia ao Alasca passam a ter como moeda comum o dólar, e seus cidadãos passam a ter dupla cidadania, a de seu país de nascença e a cidadania americana, isto é, cidadão da UA. (Foi por essa razão que passamos a chamar os cidadãos dos EUA de estadunidenses.) A regionalização vai se tornando realidade nos outros continentes. A China assume a liderança na articulação da União do Pacífico. Enquanto isso, a Liga dos Países Árabes e a União Africana negociam sua entrada na União Européia (UE).

A profissão de médico já não atrai mais a juventude e vários cursos estão sendo fechados. Salários baixos e poucos empregos são a razão. Mesmo depois de três anos após a formatura, apenas dois de cada formando da área médica encontra um emprego com salário comparável ao de um motorista de ônibus urbano. Uma das causas é que a prática da medicina mudou radicalmente nos últimos anos. A combinação dos avanços tecnológicos, com destaque para a medicina diagnóstica, a engenharia genética, os fármacos inteligentes, a nanotecnologia etc., fez com os quadros médicos o que a tecnologia de informação fez com a categoria dos bancários, que eram 900 mil empregados apenas no Brasil em meados ao final da década de 1980, e foi reduzida a quase cem mil ao final da primeira década do século XXI. Por outro lado, tem tido acentuada valorização – além de aumento da demanda – enfermeiros, paramédicos e os chamados técnicos profissionais ligados aos serviços de bem-estar, que combinam a *expertise* de educação física, psicologia e terapias alternativas como shiatsu, pilates, acupuntura etc.

A Assembléia Geral das Nações Unidas aprovou hoje um fundo especial para a Reengenharia Governamental. Essa iniciativa se destina a ajudar os países que estão necessitando mais urgentemente racionalizar a máquina governamental. Desde a última década, pressionados pelos eleitores e contribuintes, que têm feito mobilizações locais e internacionais com o slogan "Mais com menos", os líderes políticos têm enxugado o funcionalismo. No Brasil, o governo federal já reduziu em um terço a máquina pública. Servidores com mais de 45 anos que não são capazes de utilizar tecnologia de informação para suas funções são estimulados a se demitir ou aposentar. Os países mais avançados em processos de reengenharia – que fizeram avanços significativos tanto em termos de produtividade quanto de qualidade – são Nova Zelândia, Austrália e Coréia do Sul.

Os fundos de pensão de empresas estatais apresentam déficits recordes e correm o risco de irem à bancarrota ameaçando a segurança social de milhões de brasileiros com mais de 60 anos. Segundo o governo, não existe mais possibilidade de transferência de recursos públicos para cobrir déficits. Uma das soluções que está sendo estudada, inclusive com o apoio dos participantes desses fundos, é a agilização do processo de privatização dessas empresas. Assim, empresas como Petrobras, Banco do Brasil e Caixa Econômica poderão finalmente passar à condição de empresas privadas. E tem muito mais...

Capítulo 2

A Internet é só o começo

A infância da grande rede e o começo da grande ruptura

Existem dois grupos de explicações para o início do Universo. Uma explicação totalmente religiosa e que está no Gênesis: "*Fiat lux*", isto é, faça-se a luz, teria dito Deus. A outra é a hipótese científica que cosmólogos e físicos criaram e desenvolveram durante o século XX: o Big-bang, isto é, a grande explosão que teria ocorrido cerca de 15 bilhões de anos atrás.

O planeta Terra, nossa nave no universo, teria aparecido há uns quatro bilhões de anos e nós, como espécie, teríamos surgido somente há um milhão de anos. As primeiras cidades, na verdade meros acampamentos, teriam se formado há mais ou menos dez mil anos. Civilizações que são construções humanas muito mais complexas, como a egípcia, a mesopotâmica, a grega, a romana etc., são criações coletivas muito mais recentes e que começaram menos de cinco mil anos atrás.

Do ponto de vista individual, a vida humana segue um passo cotidiano em que as pessoas, mergulhadas na luta pela sobrevivência, não conseguem perceber a prodigiosa saga civilizatória que, como espécie, temos realizado nestes últimos dez mil anos. Em verdade, a maior parte da humanidade passa pela vida sem ter uma perspectiva clara da nossa jornada civilizatória. É pena que nós, como indivíduos, não percebemos nossa condição de protagonistas nesta fantástica História e também não desenvolvemos mais nossa visão prospectiva.

Em alguns momentos turbulentos de nossa história como espécie, algumas vezes logramos realizar uma sinergia de criações e invenções coletivas que aceleram o curso da vida humana associada fazendo acontecer rupturas impressionantes. Aqui entra a Internet, que é hoje a mais extraordinária dessas invenções e que estará sendo o centro das megatransformações civilizatórias que nos conduzirão da Era Pós-Industrial para os tempos da Era da Sociedade Digital Global.

Mas antes de falarmos especificamente na revolução chamada Internet, vejamos alguns dos exemplos das grandes invenções e inovações coletivas que a precederam e que produziram rupturas igualmente extraordinárias. Isso deixará mais clara a idéia de evolução que defendo.

Linguagem, agricultura e cidades: as três maiores invenções coletivas da humanidade até então

A primeira grande invenção humana é, sem dúvida, a linguagem oral. Esta foi a mais extraordinária ferramenta de socialização criada pela humanidade desde o início dos tempos em que o *Homo sapiens* apareceu. Imagine que coisa extraordinária: associar sons saídos de dentro da boca dos indivíduos a significados dos mais diversos possíveis e estabelecer um padrão coletivo de comunicação baseado nesses sons e seus significados. Imaginem como as possibilidades dos indivíduos aumentaram. Poder expressar sentimentos e necessidades. Poder explicar planos e intentos, como coordenar as funções domésticas, caçar, encontrar comida, guerrear e, por fim, começar a criar uma das mais sublimes formas de expressão humana: a arte.

Milhares de anos se passaram, até que uma outra invenção tomou forma: a agricultura. A segunda grande revolução coletiva do *Homo sapiens sapiens*. Os primeiros grupamentos humanos estavam condenados a perambular por toda sua existência coletando e caçando para sobreviver. Vidas curtas e de extrema penúria. A agricultura significou a libertação do estado natural que equiparava os seres humanos a quase bichos. A invenção coletiva da agricultura teve múltiplas vantagens além de libertar o homem da escassez nutricional a que coletores e caçadores estavam condenados: tempo liberado para mais contatos humanos e para desenvolver novas experiências. A agricultura permitiu que se formassem ainda comunidades maiores. Mais gente, mais energia criativa colaborativa, mais comunicação, mais ingredientes para outras inovações foram se acumulando até chegarmos a uma nova criação coletiva revolucionária que nasceu há dez mil anos: as cidades.

Assim, juntando as três grandes invenções – linguagem, agricultura e cidades –, a humanidade se descolava do mundo natural e ficava cada vez mais desassemelhada da "vida natural" dos bichos. No entanto, a comunicação entre os humanos por ser unicamente oral era restrita aos seres que estavam vivos na mesma época. Sem a comunicação escrita, o patrimônio do saber não podia ser estocado e passado adiante. Cada geração ficava presa ao seu próprio e curto tempo de existência. Os antepassados falavam com as gerações futuras apenas através de seus resquícios materiais e obras de arte.

Até que a escrita surgiu cerca de cinco mil anos atrás, passados quase cinco mil anos depois da invenção das cidades. Agora sim, era possível acumular a sabedoria dos que viveram e passá-la adiante. Com isso a humanidade não estava mais condenada a ter de reinventar uma série de coisas a cada geração que nascia.

No ambiente das cidades, já com a vantagem da comunicação escrita, floresciam centenas de outras promissoras atividades humanas. Comércio, indústria, finanças, ciência, tecnologia, artes: a criatividade do *Homo sapiens sapiens* progredia e novas invenções foram sendo incorporadas ao cotidiano. Como sempre acontece, a integração e a sinergia delas foram produzindo ondas de rupturas sucessivas. É só lembrar gregos, romanos, Idade Média, Estados Nacionais, Revolução Comercial, Revolução Francesa, Independência Americana, Revolução Industrial e... Estamos chegando ao nosso tempo, quase na véspera da entrada no Terceiro Milênio, quando homens e mulheres inventaram uma grande rede de comunicação que poderia crescer infinitamente, a qual todos, pessoas, organizações, governos, países em qualquer continente, poderiam usar para comunicar e estocar conhecimentos. Assim, enquanto indivíduos, não nos dávamos conta do que íamos fazendo coletivamente, mas a humanidade, graças ao desenvolvimento de suas máquinas eletrônicas capazes de processar e estocar informações e dados na forma de 0s e 1s, chegou a um novo patamar civilizatório. E aqui estamos no limiar de um futuro desafiador.

Até que ponto você tem se preocupado com sua adaptação pessoal, em um mundo no qual uma grande rede como essa vai mediar todas –

atenção, eu disse TODAS! – as relações humanas, sejam essas de objetivo produtivo, de consumo, de entretenimento, de natureza social, afetiva e outras dimensões próprias da vida humana associada. Quem não sabe andar na rua, não sai de casa. Nos anos que estão por vir, quem não souber navegar na Internet estará condenado a uma existência de prisioneiro, de pária social, de ermitão, de alienado.

As pessoas simples costumam dizer, quando se deparam com complexidades que lhes parecem incognoscíveis, isto é, que são impossíveis de serem compreendidas, que a vida é para se viver um dia depois do outro. No entanto, homens e mulheres que conseguem ver um pouco mais adiante do que um dia depois do outro, que conseguem olhar 360 graus ao redor e não em uma linha reta, são os que melhor conseguem sobreviver. Mais do que isso, são os seres humanos que logram um maior controle sobre seu próprio destino. Portanto, temos de pensar também do futuro para o presente e não só do presente para o futuro.

A Internet traz imensas possibilidades. Para o bem e também para o mal. Pela primeira vez na história da humanidade temos uma máquina gigantesca de comunicação e estocagem de conhecimento com um nível altíssimo de acessibilidade instantânea. É quase um organismo vivo de conhecimento, nutrido de bits e bytes que todos nós injetamos através de milhões e milhões de computadores conectados dia e noite. Em poucos anos serão bilhões de seres e computadores conectados em rede dia e noite.

No contexto histórico do pessimismo que caracterizava a Guerra Fria, no tempo em que temíamos o holocausto nuclear, criamos uma extraordinária invenção que beneficia o indivíduo mais do que minorias totalitárias. A Internet pertence à categoria das ferramentas humanas que são potencialmente libertárias, isto é, que possibilitam aos indivíduos terem mais controle do próprio destino do que serem controlados por uma minoria. São aquelas ferramentas que quanto mais gente tiver melhor para os próprios indivíduos do que para uma minoria. O telefone e a imprensa inventada por Gutenberg são outros exemplos dessa linhagem de ferramentas. A pólvora e a energia nuclear são exemplos de ferramentas de natureza totalitária, isto é, que tendem a propiciar condições de domínio da maioria por uma minoria.

Se você está nos seus 80, 90 anos de vida, pense em aprender a usar a Internet para ter uma idéia do que espera a humanidade nos próximos anos. Se você está nos seus 60 e 70 anos, aprender a usar os recursos da Internet vai fazer bem, sobretudo como exercício para seus neurônios. Isso vai ajudá-lo a chegar melhor ainda aos 80, 90, quem sabe aos cem! Se você está nos seus 40, 50 anos, não vacile nem um segundo em se tornar proficiente, sob o risco de envelhecer e se tornar irrelevante, do ponto de vista social e produtivo, muitos anos antes da velhice provecta. Se você tem menos de 30, não se preocupe, a Internet será parte natural de seu futuro, inevitavelmente.

O uso da Internet como ferramenta de comunicação e como instrumento de busca e construção de conhecimento não é ainda corrente no cotidiano das residências e dos indivíduos fora da esfera do trabalho, mas em mais dez anos ela estará tão presente nas residências quanto o banheiro, que durante tanto tempo nas primeiras décadas do século XX era chamado de WC (*water closet*) e que só começou a se disseminar nos centros mais urbanizados a partir do final do século XIX. Da mesma forma como se disseminou a luz elétrica por todas as residências e ambientes humanos, tornando-se disponível somente a partir da primeira década do século XX.

Praticamente 100% das residências terão acesso à Internet em velocidades cada vez mais rápidas. Além disso, quando acontecer a convergência entre telefonia celular, TV digital e Internet, o acesso individual será indispensável para as pessoas em qualquer circunstância; seja em casa, no trabalho, em trânsito na rua ou no avião etc.

Em um futuro próximo, não saber usar a Internet, em qualquer parte do planeta, será uma ignorância comparável a não saber como usar uma descarga de banheiro, como dirigir um veículo, como usar um caixa bancário, e por aí afora. Serviços bancários, de educação, saúde, consumo, atividades produtivas, mesmo o relacionamento social; tudo isso e muito mais será impensável sem a estrutura da grande rede, que evoluirá a partir da Internet, seja qual for o nome que tiver.

Nos anos que estão por vir, a Internet sacudirá o *status quo* de forma imprevisível e arrasadora. Demolirá os muros e barreiras de toda a natureza, sejam elas geográficas, de classe, institucionais, corporativas. Desestabilizará organizações e instituições e implodirá os centros estabelecidos que não se reinventarem. Dará margem ao nascimento de oportunidades inacreditáveis, que ainda nem mesmo estão à vista. Tremerão e serão colocados à margem aqueles que não forem capazes de manter a curiosidade infantil e a alegria de se tornarem permanentemente exploradores das novidades possibilitadas pela navegação do ciberespaço.

Não perca mais seu tempo com bobagens como a TV. Deixe de lado jornais e rádios que não contribuírem uma vírgula para que você passe de espectador a ator ativo. Contrate um serviço de banda larga. Acaso você se julgue velho demais para aprender novos truques, não desanime. Aproxime-se de seus filhos, netos pequenos ou adolescentes, peça licença, sem ter vergonha de sua ignorância, para acompanhá-los na navegação do ciberespaço. Entre sem medo na grande rede e inicie sua jornada em direção a um futuro onde você tem mais opções para exercer maior controle sobre seu próprio destino. Antes que você se torne irrelevante...

CAPÍTULO 3

Renascença Digital

NAVEGANDO TEMPOS DE INCERTEZA

A transição entre a Era Pós-industrial e a Era da Sociedade Digital Global

Rio de Janeiro, 11 de setembro de 2001, pouco mais de 11 da manhã. Passei mais de duas horas trancado em reunião com a equipe de analistas que estava dando a partida em um grande projeto de mapeamento do mercado corporativo e residencial para Internet banda larga nas principais cidades brasileiras. Estávamos todos muito excitados e animados, pois o objetivo do projeto era encontrar soluções que contribuiriam para acelerar o número de empresas e domicílios residenciais que poderiam se beneficiar das vantagens de ter acesso à Internet, número esse que naquele ano era ainda muito pouco expressivo. Ao sair da reunião e sentar-me à minha mesa, em frente ao notebook, cliquei o mouse. Entrei no jornal on-line que costumo deixar no "favoritos" do meu navegador. Custei a entender a manchete que surgiu então na tela: "Cai a segunda torre do World Trade Center em NY."

"Foi o melhor e o pior dos tempos, a idade da sabedoria e da insensatez, a era da fé e da incredulidade, o Século das Luzes e a Estação das Trevas, a primavera da esperança e o inverno do desespero." Assim Charles Dickens começava seu romance intitulado *Um conto de duas cidades*. Neste livro, Dickens lança seus personagens em uma trama eletrizante, que se alterna entre Londres e Paris, e que tem lugar nos anos que precedem e que desembocam na Revolução Francesa.

Dickens escreveu *Um conto de duas cidades* no ano de 1859, transportando-se quase 80 anos para o passado para encaixar sua trama em uma era extraordinária, pois foi o tempo no qual estavam se processando, simultaneamente e em contraponto, três revoluções que mudaram de forma dramática e radical os rumos da humanidade.

Como todo grande contador de histórias, Dickens construiu uma trama que enfocava a vida privada de pessoas; diferentemente dos historiadores, dos sociólogos, enfim, dos acadêmicos, os quais se concentram nos fatos históricos. Seus personagens eram folhas ao vento perdidas no turbilhão das transformações que ocorriam naquele final de século XVIII.

O quartel final dos anos 1700 foi uma era em que as mudanças deixaram de ser incrementais e assumiram uma perspectiva de ruptura nas mais diversas dimensões: política, social, tecnológica, econômica, cultural etc. De um lado do oceano Atlântico tem lugar a Independência Americana (1776), do outro lado do oceano, na velha Europa, ocorre a deflagração da Revolução Francesa (1778); e do outro lado do canal da Mancha tem lugar o início da Revolução Industrial. Esta última poderia ter como data simbólica o ano de 1776, por causa do fato de ser o ano em que Adam Smith lançou seu livro *A riqueza das nações* e também por ser esse o ano no qual James Watt finalmente deu forma definitiva à máquina a vapor, invenção que se mostrou revolucionária pelo fato de ter permitido à humanidade, pela primeira vez, se libertar das limitações da tração animal.

"Tínhamos tudo e nada tínhamos, íamos todos diretamente para o Céu, ou íamos em direção diametralmente oposta", continuava Dickens, de um jeito que você deve identificar adequado também para descrever os nossos momentos maníaco-depressivos atuais.

O resto do fatídico dia que passou a ser conhecido simplesmente como "11/9" foi consumido nos escritórios e nas residências em frente a telas de TV ou computadores plugados na Internet. Boquiabertos, bestializados e da mesma forma que bilhões de outros seres humanos pelo planeta, vimos e revimos centenas de vezes as cenas do choque e da explosão do avião e das torres desabando. Imagens que nunca mais saíram de meus neurônios. No dia seguinte, pela manhã, a multinacional que nos encomendara os serviços para o qual nos reunimos na manhã anterior ligou informando que todos os projetos no exterior estavam suspensos e que iríamos cancelar o contrato. Como na história do dominó, a queda das torres gêmeas repercutiu na vida de todas as pessoas deste planeta. Boa parte da equipe que participou da reunião da manhã do dia 11 em nosso escritório teve de ser demitida nos meses seguintes. Um dos demitidos era um recém-casado que, passadas algumas semanas, soube que ia ser pai de gêmeos.

A Renascença Digital

Confesso-me um apaixonado pelos períodos de transição civilizatória, e de tanto ler clássicos que abordam esse tipo de assunto, tornei-me convicto de que estamos vivendo um desses momentos. Sinto-me às vezes um Dom Quixote às avessas. O nobre lunático se recusava a sair de um mundo que fora extinto ainda há pouco. Eu vivo de olho em um mundo novo que vai se amalgamando.

Não temos ainda o distanciamento de nossa época que permita a um genial autor imortalizar nossa saga, como foi o caso de Camões com *Os Lusíadas*, Umberto Eco com *O nome da Rosa*, Dickens com *Um conto de duas cidades*, mas um dia isso certamente vai acontecer.

Alguém ainda vai escrever no futuro afirmando que nós fomos estóicos navegadores do tempo, que vivemos o melhor e o pior dos mundos tocando o barco sob forte neblina e tempestade entre os portos da Era Pós-industrial para a Era Digital. Talvez, no final de mais algumas décadas, os historiadores atinjam um consenso de fato e passem a chamar nosso tempo de "Renascença Digital"; o período no qual todo o trabalho e a maior parte de toda a criação humana foram convertidos para a forma de bits e bytes.

As crianças do século XXI talvez digam de forma sumária que a Renascença Digital foi o período em que tudo foi migrado para dentro do ciberespaço. Para o bem e para o mal. Tudo: serviços, produção, consumo, interação profissional ou social, lazer, relações pessoais, e também as atividades ilícitas, ilegais e anti-sociais, como o crime, o terrorismo, o vandalismo. Tudo mesmo será transposto para as fabulosas avenidas digitais do ciberespaço.

Essa migração será um processo turbulento de sistemática, extensa e inelutável destruição criativa que nos tirará do ponto de equilíbrio atingido na plenitude da Era da Sociedade Industrial, período que podemos situar mais ou menos entre o final da Segunda Guerra e o final dos anos 1970. Um novo ponto de equilíbrio será talvez alcançado entre as décadas de 2030 e 2040. Quem sabe? Mas a transição vai ser dramática e deixará muitos pelo caminho.

A rota incerta e tempestuosa que pode levar à Sociedade do Conhecimento ou à Barbárie Digital Global

Seria formidável se tivéssemos certeza de que a Renascença Digital seria uma travessia em direção a um tempo de bonança, que nos levasse, por exemplo, à era da Sociedade do Conhecimento, na qual toda a humanidade participaria de forma harmônica de uma nova economia, na qual a informação seria a mais importante das matérias-primas.

Infelizmente ninguém pode afirmar que essa rota esteja garantida. Do outro lado dos portais da Renascença Digital pode não existir somente a Sociedade do Conhecimento. Pode ser que apenas parcela da humanidade consiga ascender à Sociedade do Conhecimento. Neste caso poderemos ter um mundo bipolar, onde haverá de um lado aqueles que tiveram êxito em ganhar acesso à Sociedade do Conhecimento e do outro, separado por um abismo profundo, um grupo excluído, fortemente contrastante.

Ao longo dos séculos temos visto divisões bipolares da humanidade: impérios e colônias, países desenvolvidos e subdesenvolvidos, burgueses e proletários, senhores e escravos. Aprendemos (pelo menos algumas de nossas lideranças positivas!) ao longo da história das civilizações que quanto mais segregacionista a sociedade, maiores são as chances de decadência, caos, descontrole social, revoltas.

Muita coisa leva a crer que na travessia para a Sociedade Digital Global o maior desafio para a Humanidade não seja a expansão da pobreza, nem guerra, nem doença. O grande desafio será vencer a grande separação, o abismo, a dicotomia entre dois mundos fortemente separados. Nosso desafio é impedir que como contraponto à formação da Sociedade do Conhecimento se crie o bloco dos condenados à Nova Barbárie.

Uma Nova Barbárie poderá ser um mosaico de fragmentos, de correntes, tendências de estilo de vida e arranjos sociais e anti-sociais de indivíduos que não conseguirem vencer o fosso do acesso à Sociedade do Conhecimento. E assim poderão ser nutridas as hordas dos novos bárbaros: terrorismo, ultranacionalismo, gangues, seitas, séqüitos, fundamentalismos, drogas, megahedonismo, tribalismo étnico-digital. Pior do que isso. Estes grupos, por causa do seu forte grau de ressentimento, deverão ser tornar potenciais presas fáceis para predadores da Civilização, que aparecerão na forma de perigosos líderes demagogos, oportunistas, messiânicos e regressistas, da mesma forma que Hitler teve sua ascensão nutrida pelo ressentimento do povo alemão há mais de 70 anos.

Vamos precisar buscar eleger e nutrir líderes capazes de entender que as oportunidades e os riscos se escondem na transição dos portais da Renascença Digital e que tenham clareza do desafio de tornar mais ampla e inclusiva a participação global de indivíduos, comunidades e nações na Sociedade do Conhecimento. Precisaremos de uma nova liderança que nos inspire e ajude a transitar pela Renascença Digital e a minimizar a fragmentação que poderá inchar a Nova Barbárie, impedindo que esta cresça e se torne dominante, impondo o caos que nos conduziria à decadência civilizatória. Assim como já ocorreu no Egito Antigo, na Grécia Antiga, na Roma Antiga.

Qual o futuro que vamos escolher?

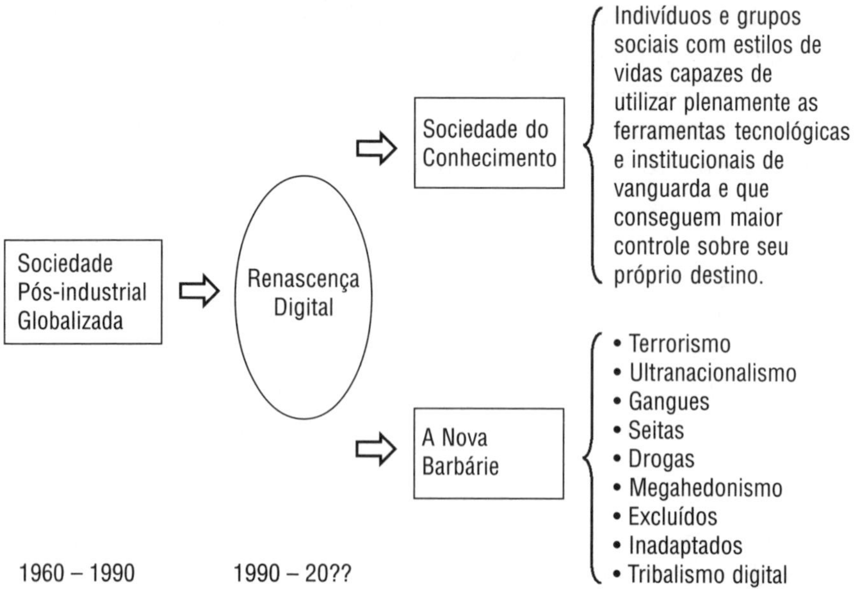

Mas mesmo que tenhamos a sorte de encontrar lideranças que nos conduzam por caminhos mais virtuosos e seguros nesta jornada em direção ao futuro, uma coisa é certa, a responsabilidade individual sobre o próprio destino aumentará muito nos anos que estão por vir. Ao longo do século XX, as pessoas testemunharam o crescimento do Estado como o grande guardião da ordem, como um grande impulsionador do desenvolvimento e como o grande provedor da seguridade social. Isso vai mudar. Mais uma vez para o bem e para o mal. O Estado cresceu de tal forma que se tornou um monstro obeso e ineficiente.

No começo dos anos 1900, os governos retiravam da sociedade, no máximo, entre 7% e 9% da riqueza produzida pelos indivíduos para realizar as funções que eram próprias do Estado até aquela época (medido na forma de Produto Interno Bruto, o famoso PIB). Duas guerras mundiais e a ampliação de uma série de garantias sociais elevaram os gastos públicos para um patamar tipicamente acima de 33% a 35%. No caso do Brasil, estamos no limiar de uma revolta dos contribuintes pelo fato de estarmos sendo hipertaxados. Já são quase 40% do PIB sendo retirados dos indivíduos pelo governo para termos de volta serviços e funções públicas em níveis absolutamente insatisfatórios e de baixa qualidade.

Serão tempos difíceis nos quais achar novas respostas será imperativo. Se coletivamente falharmos, o caminho nos levará à Barbárie Digital Global e aí nossos tempos definitivamente não serão conhecidos no futuro como a Renascença Digital, mas como tempos de decadência, que poderão ser a ante-sala de um grande colapso civilizatório. Mas contra o pessimismo, existe a esperança daqueles que pensam como a antropóloga norte-americana Margareth Mead (1901-1978), que dizia: "Nunca duvide que um pequeno grupo de cidadãos consciente e comprometido possa mudar o mundo. De fato, é só o que o tem mudado."

CAPÍTULO 4

Paradoxos do progresso e o mito dos Anos Dourados

REVISITANDO O PASSADO PARA SEPARAR A FANTASIA DOS FATOS

Apesar do progresso material, crescem a insatisfação existencial, a síndrome de autovitimização e a cultura do medo

Anne-Marie e Jean-Pierre são um casal francês de classe média na faixa entre 45 e 50 anos de idade, que no plebiscito de maio de 2005 para a aprovação da constituição da União Européia respondeu "*c'est non!*". Ambos saíram da universidade no final dos anos 1970 e encontraram naqueles tempos um mercado de trabalho que lhes oferecia bons salários, semana de 35 horas, férias de quase dois meses, aposentadoria aos 60 anos. Nos breves intervalos em que estiveram desempregados naquela época, o seguro-desemprego sempre foi generoso e pago sem burocracias. Nas poucas ocasiões em que um deles esteve desempregado, havia tanta certeza de que era um problema tão rápido e pontual e que um novo bom emprego seria encontrado em breve, que o casal aproveitava para viajar e viver em países mais baratos, contando inclusive com a conveniência de receber seu seguro da assistência social automaticamente depositado em conta-corrente sem necessidade de presença física no país. Anne e Jean são representantes da primeira geração de classe média européia que fez da viagem anual ao exterior uma tradição, tendo como destino não apenas outros países europeus, mas também lugares mais distantes como os EUA e outros mais remotos e exóticos situados na África, na Ásia e na América Latina.

Até o final dos anos 1980, essa era também a perspectiva de holandeses, belgas, escandinavos, alemães, cidadãos de nações que conseguiram atingir um notável grau de prosperidade capaz de beneficiar a maior parte de suas populações. As classes médias nesses países tinham uma visão de que seu futuro seria confortável e assegurado. Essa situação foi resultado de esforços positivos de reconstrução após a Segunda Grande Guerra, que asseguraram um crescimento econômico sustentado prolongado, e também de reformas feitas com base no espírito social-democrata, que implantaram o chamado *Welfare State*, o modelo de políticas públicas fortemente comprometido com a promoção do Bem-Estar Social, que se tornou uma marcante característica da vida nos países da Europa Ocidental.

O sinal de que mudanças nesse modelo de desenvolvimento estavam próximas ficou evidenciado quando Margaret Thatcher iniciou seu período de quase dez anos em 1981 como primeira-ministra do Reino Unido. Liderando o governo conservador, Thatcher advogava que não era mais possível ter um sistema social tão oneroso, que as contas não fechavam e que a situação tenderia a ficar cada vez pior. Além disso, ela entendia que o Estado tinha exorbitado de suas funções prioritárias e estava excessivamente inchado, com empresas estatais se ocupando de funções e setores que seriam mais eficientes nas mãos da iniciativa privada (transporte, produção de automóveis, ferrovias, mineração, telecomunicações etc.).

Nesse contexto, a Dama de Ferro iniciou um duro trabalho que passava por uma receita extremamente amarga e impopular: encolher o tamanho do Estado, através das privatizações, e racionalizar e reduzir o tamanho dos benefícios do Estado do Bem-Estar Social. Thatcher começou no início dos anos 1980 aquilo que mais tarde, paulatinamente, seria estendido a todos os outros países da Europa.

O setor de saúde na Inglaterra dos anos 1970 era um retrato exemplar de uma liberalidade e irrealidade fiscal. Naquela época, o Estado arcava praticamente com todas as despesas que seus cidadãos pudessem ter com médicos, dentistas, remédios e demais tratamentos de saúde. Mesmo estrangeiros em situação de turista na Inglaterra eram atendidos gratuitamente pelos serviços de saúde. Essa generosidade com o dinheiro do contribuinte tornou-se famosa a ponto de atrair turistas cujo objetivo era usar o serviço de saúde da Inglaterra. Anualmente, milhares de mulheres espanholas iam à Inglaterra fazer aborto, que era ali legal e gratuito, diferentemente da realidade opressiva da Espanha, que àquela época vivia sob o jugo do ditador Franco. Cidadãos brasileiros que viveram temporariamente na Inglaterra naqueles tempos, tanto aqueles que eram estudantes de pós-graduação quanto funcionários de empresas brasileiras, ainda se lembram com saudade como eram bons e gratuitos o atendimento de saúde e os serviços de educação nas terras de Sua Majestade.

Um dia alguém teria que se esforçar para inverter a tendência de excessiva liberalidade e ineficiência, ajustar despesas e receitas, e isso passaria por tomar medidas impopulares. Foi justamente o que a senhora Thatcher tratou de começar a fazer tão logo subiu ao poder em 1979. Essa foi sua agenda até o final de seu tempo como primeira-ministra, o qual se prolongou até 1990. Quando os trabalhistas derrotaram os conservadores em 1997, havia certa expectativa de que Tony Blair, o primeiro-ministro trabalhista, desfizesse as reformas realizadas por Thatcher. No entanto, nem as reformas promovidas no *Welfare State*, nem as privatizações realizadas foram desconstruídas pelo governo de Blair.

Thatcher mostrou-se uma precursora, pois a partir dos anos 1990, todos os líderes políticos de países da Europa Ocidental, independentemente de suas tendências ideológicas, passaram a considerar, de uma forma ou de outra, as necessidades de se promover reformas no Estado de Bem-Estar Social e na maneira de tornar a gestão do Estado mais eficiente. E assim passaram a fazer parte das agendas dos partidos a realização de medidas impopulares para diminuir o custo social e aumentar a competitividade internacional das nações européias. Medidas que mexiam com direitos tidos como assegurados de forma permanente, como, por exemplo, a semana de trabalho de 35 horas e a idade mínima para a aposentadoria.

Foi assim que tantos europeus passaram a se sentir como Anne-Marie e Jean-Pierre. A imensa e majoritária classe média existente na Europa começou a perceber que havia em seu futuro um horizonte de incerteza e insegurança. O que era dado como certo, seguro, direito adquirido indiscutível etc., começou a ser questionado pelos sucessivos governos que foram sendo eleitos em todos os países. Mesmo aqueles mais à esquerda, como o Partido Verde alemão, ao chegar ao poder passaram a ter de considerar reformas amargas como sendo a alternativa viável. Era chegada a hora de pôr em prática a chamada *realpolitik*, isto é, a política pragmática.

Mas a aceleração da globalização dos anos 1990 trouxe ainda mais más notícias para Anne-Marie e Jean-Pierre. Os seus empregos poderiam ser também relocados para os chamados países emergentes (China, Índia, Brasil, México, Rússia, países do Leste Europeu etc.), que passaram a ser alternativas para as grandes empresas não apenas como mercado, mas também como fornecedores de mão-de-obra mais barata comparada com os salários de alemães, escandinavos, italianos, franceses etc.

Dessa maneira, conquistas consideradas sagradas, como a semana de 35 horas na Alemanha, tiveram de ser revistas por sindicatos fortes como o dos trabalhadores metalúrgicos alemães. O que fazer diante da alternativa colocada pelos grandes empregadores de relocar fábricas inteiras para o Leste Europeu?

Todo esse caldo de acontecimentos transformou a perspectiva de futuro dourado, certo e seguro para as classes médias européias. Para uma geração nascida após a Segunda Grande Guerra, que conheceu praticamente durante toda a sua vida os tempos de vacas gordas, o final do século XX e o começo do novo milênio não são vistos como um horizonte muito promissor. É nesse contexto que se formam as raízes do mau humor de franceses, alemães, holandeses, belgas, italianos com a globalização.

Na América do Norte, a história é um pouco diferente, pois ali o Estado do Bem-Estar Social não teve nunca uma dimensão tão abrangente e generosa como na Europa. No entanto, a competição globalizada se tornou encarniçada, o que está trazendo para a também imensa classe média norte-americana uma perspectiva de incerteza e insegurança.

Foi nos EUA que nasceu a reengenharia – radical redesenho de processos organizacionais visando, sobretudo, à redução de custos[1] –, uma prática de gestão das empresas a partir dos anos 1990 que se disseminou pelo mundo e que tem possibilitado realizar sistemática redução de pessoal. As empresas descobriram em especial que é possível fazer cada vez mais com menos gente graças à tecnologia da informação. A reengenharia somada à terceirização *offshore*, isto é, a prática de relocar fábricas e escritórios para regiões no exterior, onde as condições de mão-de-obra são mais vantajosas, tem criado também nos EUA, assim como na Europa Ocidental, um clima de saudosismo baseado na crença de que o passado era um tempo feliz e seguro. Junte-se a isso o fator terrorismo, identificado pelo fatídico atentado de 11/9, que acrescentou ainda mais incerteza e medo às perspectivas do futuro.

No Brasil, temos uma camada da população que se sente como Anne-Marie e Jean-Pierre, isto é, igualmente preocupada com seu futuro, mais insegura e temerosa. Aqui, o que costumamos chamar de classe média não é como na Europa e nos EUA, a grande maioria da população. Os pesquisadores de mercado costumam dizer que a população urbana brasileira pode ser segmentada em classes socioeconômicas da seguinte forma (números de 2006): 6% da população compõem a classe A, que seriam os domicílios abastados; 24% seriam classe B, o segmento costumeiramente chamado de classe média; 34% seriam C, equivalente à classe média popular; 30% seriam o segmento D, que representam a classe média mais baixa; e, por último, 6% classe E, que seriam os mais pobres.

Digamos que a classe B é a parcela da população brasileira que ascendeu durante o período do regime militar, beneficiando-se do crescimento do país nos anos 1970. Esse segmento social ascendeu graças a uma conjugação de circunstâncias, entre as quais se destacam: o acesso às universidades públicas e gratuitas, aos empregos públicos e estatais, a subsídios na compra do imóvel próprio graças à política de financiamento de habitação que vigorou nos anos 1970 e 1980, e ainda pela circunstância de driblar a inflação dos tempos duros, graças à indexação de suas contas bancárias. Essa classe B teve sua ascensão estancada e está insegura e com medo do futuro, mais do que as classes populares. Isso é o que atestam as pesquisas de mercado e de opinião.

Esta parcela mais alta da classe média brasileira, da mesma forma que Anne-Marie e Jean-Pierre e as classes médias na Europa e na América do Norte, vê que seu futuro e o mundo, que tinham como certos e seguros, acabaram. Essa é exatamente a parcela da população brasileira que já não usa mais os serviços públicos de educação para seus filhos, nos níveis fundamental e médio, nem usa os serviços públicos de saúde, porque a qualidade desses serviços é baixíssima. (O topo da pirâmide, a classe A, nunca usou!) Esse segmento social, que esperava se aposentar na prática em uma idade ao redor dos 55 anos (a idade média de aposentadoria em algumas grandes estatais é de 53 anos), vê as reformas que vão sendo feitas com extrema intranqüilidade. E mais, é o segmento mais assustado diante do descalabro com que o Estado brasileiro trata da questão de segurança pública, pois, diferentemente da classe A, ainda não pode se valer de segurança privada, condomínios fechados e carros blindados.

No contexto global, essas classes médias vêem incerteza e insegurança quando olham para o futuro. Nada melhor para ilustrar de forma objetiva e quantitativa essa sensação como a série histórica de pesquisas que vem sendo realizada anualmente por grupos de economistas, antropólogos e psicólogos em vários países. Essas pesquisas mostram que nos últimos 50 anos, apesar do crescimento da renda, portanto da riqueza material das famílias, a felicidade das pessoas não cresceu na mesma proporção. Pior do que isso: as pessoas sinalizam que estão menos felizes. O gráfico a seguir sintetiza o que essas pesquisas descobriram ao longo de quase meio século.

Crescimento da renda média anual e evolução da felicidade nos EUA entre 1955 e 2002.

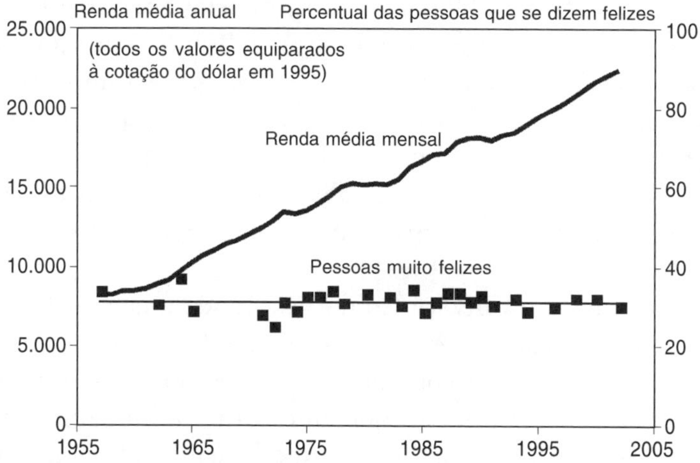

Fonte: David Meyers, *The American Paradox* (Não traduzido no Brasil).

O gráfico, apesar de os dados terem sido coletados nos EUA, é aplicável à realidade dessas classes médias, seja na Europa, seja no caso dos países emergentes, como é o caso do Brasil. A renda cresce continuamente, portanto as pessoas podem ter mais acesso ao consumo de bens e serviços, o que em tese deveria gerar um sentimento positivo de realização. No entanto, não é isso que se constata quando se pergunta às pessoas se elas se sentem felizes. O que se conclui é que mesmo sendo mais ricas do ponto de vista material, isso não implica um sentimento de maior satisfação com a vida. O que se conclui é que o medo do futuro é que justifica a queda do sentimento de felicidade.

Que fazer? Não espere, leitor, que daqui para frente eu vá fazer no restante deste capítulo exortações e sermões acerca das virtudes da frugalidade. Longe de mim. Mas gostaria de desenvolver nesse momento uma reflexão sobre o grande sentimento de desilusão, o grande paradoxo dos nossos tempos. Progredimos em termos quantitativos e não somos capazes de nos sentir felizes com nosso progresso.

Ainda na década de 1950 acomodávamos 2,5 bilhões de habitantes em nosso planeta, e nos últimos 50 anos trouxemos à vida mais quatro bilhões, que até agora têm vivido sem guerras mundiais. Além de acomodar muito mais gente no planeta, temos conseguido viver consideravelmente mais tempo que nossos pais e avós. Só para se ter uma idéia, em 1900 a expectativa de vida de um brasileiro ao nascer era de 33 anos. Hoje está por volta de 72 anos. Aí pelos anos 2030 estaremos seguramente próximos da marca de 80 anos. Temos reduzido a fome, a miséria e a dimensão das guerras, mas não conseguimos extrair do saldo de nossos avanços razões para nos sentirmos mais seguros. Pelo contrário: as pessoas reclamam e reclamam e reclamam. E todo mundo está estressado, inseguro e desiludido, nunca foram tão altos os desajustes de natureza psicossomática como depressão, síndrome do pânico etc.

O aumento da riqueza, medido pela renda e pelo acesso a bens materiais, não apaga nas pessoas a sensação de incerteza e medo em relação ao futuro. Temos conseguido ao longo dos dois últimos séculos desativar bombas terríveis que ameaçavam a humanidade. Lembra-se das previsões de Malthus, o famoso demógrafo inglês que em 1798 lançou suas previsões sobre a catástrofe da fome que se aproximava?[2] Tente se colocar no lugar dos nossos avós que vivenciaram o rosário de catástrofes como a Primeira e a Segunda Guerra Mundial.

Igualmente conseguimos diminuir os riscos do apocalipse nuclear vivido durante a Guerra Fria. Mas a manchete negativa é que faz vender jornal, daí...

Acostumamos a falar cronicamente em caos urbano, seja para nos referir a Londres, Nova York, São Paulo, Rio de Janeiro, Johannesburgo etc. Mas verdadeiramente todas as cidades têm melhorado. O caos urbano era Londres, Paris e Nova York do século XIX. Reclamamos do tráfego, mas as ruas das grandes cidades do século XIX eram uma mistura insuportável de cheiro de lama, esgoto e excrementos de animais de tração.

A miséria e a desigualdade social que vemos hoje exposta nas ruas de cidades tanto de países ditos desenvolvidos quanto dos emergentes não têm similaridade com o descalabro que se via no século XIX. Tome duas cidades como referência. Pense em Londres e no Rio de Janeiro na primeira metade do século XIX, mais especificamente nas primeiras décadas do Brasil Império. Londres vivia as agruras do começo do capitalismo, recebendo formidáveis exércitos de pessoas e famílias buscando trabalho e sobrevivendo em cortiços miseráveis, freqüentemente descritos por Dickens em seus romances. Londres, apesar de passar a ser a locomotiva do capitalismo mundial, era de fato uma cidade selvagem para a imensa maioria de sua população. Somente nas primeiras décadas do século XX esta situação foi sendo aos poucos modificada.

Naquela mesma época, o Rio de Janeiro, por sua vez, a capital imperial do Brasil, tinha 260 mil habitantes, dos quais 110 mil eram negros cativos, significando a maior concentração urbana de escravos desde o Império Romano. Somos hoje uma megacidade de quase seis milhões de habitantes, um milhão aproximadamente morando em favelas que estão se transformando rapidamente em bairros populares, com domicílios onde existe uma alta penetração de bens de consumo, retratada pelos pesquisadores de mercado, mas não admitida pelo senso comum, que continua falando que favela é o endereço da miséria. A verdade é que os barracões de lata e as palafitas encravadas no espelho da Baía de Guanabara nos anos 1960 praticamente desapareceram. Mas a gente não consegue enxergar progresso nisso.

David Myers, em seu livro *O paradoxo americano*,[3] arrola uma série de dados que caracterizam uma realidade perversa que a sociedade norte-americana conseguiu mudar. No entanto, as realizações não são contabilizadas pelas atuais gerações, que olham para o futuro com muito medo.

Pior do que isso, um sentimento de que o passado era mais humano e mais tranqüilo se espalha entre as sociedades dos mais diversos países. Ah, os anos dourados! Os anos em que as famílias viviam felizes e contentes e que as portas para a rua dormiam abertas!... Nada tão distante da verdade.

A ensaísta norte-americana Stephanie Coontz procura desmistificar essa miragem do passado em seu livro, ainda não traduzido no Brasil, *O jeito que nós nunca fomos: as famílias americanas e a armadilha da nostalgia*.[4] De seu livro são pinçados alguns exemplos que comprometem seriamente a imagem idílica com que as novas gerações miram o passado, alguns deles transcritos a seguir:

- **Crianças exploradas:** na virada do século XIX para o XX, o trabalho infantil era uma brutal realidade na maioria dos países da Europa e América do Norte. Apenas nas minas da Pensilvânia trabalhavam 120 mil crianças, a maioria delas tendo começado aos 11 anos de idade. Crianças eram 1/4 dos trabalhadores nas fábricas têxteis do sul dos EUA. Não raro, crianças de sete anos, que tinham jornadas de até 12 horas, caíam no sono no próprio local de trabalho e eram levadas dali direto para a cama.

- **Vida familiar era muito mais curta em razão da mortalidade:** nos tempos coloniais, a mortalidade reduzia o tempo médio de casamento a 12 anos. Quatro em dez crianças perdiam um dos pais com a idade de 21 anos. Até 1940, uma em dez crianças não vivia com seus pais, mais do que o dobro de hoje (uma em 25 não vive com pelo menos um dos pais). Até 1850, quando somente 2% da população ultrapassavam 65 anos e muita gente migrava, poucas crianças tinham algum relacionamento com avós. Hoje, pela primeira vez na história da humanidade, a média dos casais tem mais pais vivos do que tem crianças. Antes de

1900, somente quatro em dez mulheres casadas que tinham filhos criados eram capazes de envelhecer, porque a maioria das mulheres morria antes do casamento, nunca casava, ou morria antes de as crianças nascerem ou crescerem ou ficava viúva antes de completar 50 anos.

- **Seguridade social:** simplesmente não existia antes do século XX!

- **Divórcios e filhos:** pais separados não eram obrigados a pagar pensão ou qualquer tipo de apoio às crianças. Com isso, nos EUA, uma em cada cinco crianças vivia em orfanato, em geral porque seus pais eram pobres para mantê-la. (No Brasil, a possibilidade jurídica de dissolução do casamento só foi aparecer nos anos 1970. Veja bem: se por um lado o casamento por amor foi praticamente uma invenção do século XIX, até meados dos anos 1960, quando surgiu o desquite, homem e mulher estavam condenados a permanecer casados. Mesmo se odiando ou indiferentes um ao outro, o casamento era indissolúvel.)

- **Educação:** oportunidades extremamente restritas. No século XIX, somente metade dos jovens entre 5 e 19 anos estava na escola (comparado com mais de 90% hoje). Somente 3,5% dos jovens de 18 anos se graduavam na escola secundária. Hoje, nos EUA, pelo menos oito em dez adultos completaram o ensino médio.

- **Mulheres:** oportunidades mais restritas ainda. Cem anos atrás somente um em cinco norte-americanos aprovava que uma mulher casada trabalhasse fora se ela tivesse um marido capaz de sustentá-la. Apesar do que, ainda hoje, apenas 80% aprovam! Então, hoje, seis em dez mulheres casadas têm emprego; contra quatro em dez há meio século; contra uma em sete há um século. No século passado todo o trabalho do lar era feito por mulheres. Ainda hoje as mulheres devotam às tarefas domésticas duas vezes mais tempo que os homens; mas estes vêm desde 1965 cozinhando, faxinando e cuidando de filhos, o que propicia maior independência à mulher, fazendo com que a decisão de continuidade do casamento seja tomada mais com base no afeto e não na dependência econômica.

- **Minorias:** simplesmente rejeitadas, ignoradas ou banidas. Até os anos 1960, acomodações públicas ofereciam opções para "brancos" e "negros". Pessoas portadoras de deficiências físicas e suas necessidades específicas eram simplesmente ignoradas e homossexuais eram obrigados a esconder sua identidade sexual sob pena de prisão ou de sofrerem violência intimidadora legitimada pelos contemporâneos.

Fatos, dados e números podem ser colhidos também no Brasil e em outras partes do mundo para nos lembrar que ver o passado como "tempos dourados" é fantasiar a dura vida que nossos antepassados levaram.

"Vivemos um tempo de desilusão profunda. Essa é a característica de nossa época. O problema do homem de hoje é que ele não tem mais esperança. Somos todos pessimistas", diz o historiador francês Jean Delumeau.[5]

Será que é mesmo verdade que temos um mal-estar civilizatório em que se mesclam as desilusões, o medo? Mas será mesmo que caminhamos em direção ao caos, à barbárie? Estamos fadados a ser uma civilização terminal sem esperança, sem fé no futuro, amarga e cética, sem senso positivo de orientação? O que se passa com a gente?

A certeza é de que as velhas respostas não servem para as perguntas que estão sendo colocadas à nossa frente, que são extremamente novas e desafiadoras.

Nos próximos capítulos, vamos encarar o desafio de procurar exemplos, pistas, novos *insights*, sacações que nos ajudem a encarar o medo e a incerteza. Vamos encarar o desafio de navegar no tempo e desenvolver melhor capacidade de exercer maior controle sobre o nosso próprio destino em questões como trabalho, saúde, emprego, entretenimento, acesso à informação. Nossa tarefa é, nada mais nada menos, do que reinventar os estilos de vida que herdamos do século XX em busca de maior controle e segurança para nossa existência.

Notas

[1] Reengenharia, conforme o dicionário *Houaiss*, é a "reestruturação de uma empresa, por força das novas condições de mercado, da concorrência, do mercado internacional etc., para aumento de sua competitividade. [Inclui reciclagem do pessoal interno, privatização, terceirização, demissões, utilização de um número menor de empregados, porém mais capacitados etc.]".

[2] As análises de Malthus em seu livro *On Essay on the Principles of Population* estimavam que o crescimento da espécie humana, a partir da Revolução Industrial, se dava em escala mais rápida do que o crescimento da capacidade de produzir alimentos.

[3] David Myers, *The American Paradox. Spiritual Hunger in an Age of Planty* (2001).

[4] Stephanie Coontz, *The Way We Never Were: American Families and the Nostalgia Trap.*

[5] Trecho retirado de entrevista ao *Idéias*, suplemento literário do *Jornal do Brasil* (23/6/2004). Delumeau é membro do Collège de France e autor de vários livros sobre os sentimentos coletivos na época do Renascimento e da Idade Média.

Capítulo 5

O trabalho na era digital

Emprego: você vai perder o seu, seu filho não vai achar, seu neto vai achar graça dessa história!

O fim do emprego no século XXI poderá ser comparado ao processo da abolição da escravatura ao longo do século XX

Tenho um velho amigo engenheiro que se diz humanista e comunista da velha guarda, assumido stalinista. É daqueles que dizem que o *Encouraçado Potemkin* é um dos melhores filmes da história do cinema; que têm o *Manifesto comunista*, escrito e lançado por Marx e Engels em 1848, como leitura de cabeceira. Meu amigo gosta muito de filosofar enquanto passeia a pé pelas ruas do Rio de Janeiro sempre elogiando as calçadas feitas de pedras portuguesas, aquelas pedras polidas brancas e pretas, dizendo que é um absurdo não existir mais mão-de-obra qualificada – os calceteiros – para garantir a continuidade dessa magnífica tradição carioca que é o piso das calçadas com desenhos em preto e branco. Ele sustenta que as pedras portuguesas poderiam gerar muitos e muitos empregos e tornar a cidade mais bela e humana.

Como a maioria das pessoas, o meu velho amigo ignora o labor desumano que é responsável por essas belas calçadas, faina de escravos que Cesário Verde, poeta português da segunda metade do século XIX, capturou em versos: "de cócoras, em linha, os calceteiros, com lentidão, terrosos e grosseiros, calçam de lado a lado a rua." Mesmo se dizendo humanista, meu amigo não percebe a desumanidade na permanência dessa atividade como profissão, assim como outras que foram obsoletadas pela mecanização, que tornou possíveis outros métodos produtivos e que liberou milhões de seres humanos de um dia-a-dia de uma existência brutalizante.

A mecanização e, mais recentemente, a automatização do trabalho rotineiro devem ser vistas como uma conquista da humanidade e não como uma mera destruição de empregos, apesar de no curto prazo existir sim um problema sério para aqueles que exerciam a função que foi transferida para as máquinas. Na transição que vivemos da Era Pós-Industrial para a Era Digital Global, veremos um aumento da velocidade da supressão de milhares de tipos de profissões, ocupações, empregos, e não haverá nada que possamos fazer para deter essas ondas sucessivas de transformações senão nos tornar mais flexíveis e capazes de nos reinventar e aprender novas qualificações e novas formas de subsistência.

Um bom exemplo da inexorabilidade das sucessivas ondas de transformação à nossa frente é o que aconteceu com o setor bancário no Brasil nos últimos 20 anos. Até meados dos anos 1980, a profissão de bancário era vista por muitos como uma ocupação segura e bem remunerada, especialmente no caso de empregos em bancos estatais. Naquela época, o setor bancário chegou a ser quase seis vezes maior em termos de geração de empregos se comparado à indústria automobilística, quando atingiu a marca de 900 mil funcionários.

No entanto, o setor bancário foi uma atividade que experimentou um avassalador processo de reengenharia, iniciado entre o final dos anos 1980 e o princípio dos anos 1990, mudando-o radicalmente. Respondendo às necessidades de acompanhar a economia fortemente inflacionária daquele período, os bancos brasileiros investiram pesado em tecnologia de informação. A partir daquela época três ondas sucessivas revolucionaram a atividade bancária. A primeira onda ocorreu com a entrada em cena dos caixas automáticos que fizeram com que os clientes passassem a resolver suas necessidades em locais mais convenientes que as agências bancárias e que ficavam abertos 24 horas por dia, sete dias por semana. Essa conveniência para o cliente era por sua vez muito mais eficiente, por ser uma operação mais barata para o banco. Simples: para o banco cada cliente atendido em agência custa hoje R$ 3,19 por transação, no caixa automático sai por R$ 0,64. Ou seja, quanto mais gente for atendida no caixa eletrônico, maior produtividade para o banco.

A segunda onda teve lugar quando os bancos disponibilizaram o acesso aos seus serviços via Internet a partir de 1998. Mais conveniência para os clientes, porque seu computador, no trabalho ou em casa, se tornou uma agência bancária, onde só não é possível sacar dinheiro. Para os bancos essa modalidade de operação trouxe ainda mais rentabilidade, pois o custo da transação por cliente era ainda mais baixo do que nos caixas automáticos, apenas R$ 0,15.

A terceira onda se iniciou recentemente com o serviço via telefone celular, que será provavelmente o mais popular acesso nos anos que estão por vir. Mais conveniência para os clientes, que passam a ter a comodidade de acessar todos os serviços bancários do seu celular, e mais rentabilidade para o banco. Desde a primeira onda o número de bancários no Brasil caiu para próximo dos 300 mil e deverá encolher ainda mais.[1] Isso ilustra o chamado aumento da produtividade causado pelo uso da tecnologia da informação e que ocorrerá em todos os setores da economia.

Existe um drama humano que é representado pelas pessoas que perdem seus empregos nessas ondas de reengenharia e que não são capazes de achar caminhos alternativos. Tenho uma amiga psiquiatra e terapeuta que tem acompanhado de perto esse lado humano (ou desumano) do processo de reengenharia do setor bancário. Essa minha amiga, sem se dar conta, começou a ver ainda no início dos anos 1990 seu consultório se encher de pacientes, na faixa entre os 40 e 50 anos, bancários empregados e demitidos, com sérios problemas de "fundo nervoso". Os empregados estavam altamente estressados pela insegurança de sua condição. Os demitidos, em geral, em crise depressiva, sem saber o que esperar da vida.

O pior era que muitos desses trabalhadores demitidos, especialmente os acima de 45 anos, sentiam-se obsoletos para a vida produtiva e não apenas para o setor bancário, afirmava minha amiga psiquiatra. O paradoxo, explicava ela, é que muitos desses seus pacientes que buscavam terapia e apoio psiquiátrico eram pessoas com diplomas de curso superior, que decidiram ser bancários 20 anos atrás porque nesse setor identificavam "segurança de emprego". Em sua maioria, odiavam o cotidiano da vida de bancário, mas a "segurança no emprego" aparentemente era o grande e almejado objetivo. Os mais ressentidos com a situação eram justamente os que concluíram curso superior e trocaram a carreira na qual se diplomaram pela segurança que identificavam na condição de bancário.

Com essas duas histórias, que enfocam os casos específicos de calceteiros e bancários, coloco em questão uma discussão mais aprofundada acerca do emprego e os vínculos de relacionamento de trabalho que deverão emergir nas décadas seguintes. Uma coisa é certa: para a maioria da humanidade, o emprego – trabalho de horário integral, ou que consome a maior parte das energias do ser humano; cinco dias por semana, onze meses por ano – é uma aporrinhação, quando não um verdadeiro castigo, um mero meio de se conseguir um contracheque. O bom mesmo seria poder viver o fim de semana de sete dias. Lima Barreto, o grande escritor carioca que morreu louco, dizia que procurar emprego era simplesmente uma das maiores humilhações do ser humano.

Vamos colocar mais lenha nesta discussão?

Encarando a realidade: não há nenhum *boom* de empregos no horizonte

Ao longo do século XX parece que aprendemos a associar "emprego" com "trabalho" e a usar as duas palavras como sinônimos. É hora de começar a clarificar a distinção entre essas duas palavras para poder compreender melhor para onde caminhamos.

Emprego é um tipo de vínculo de prestação de serviço entre pessoas e organizações, sejam empresas, órgãos de governo, entidades sem fins lucrativos, ou até mesmo outros indivíduos, contratados por um tempo para realizar determinadas tarefas remuneradas. No entanto, emprego tem uma conotação psicológica mais forte do que mera relação contratual de trabalho. Quem tem emprego julga-se psicologicamente mais amparado na vida. Muito freqüentemente aqueles que têm emprego em grandes empresas têm mais status e reconhecimento social do que os indivíduos que têm vínculo de trabalho em tempo parcial, tempo limitado ou *free-lance*, mesmo que esses tenham muitas vezes uma remuneração superior. É comum ouvir de sindicalistas o slogan de que um homem sem emprego é um homem sem honra.

Dentro desse contexto, a perspectiva de que o emprego, como vínculo de trabalho predominante, possa caminhar para uma virtual extinção traz um grande sofrimento e ansiedade para o senso comum. Porém é preciso ver como o senso comum muda ao longo da história. Antes de se tornar um consenso mundial como sendo crime contra a humanidade, a escravidão já foi entendida como um vínculo de trabalho normal para muita gente. Sempre que leio Machado de Assis, fico surpreso como ele, no meio dos dramas psicológicos, de todos aqueles adultérios de gente fina, descreve de forma banal os escravos se movendo como sombras, recebendo e cumprindo ordens de seus amos. Assim, da mesma forma que o velho Machado não revelava estranhamento maior em relação ao trabalho escravo, também boa parte da população daquela época achava aquilo normal. Pior ainda. No mundo do trabalho no qual a escravidão era um vínculo aceito, aceitavam-se também os castigos corporais como parte das técnicas dos especialistas em produtividade e recursos humanos daquela época, isto é, os feitores e os mercadores de escravos.

É imprescindível encarar a realidade com a qual vamos nos defrontar: o emprego como vínculo de trabalho – tal como o conhecemos no século XX – está com seus dias contados. Por quê? Pense nas funções que vão sendo obsoletadas ao longo do tempo pela evolução da tecnologia: ferreiros, acendedores de lampião, motorneiros, cobradores de ônibus, ascensoristas, datilógrafas, telefonistas, montadores de linhas de produção, programadores de linguagem de computadores que se tornaram obsoletas como Mumps, Basic, DOS etc.

Pense agora nos progressos conseguidos pela tecnologia de informação e a aplicação dessa tecnologia na automatização das mais diversas atividades humanas repetitivas que possam ser executadas por máquinas controladas por computadores. Pense naquilo que pode ser mais bem executado a um custo muito menor por máquinas. Não resta dúvida que milhões e milhões de empregos serão suprimidos de forma inelutável nas próximas décadas. A indústria automobilística no Brasil já teve, em 1987, no auge de contratação, 160 mil empregados que produziam um milhão de veículos. Em 2004, eram cem mil empregados que produziram 2,1 milhões de veículos, de muito maior qualidade e complexidade que os veículos de 20 anos atrás.

E tem mais. Acrescente agora as possibilidades de transferir globalmente, via rede de telecomunicações cada vez mais baratas, tarefas que podem ser feitas em qualquer outro lugar do planeta onde a mão-de-obra seja mais barata. Imagine, por exemplo, já é comum há mais de uma década, o centro de controle operacional de circuito fechado de TV para segurança condominial, durante a noite e em fins de semana, de prédios em cidades norte-americanas, ser feito por mão-de-obra sediada em países da África, porque não exige qualificação e é barata. Sai mais barato rotear as imagens via satélite para o outro lado do planeta para que um empregado de salário mais baixo faça a monitoração visual. Mesmo assim, vai ficar ainda mais barato na medida em que sejam desenvolvidos os softwares capazes de reconhecer padrões de imagem com um mínimo de operação humana.

Com todo esse furor de reengenharia e racionalização de humanos na produção, você acha que vamos ter alguma explosão de empregos à vista, como costumam prometer os políticos mundo afora nas eleições? Claro que não. Mas não são apenas os políticos que se mostram cegos ante o que está realmente acontecendo. Até mesmo entre aqueles que deveriam estar mais antenados, como é o caso dos economistas, poucos são os estudiosos que reconhecem abertamente que caminhamos em direção a uma sociedade sem emprego, como fez, por exemplo, Jeremy Rifkins em seu best-seller internacional *O fim do trabalho: o declínio da força de trabalho global e a aurora da era pós-mercado.*[2]

O senso comum expresso na lógica de que o "homem sem emprego é um homem sem perspectiva" precisa mudar, uma vez que a revolução tecnológica, possibilitada pelo uso intensivo da tecnologia de informação, mudou e mudará cada vez de forma mais radical a maneira com que o ser humano desempenha seu papel na produção de riquezas. Parece não haver limite para a racionalização da participação do homem nos processos produtivos.

Por isso é que a transição da Era da Sociedade Pós-Industrial para a Era Digital tem como uma das características mais marcantes sua faceta de máquina de trituração e redução de empregos. Isso ocorre não porque as empresas são dirigidas por diretores e acionistas sanguinários e desalmados escorados por políticas neoliberais. Empresas, por definição, existem porque foram criadas por seus proprietários e acionistas para dar lucro, independentemente da natureza de sua atividade. Até mesmo as organizações públicas governamentais e estatais não foram concebidas com o objetivo final de criar postos de trabalho, e sim com a finalidade de executar funções.

De um lado temos as empresas racionalizando e reduzindo; do outro, não podemos esquecer, estamos nós, enquanto clientes e consumidores, querendo também preços mais atraentes. As empresas que não forem capazes de seguir esses padrões de exigência do mercado consumidor e da pressão competitiva se tornam inviáveis e sucumbem. Isso resulta em moto contínuo de permanente reengenharia em busca de custos mais baixos e produção mais enxuta.

Com isso temos uma nova situação, uma nova realidade econômica para a humanidade como um todo: por mais que a economia – ou a geração de riqueza – cresça, o crescimento do emprego não seguirá da mesma forma que antigamente.

Ai daqueles países que não buscarem se adequar a essa situação competitiva global. Como vimos no exemplo dos circuitos fechados de TV para segurança predial, da mesma forma em outras atividades produtivas, hoje, as grandes empresas dos EUA, Inglaterra, Alemanha e de outras economias plenamente desenvolvidas analisam com muito carinho todas as opções de terceirização *offshore*, isto é, de transferir milhões de postos de trabalho para outros países que dispõem de mão-de-obra barata. O trabalho de escritório que faz a retaguarda das grandes empresas, conhecido como *back-office*, e que engloba funções como a realização dos serviços de contabilidade, a preparação da folha de pagamentos, os serviços de *call-center*, tudo isso está propenso hoje a ser transferido para países onde a mão-de-obra é mais barata. Mesmo funções mais qualificadas, como o desenvolvimento de software, podem e estão sendo transferidas, por exemplo, para a Índia, ou então para a Irlanda. Nesse tabuleiro global, o serviço a ser feito irá para onde puder ser feito de forma mais barata, ou seja, mesmo as necessidades de *back-office* de empresas brasileiras poderão ser transferidas para nossos vizinhos, como Peru, Paraguai e Bolívia, onde a mão-de-obra é mais barata e os encargos impostos pelo governo são menores.

Assim, as promessas que políticos – sejam eles de esquerda, direita ou centro – fazem em suas campanhas eleitorais de gerar milhões de empregos via políticas públicas, política industrial ou investimento público podem ser vistas sob duas perspectivas: mera enganação ou ignorância. Em outras palavras, demagogia ou inépcia. Eles não buscam de fato amadurecer as questões com as quais precisamos urgentemente nos defrontar.

A verdade é que, por mais poderosos que aparentem ser, governos não têm como gerar empregos de forma sustentável. Podem fazê-lo criando bolhas, isto é, temporariamente. Porém, mais cedo ou mais tarde, uma salgada conta virá para os contribuintes. Quem cria riqueza de maneira sustentável e, nesse processo, como meio e não como fim em si mesmo cria empregos, são indivíduos empreendedores, empresários e empresas capazes de combinar seu conhecimento, suas aptidões, capital e correr riscos buscando atingir seus objetivos de lucro. E os postos de trabalho serão criados onde as relações trabalhistas permitirem a maior flexibilização possível.

Governos podem sim ajudar a criar um macroambiente mais propício para a criação de riqueza e geração de empregos. A combinação de responsabilidade fiscal, redução da carga tributária, melhoria da eficiência da máquina pública, incentivo à redução da informalidade são tônicos bem conhecidos para revitalizar a economia. Se essas são condições necessárias, não são, entretanto, suficientes.

Vejamos de forma bem sumária quais são as perspectivas de crescimento da economia. Os economistas costumam segmentar a economia de um país em três setores: o setor primário, que engloba agricultura, atividades extrativistas, mineração, pesca e pecuária; o setor industrial, também chamado de setor secundário, e o setor de serviços, muitas vezes chamado de setor terciário. Já há algum tempo que se fala em setor quaternário, que seria o que engloba os serviços com maior densidade intelectual e criatividade, como, por exemplo, alta tecnologia, software, consultoria, educação, entretenimento, saúde, cultura, design, moda. Adotando essa segmentação como forma de fatiar a realidade, como se apresentam as perspectivas de geração de postos de trabalho nas quais seria mais interessante um país, que pretende ser realmente dinâmico e antenado com as oportunidades futuras, apostar?

Vamos então começar pelo setor primário. Em nossa transição para a Era Digital, devemos encarar o fato de que nenhum país vai gerar empregos de maneira significativa no setor primário, sobretudo se focarmos na realidade da produção agrícola. A realidade contemporânea tem mostrado que não se faz mais riqueza com o "homem do campo", mas com o agronegócio, o tal do "*agribusiness*", isto é, capital e tecnologia de ponta, o qual gera muito pouco emprego. Em economias plenamente desenvolvidas, apenas 2% a 4% da força de trabalho é composta de agricultores.

No entanto, por mais bonito que possa parecer pretender ser o celeiro do mundo, como fazem aqueles que se entusiasmam com perspectivas do Brasil para o agronegócio, não é ali que está a verdadeira geração de riqueza para os países que pretendem ser contemporâneos da Era Digital e não a retaguarda dessa era. O *agribusiness* pode até ser importante para a economia nacional, mas não será jamais o grande gerador de postos de trabalho que fará a diferença.

Tampouco no extrativismo de riquezas naturais a aposta parece ser muito alentadora. A história mostra que existe pouca correlação entre riquezas naturais e desenvolvimento econômico, portanto é irrelevante ter ou não riquezas naturais, pois a extração dessas riquezas não gera empregos em quantidade e em qualidade. Existem inclusive grupos de economistas que falam que todas as nações cuja economia se apóia em riquezas naturais têm dificuldade em dar saltos para frente, e tomando como base dezenas de exemplos históricos, esses economistas advogam que existe certa "maldição dos recursos naturais". A análise histórica do desenvolvimento do capitalismo desde sua aurora até hoje – partindo das repúblicas italianas onde nasceu (Florença, Veneza, Gênova etc.) ao longo dos séculos XIV e XV, passando mais tarde pela Holanda do século XVII, em seguida pela Inglaterra do século XIX e no século XX considerando EUA e Japão – demonstra que jamais a alavancagem de grande desenvolvimento se fundamentou no aproveitamento de riquezas naturais próprias. Tome-se como exemplo os países produtores de petróleo membros da Organização de Países Exportadores de Petróleo (Opep): todos são países que em termos de desenvolvimento apresentam muito pouco dinamismo.[3]

O setor industrial – o mundo das empresas de produtos industrializados – será cada vez mais o paraíso da robotização e da automação em larga escala. Esse setor será o território por excelência da reengenharia permanente. Ali, nas próximas décadas, o machado da redução dos empregos vai cantar dia e noite, porque quanto menos gente, mais viável e rentável o negócio. Por isso, esperar geração de empregos do setor industrial também é uma aposta de risco.

Os setores terciário e quaternário serão os setores da economia que farão a diferença em termos de potencial de crescimento econômico para um país, de criação de riqueza (ou valor agregado para usar o jargão corrente em economia) e de geração de empregos de qualidade e em quantidade. Sobretudo o chamado setor de serviços quaternário – que é o terciário que se caracteriza pelo uso intensivo de tecnologia de informação. Este será o setor que fará a grande diferença e que deve ser o nosso alvo estratégico para nutrir o crescimento sustentável da economia e empregos de um país. Opa, empregos não, postos de trabalho!

Vamos sair do campo das análises macroeconômicas, isto é, da visão da sociedade como um organismo coletivo, e façamos uma espécie de *zoom* de aproximação, procurando ver como os indivíduos são afetados por essas perspectivas de mudanças relativas à diminuição da oferta de emprego.

Talvez você já tenha ouvido falar daquela teoria acerca da "pirâmide das motivações do comportamento humano" que foi desenvolvida pelo psicólogo organizacional Abraham Maslow por volta da Segunda Guerra Mundial. Segundo Maslow, as motivações humanas estão estruturadas como se fossem patamares superpostos de uma pirâmide, sendo que mais perto da base encontra-se aquilo que é mais básico para a sobrevivência dos indivíduos em geral. Quanto mais baixo o patamar, mais imperiosa a necessidade. Só após satisfazer um determinado nível, poderá o indivíduo considerar as outras necessidades.

Assim, no primeiro patamar estão aquelas necessidades fisiológicas fundamentais (comida, água, oxigênio). O segundo patamar de necessidade é o da segurança e é onde Maslow localiza a necessidade do emprego. O terceiro é o das necessidades sociais e de afeto, e é aí que Maslow localiza a necessidade de família, amigos e comunidade. O quarto patamar é o das necessidades de reconhecimento e estima; sem o preenchimento dessas necessidades Maslow advogava que o indivíduo se sentiria inferiorizado e desencorajado.

O quinto e mais elevado dos patamares, na verdade o topo da pirâmide, é o da necessidade de auto-realização. O que é isso? Essa é a necessidade de criar e realizar algo e que emana do próprio indivíduo. Pode ser o músico, o compositor, o escritor, os artistas de forma geral, os esportistas profissionais, as profissões altamente especializadas, como cientistas, pilotos de avião etc., nas quais o indivíduo se sente dono de um dom ao qual ama se dedicar. Para essa gente trabalhar não é aporrinhação, mas uma sublime realização. Segundo Maslow, menos de 1% dos indivíduos consegue pautar sua vida por esse tipo de necessidade.

Sem ser nem psicólogo organizacional, nem expert em recursos humanos, tenho lá minhas questões em relação a essa hierarquia de necessidades. Mas devo dizer que, no geral, acho que a teoria de Maslow lançou muitas luzes na compreensão do ser humano do século XX. E no contexto de nossa discussão sobre emprego na transição em curso para a Era Digital Global, penso que a cultura da humanidade deverá mexer com essa hierarquia de necessidades.

A teoria de Maslow clarifica por que o ser humano sem emprego se sente pouco mais que um bicho, o qual, se satisfeitas suas necessidades fisiológicas, só tem as necessidades de pertencer a um grupo e nada mais. (Você nunca vai ver um leão pintando, um golfinho recitando poesia, um cachorro ou um gato largarem sua sesta com o objetivo de treinar para ganhar uma medalha olímpica etc.)

A meu ver, a teoria da pirâmide de Maslow se aplica especificamente à sociedade do século XX, no qual o emprego é praticamente o vínculo universal de trabalho ajustado entre os indivíduos e as organizações. Em uma sociedade em que o emprego como sinônimo de segurança e subsistência está se tornando obsoleto, teremos de aprender a descobrir uma nova lógica muito parecida com o que diz o velho ditado: "Descubra o que você realmente gosta de fazer e você nunca mais terá que trabalhar."

Teremos de evoluir e repactuar uma nova perspectiva coletiva de encarar o trabalho não como o sacrifício e a alienação da parte boa da vida, conforme estabeleceu o senso comum ao longo de tantos séculos. A propósito, você sabe de onde vem a palavra trabalho? Segundo o professor Cláudio Moreno, essa palavra vem de *tripalium*, ou *trepalium*, do latim tardio e que designava um instrumento romano de tortura, uma espécie de tripé formado por três estacas cravadas no chão, onde eram supliciados os escravos. Reúne o elemento *tri* (três) e *palus* (pau) – literalmente, "três paus". Daí derivou-se o verbo *tripaliare* (ou *trepaliare*), que significava, inicialmente, torturar alguém no *tripalium*, o que fazia do "trabalhador" um carrasco, e não a vítima de hoje em dia. Será possível essa evolução ou é uma utopia irrealizável? Bem, a humanidade já teve servidão e escravidão como vínculos de trabalho predominante para a maior parte dos seres humanos durante a quase totalidade da história, desde as mais remotas civilizações. Foi quase na entrada do século XX que essas duas modalidades de "contratação" foram extintas.

Os indivíduos na produção da riqueza

Frente à enorme inquietação das pessoas com o desemprego, nosso objetivo neste capítulo é refletir e amadurecer o entendimento acerca de como estão evoluindo os vínculos de trabalho entre as pessoas e as organizações na transição que estamos fazendo em direção à Era Digital.

Vamos partir de uma ponderação inicial. Governos ou empresas: quem efetivamente faz a diferença na criação e geração de riqueza na sociedade capitalista globalizada do século XXI? Veja bem, você pode ter governos que se dizem socialistas, comunistas, social-democratas, mas, na prática, todos os países, com raríssimas exceções como Cuba e Coréia do Norte, estão basicamente alinhados com um sistema internacional de livre mercado. Governantes que resolverem, como foi feito em Cuba, fechar as fronteiras de seu país e torná-lo uma autarquia estarão condenando seu povo ao atraso e ao empobrecimento.

Autor desconhecido

A evolução do trabalho: da sobrevivência material à busca da realização.

Mesmo que não queiram seguir essa desastrosa rota, muitas vezes ao longo da história temos assistido a outro tipo igualmente desastroso de experimento quando governos, às vezes cheios de boas intenções, resolvem ser as locomotivas da geração de riqueza por meio do estabelecimento de empresas estatais. Resultado: criação de monstros burocráticos que se tornam rapidamente ineficientes e cabides de empregos para apaniguados de políticos, e ainda foco concentrado de geração de corrupção. Empresas estatais, criadas por força de governo para prover serviços e produtos que a esfera privada da sociedade pode realizar, inevitavelmente competem de forma desigual com a iniciativa privada. O estado incha, desestimula os indivíduos de se tornarem empreendedores e acaba diminuindo e asfixiando a vitalidade social e econômica da sociedade que pode resolver por meios mais eficazes o que a burocracia estatal se mete a fazer.

Organizações de governo devem ter por finalidade colocar em prática ações de políticas públicas, que podem ser um serviço ou então uma ação normativa ou regulatória; ou ainda fiscalização ou repressão etc. Ai dos países em que os governos exorbitam dessa finalidade, como no Brasil dos governos militares que criaram centenas de empresas "Brás" (como, por exemplo, Nuclebras, Embratel, Telebras etc). Esse inchaço do Estado na área produtiva ocasiona a atrofia do empreendedorismo dos indivíduos, pois quando o governo entra, em geral, há formação de monopólio, ou então seca a concorrência.

Por isso é que se costuma dizer que governo não cria riqueza, mas cria condições para que a própria sociedade e os indivíduos criem riqueza. Governo, no máximo, transfere riqueza, na forma de renda.

Ao longo da história do Brasil, a nação brasileira acabou criando uma cultura de excessiva dependência da sociedade ao governo para impulsionar o progresso e o desenvolvimento econômico e social. Ao longo das décadas, Getúlio Vargas, JK e o regime militar iniciado em 1964 acabaram contribuindo para a formação e perpetuação de um ideário brasileiro que chamo de "ideologia do desenvolvimento chapa-branca", isto é, o Estado é visto como o grande desenvolvedor da nação. Isso provocou o enfraquecimento da capacidade do indivíduo de se auto-reconhecer como verdadeiro propulsor e responsável do progresso da nação.

Em todas as situações nas quais países, sociedades e as condições institucionais, ao longo da história da humanidade, não propiciaram um ambiente de estímulo para os indivíduos se empenharem na inovação e no desenvolvimento, aceitando correr riscos em função de poder colher em seguida a justa recompensa de seu esforço individual, o resultado foi sempre negativo. A vitalidade da sociedade entra em decadência, os indivíduos acabam prisioneiros de burocratas, aumenta a corrupção, há perda de competitividade em relação às outras sociedades nacionais etc. Veja os antigos países comunistas que seguiram esse caminho: todos, sem exceção, onde foram parar!

Nessa altura podemos encarar a questão: se são indivíduos e não governos que verdadeiramente criam riqueza, quais seriam então os papéis que cada um deles pode assumir no processo produtivo?

Não sei se você já se deu conta da seguinte coincidência: os quatro substantivos que designam os tipos genéricos de papéis que as pessoas assumem no processo de criação de riquezas começam pela letra "e". São elas: empregado, executivo, empresário e empreendedor. Comecemos por aqueles que são numericamente mais expressivos.

"E" de empregado

Para realizar os milhares de tarefas que compõem o cotidiano de uma organização são contratados enxames de empregados, cada indivíduo recebendo um pequeno território de responsabilidade, podendo ser substituído de forma relativamente fácil e sem prejuízo da continuidade das atividades da empresa. Sua recompensa: o salário, uma segurança relativa e alguns benefícios.

"E" de empreendedor

Vejamos agora aqueles que têm um papel extremamente singular no processo produtivo e de criação de riquezas. Estes são numericamente muito poucos, daqueles que se encontram na proporção de um em centenas de milhares.

Estamos falando de indivíduos que são antes de tudo visionários, obcecados por uma idéia inovadora e ao mesmo tempo capazes de arriscar e de mover céus e terras na busca da implementação de sua visão. Alguém que vê uma oportunidade onde a maioria das pessoas simplesmente não vê nada. Alguém que diz: "Por que não?" e que coloca mãos à obra. São organizadores e arquitetos da energia humana coletiva que avançam tecendo uma teia de colaboradores: investidores, inventores, sócios, colaboradores.

Pode ser alguém que visualiza uma oportunidade para um grande império empresarial, como Henry Ford visualizou um carro para cada família, como Bill Gates visualizou um computador para cada indivíduo, como o Visconde de Mauá vislumbrou a iluminação pública e ferrovias no caso do Brasil. Pode ser um pequeno empreendedor que visualiza uma franquia de pão de queijo, ou um novo tipo de serviço na Internet. Nenhum deles é inventor no sentido estrito, mas sim inventores de oportunidades que vêem mais adiante algo que a maioria ainda não foi capaz de visualizar. São indivíduos que se arriscam sim, mas que têm clareza dos riscos e são extremamente pragmáticos do ponto de vista de negócios. Sua recompensa não é apenas o lucro, mas, antes de qualquer coisa, a realização de ver seu sonho concretizado.

"E" de empresário

Na medida em que frutifica a inovação do empreendedor, o velho jeito de fazer as coisas vai sendo deslocado e jogado para o passado. É a "destruição criativa"[4] entrando em cena. E para capitalizar as oportunidades do novo que foram descobertas e demonstradas pelo heróico empreendedor, começam a ser criadas empresas que competem entre si pelo imenso mercado trazido à luz. Agora sim, são empresários que montam seus negócios seguindo o novo conceito elaborado pelo empreendedor. Os empresários não são tão heróicos quanto o empreendedor; estão mais preocupados com a gestão e a otimização que permitam maximizar os lucros, seu grande objetivo de realização.

"E" de executivo

As empresas crescem e se tornam mais complexas de gerir exigindo talentos de gestão em várias e diferenciadas funções. Assim, são contratados os executivos altamente qualificados para tocar as divisões da empresa que se tornaram grandes demais para serem geridas pelo empresário. Aos executivos são delegadas missões e metas e, se tiverem uma *performance* bem-sucedida, recebem seus prêmios: polpudos bônus, em geral, mais interessantes do que o próprio salário.

Nações onde o empreendedorismo encontra condições e países supressores do empreendedorismo

A geração de riquezas em uma nação é fruto de um formidável concerto no qual esses quatro tipos de papéis interagem. Cada país é um encontro único de talentos e vocações que aproveitam (ou não), criam (ou não) bens, produtos e serviços. Cada nação tem um estilo e um repertório próprio em termos de produzir riqueza. Há nações que se assemelham a uma orquestra sinfônica, outras a uma banda de rock, outras a uma escola de samba. Os governos são verdadeiros facilitadores (ou atrapalhadores) que podem ajudar a criar boas e más condições para que a sociedade produza riquezas.

Países e sociedade que conseguiram dinamizar a capacidade dos indivíduos de gerar riqueza têm sido mais bem-sucedidos em acelerar o desenvolvimento econômico e o bem-estar material. Nessas nações estabeleceu-se um círculo virtuoso: o progresso dos indivíduos impulsiona o progresso da sociedade; o progresso da nação cria um clima propício e de incentivo aos indivíduos para inovarem e produzirem mais.

Os países comunistas do século XX conseguiram estabelecer um círculo vicioso no qual o Estado sufocou o empreendedorismo. Todas as pessoas se tornaram funcionários públicos passando a cumprir tarefas prescritas pelos "comissários do povo". Tornaram-se assim sociedades onde não floresceram condições para que indivíduos dispostos a correr riscos inovassem e colhessem as recompensas. Predominou em todos esses países um ambiente hostil, a "destruição criativa" do *status quo*. Deu no que deu. A URSS – o colossal Estado Soviético – foi cambaleando até ser finalmente dissolvida em 1991.

No caso de uma sociedade com ampla liberdade e incentivo para a cultura empreendedorista, temos centenas de milhares de empreendedores reinventando, noite e dia, a geração de riqueza nos mais variados setores. Nesse tipo de sociedade, o Estado fica mais focado nas condições de manutenção da democracia, da manutenção de um ambiente macroeconômico mais equilibrado e agindo em conformidade com o interesse geral, impedindo cartéis e monopólios que possam inibir a saudável competição. Nas sociedades onde prevalece um sentido de valorização do empreendedorismo, as pessoas têm menos possibilidades de se tornarem reféns do Estado. Por sua vez, o Estado é orientado no sentido de evitar que grupos econômicos façam as pessoas reféns. Tudo isso se torna um círculo virtuoso e contribui para gerar mais estabilidade para criação e redistribuição de riqueza e oportunidades para os indivíduos e grupos mais vulneráveis.

Marx teria dito algo como: "A cada um conforme sua necessidade, de cada um conforme sua capacidade." Paradoxalmente, não foram as nações que experimentaram modelos comunistas que conseguiram se aproximar dessa perspectiva. As nações mais próximas dessas situações são aquelas onde a livre iniciativa e a democracia liberal floresceram e prosperaram, nações nas quais uma multidão de seres humanos está dedicada a inovar, diferentemente de Estados altamente centralizados onde a estagnação passou a ser a regra.

O Brasil do desenvolvimento chapa-branca e da cultura do emprego

No Brasil, como disse anteriormente, nosso processo histórico nos encaminhou no sentido de criação de uma espécie de cultura do desenvolvimento chapa-branca na qual predomina a crença de que o governo é o motor do progresso. Isto gerou como contrapartida uma perspectiva dos indivíduos procurarem maior segurança se agasalhando no próprio seio do governo. Desde o seu nascimento como país, já até como herança dos portugueses – povo que perdeu cedo como nação o apetite pelo risco e pelo empreendedorismo –, o Brasil tem sido uma sociedade onde pouca gente se interessa em correr riscos para edificar seus sonhos de criação de riqueza, um país onde a imensa maioria busca como ideal de realização a posição de empregado, de preferência como funcionário público. Assim, nosso país passou a ter um ideário de progresso para os indivíduos: a busca da segurança gerando a "cultura do emprego".

Décadas de "desenvolvimento chapa-branca" cristalizaram a "cultura de empregado". Pior do que isso, fizeram do emprego público a grande meta de boa parte dos indivíduos. Nossos bisavós passaram para nossos avós, que passaram para nossos pais a concepção de que o melhor é "um emprego no Banco do Brasil" ou então, após os anos 1970, em uma estatal, uma "Brás" da vida: emprego estável, sem riscos, sem sobressalto, sem sonhos de riqueza, com segurança vitalícia, que vai se tornando um luxo inacessível e inexplicável para a grande maioria dos contribuintes e dos cidadãos comuns.

Paradoxalmente, é uma pesquisa do Partido dos Trabalhadores, divulgada em junho de 2004, feita por encomenda de seu Instituto da Cidadania, que detecta sinais de que estamos começando a inverter essa tendência. Essa pesquisa revela que 1/3 (10,8 milhões) dos jovens brasileiros querem ter seu próprio negócio: ou seja, não almejam ser empregados, mas seus próprios patrões.

Emprego: as duas faces da moeda de um vínculo que já começa a não interessar a nenhuma das duas partes envolvidas nessa contratação

No passado, o sonho de um emprego para a vida inteira era uma perspectiva bastante razoável. No mundo quase que exclusivamente masculino do trabalho, que vigorou até meados do século XX, arranjar um emprego na juventude, subir alguns degraus e, após 30 anos, "tomar os aposentos" antes de morrer – daí vem a palavra aposentadoria – era a perspectiva razoável do senso comum. Afinal, em um mundo em que a expectativa de vida era 33,5 anos – assim era no começo do século XX! –, a aposentadoria aos 55, 60 anos sinalizava os tempos de botar o "pé na cova".

Mas ao longo do século XX, em que a longevidade praticamente dobrou, ficar velho deixou de ser uma loteria e passou a ser uma perspectiva realista e demograficamente mais democrática. Nesse novo mundo surgido após a Segunda Guerra, aí pelos anos 1990, algo aconteceu com a perspectiva de se ter um emprego estável. Foi quando se tornaram evidentes os ganhos de produtividade que a tecnologia de informação e a reengenharia possibilitaram. Ao final daquela década, essas duas poderosas tendências tornaram-se pedra de toque dos processos produtivos. Desde então a ladainha nas empresas é "fazer mais com menos", incluindo com muito menos gente!

Na virada do milênio, nenhuma empresa, a não ser o serviço público e as estatais, promete mais aos seus empregados um vínculo de vida inteira. Não há como prometer, na montanha-russa da economia moderna, um vínculo dessa natureza. Anote, o Estado da Era Digital será, a partir de um dado momento, intimado pelos seus cidadãos e contribuintes, em face de sua situação insustentável, a entrar em regime radical de reengenharia. Em outras palavras, a estabilidade vitalícia do emprego público vai também desaparecer.

Desde os anos 1990, as empresas passaram a fazer da redução de custos, incluindo do custo de capital humano, uma de suas necessidades cruciais para a própria sobrevivência. Quem já esteve à frente de um negócio sabe como é vital ter sempre preparada uma lista de demissíveis. Nessa lista estão potencialmente todos os empregados cujo perfil não tenha as seguintes características:

- Ser produtivo, que busque permanentemente fazer mais com menos;
- Ser comprometido com o aperfeiçoamento contínuo, isto é, que não esteja continuamente buscando melhorar sua capacitação e qualificação;
- Ser um resolvedor de problemas e não mero tarefeiro, isto é, alguém que descobre soluções e não apenas segue o *script*;
- Ser capaz de produzir resultados extraordinários para a empresa, em particular, quando as coisas estão mais difíceis.

Aqueles que reunirem todas as características anteriormente relacionadas serão, por certo, os últimos da lista de demissíveis.

Por outro lado, consideradas as possibilidades de realização pessoal, é cada vez mais evidente que mesmo as pessoas detentoras de empregos considerados como "empregões" em grandes e sólidas empresas se sentem infelizes com o tipo de vínculo que hoje prevalece em sua relação empregado-empregador. Uma reportagem de capa da revista *Exame*, de abril de 2003, trazia a foto de um engravatado executivo espremido dentro de um caixote com o título: "Ainda vale a pena trabalhar nas grandes empresas?"

Que raio de situação ocorre em nossa sociedade contemporânea em que uma parte se desespera por estar desempregada e a outra parte – a que tem emprego! – está descontente e infeliz pela forma com que sua energia produtiva é aproveitada? Se o empregado de alta qualificação se julga um explorado, o que esperaríamos dos empregados de baixa qualificação, que são os condenados às galés do trabalho do século XXI?

Coloque-se agora no lugar do empregador, do empresário que age em ambiente altamente competitivo de uma moderna sociedade de mercado. Imagine que você tem uma fábrica com dezenas de empregados de baixa qualificação e sabe que 90% desses poderiam ser substituídos por máquinas e processos automatizados. Você sabe que uma linha de produção operada por robôs trabalha no escuro, em meio a ruído ensurdecedor, ninguém reclama de nada e não faz greve etc. Qual seria sua decisão? Tem mais. O empresário enfrenta uma realidade complicada e muito onerosa em termos de tributos e impostos trabalhistas. Mesmo quem tem uma microempresa com um único empregado deve pensar, além do salário, em licenças remuneradas, maternidade, paternidade + benefícios sociais diversos + 13º salário + carteira assinada + contribuições previdenciárias + tíquete-refeição + vale-transporte + vale isso, vale aquilo + contribuições sindicais + FGTS + PIS + PASEP + contribuições para Senai, Senac, Sebrae etc. + absenteísmo + insatisfações eventuais + custos de amenidades e infra-estrutura para acomodar gente. Todos esses tipos de complicação acabam sendo uma barreira para viabilizar a geração de empregos.

Essa é a tragédia do vínculo de trabalho chamado "emprego", tal como nos lembramos dele em seu formato em fins do século XX. No fundo e de forma geral, empregadores e empregados têm uma antipatia e desconfiança mútua. Apesar de todos os esforços dos executivos de Recursos Humanos progressistas em tornar o mundo das corporações mais humano, é difícil negar que a maioria dos empregados vê apenas o contracheque como a grande motivação para ir ao trabalho e não sua própria realização como indivíduo.

Por outro lado, os empresários se ressentem de empregados que não se habilitam como parceiros em termos de motivação e compartilhamento de riscos. Para ir para o trabalho no dia-a-dia nas empresas, a grande maioria da massa de empregados deixa tanto o cérebro quanto o coração em casa.

Compare as empresas com os ensaios das companhias de teatro, de bandas de rock, nos quais os atores e músicos costumam ter hora de iniciar, mas não de terminar. Na maioria das empresas o relógio é soberano. Acredite, existem empresas que fizeram acordo surreal com seus empregados: estes podem enforcar os dias espremidos entre fins de semana e feriados, gozando, portanto, todos os feriadões do ano, em troca de uma compensação diária de dez minutos. Embora pareça piada, conheço pelo menos uma dúzia de empresas estatais nas quais esse sistema funciona.

A humanidade precisou quase dez mil anos de história para enterrar, nos estertores do final do século XIX, uma de suas mais imundas e pervertidas instituições: a escravidão. De forma similar, vai ficando claro também para a humanidade do início do século XXI que o vínculo de trabalho rotulado como "emprego" – essa tortura que vai de segunda à sexta, das 9 às 18 horas – não é tampouco um vínculo que permita a realização de homens e mulheres livres e contemporâneos das potencialidades dos novos tempos da Sociedade do Conhecimento. Da mesma forma que a escravidão, o emprego tal como o reconhecemos no século XX terá seu lugar no museu das instituições humanas.

O imperador está nu. Mas o que virá no lugar do emprego?

No Brasil da economia agrária, em meados do século XIX, poucos indivíduos eram capazes de visualizar a viabilidade de progresso sem braços escravos. Pelo contrário, o senso comum legitimava a escravidão. Por causa dessa falta de visão do que colocar no lugar, do comodismo e da crueldade dos que dirigiam a sociedade àquela época, o país não foi capaz de articular uma transição corajosa. O Brasil foi o último país do mundo ocidental a abolir a escravidão num processo de gradualismo inacreditavelmente lento. Processo ao final do qual Rui Barbosa ainda teve de mandar queimar todos os registros de escravos para que os ex-donos não tivessem papéis com que documentar seu pleito de indenizações, sustentando que tiveram lesados os seus "direitos adquiridos de propriedade".

De forma semelhante, precisamos contemplar o desafio de estabelecer um novo tipo de vínculo entre organizações e indivíduos, uma repactuação do vínculo do trabalho entre homens e mulheres realmente livres. Pessoas em busca de realização e não apenas de contracheque e segurança relativa; em busca de espaços para os quais possam levar por inteiro seus corações e mentes.

Na medida em que o trabalho repetitivo e mecânico – aquele que produz uma canseira e um desgaste desumano – é cada vez mais velozmente sendo transferido para máquinas, computadores, robôs, andróides e sistemas especialistas teleinformatizados, poderemos ter outras oportunidades de realização.

No futuro, mesmo aqueles indivíduos que, excepcionalmente, mantiverem longos períodos de vínculos com as organizações, trabalhando para uma mesma empresa, por exemplo, por dez, 15 anos, deverão ter um perfil mais parecido com o de empreendedores do que com o de burocratas tarefeiros. As empresas cada vez mais vão buscar os chamados intra-empreendedores, uma espécie de mistura de empregado e empreendedor. Na prática são empregados que pensam e agem como se fossem parcialmente donos da empresa e não meros contratados cumpridores de ordens.

Na véspera da revolução do mundo do trabalho que se aproxima rapidamente, o desemprego deverá crescer ainda mais, de forma assustadora; mas desse banho de sangue demissionário deverá emergir uma nova cultura. Provavelmente nossos filhos não terão empregos, mas projetos. Muitas vezes simultâneos. Provavelmente não falarão de carreira – aquela progressão linear que é feita ao longo da vida –, mas de um *portfolio* de atividades. E nossos netos vão rir daquele regime de trabalho chamado "emprego".

A carteira de trabalho de todos os brasileiros – aquela cadernetazinha azul – traz, na página ao lado daquela em que está a foto, o seguinte texto: "A carteira, pelos lançamentos que recebe, configura a história de uma vida. Quem a examinar, logo verá se o portador é um temperamento aquietado ou versátil; se ama a profissão escolhida ou ainda não encontrou a própria vocação; se andou de fábrica em fábrica, como uma abelha, ou permaneceu no mesmo estabelecimento, subindo a escala profissional. Pode ser um padrão de honra. Pode ser uma advertência."

Li pela primeira vez esse parágrafo aos 17 anos. Sempre que o releio, juro, sinto um forte cheiro de ferro de marcar gado em brasa... Felizmente, como sinal dos novos tempos: essa carteira está sendo substituída por um cartão plástico com chip inteligente!

Notas

[1] Números colhidos na Federação Brasileira dos Bancos (Febraban) e no Departamento Intersindical de Estatística e Estudos Sócio-Econômicos (DIEESE).

[2] Jeremy Rifkins, *The End of Work*, The Puttman's Sons, 1995.

[3] Os membros da Opep são Argélia, Indonésia, Irã, Iraque, Kuwait, Líbia, Arábia Saudita, Emirados Árabes Unidos, Nigéria, Catar e Venezuela. A Venezuela, país que tem hoje mais de 52% de seu produto interno bruto provenientes do petróleo, já foi no século XIX, muito antes mesmo da descoberta do petróleo, uma das dez mais desenvolvidas nações do planeta.

[4] Destruição criativa foi uma rica e colorida expressão criada e tornada conhecida pelo economista austríaco Joseph Schumpeter (1883-1950). Promover a destruição criativa é simplesmente bolar um jeito novo de fazer as coisas de tal forma que a presente prática, produto ou serviço dominantes se tornem obsoletos. Por exemplo, o motor promoveu a destruição criativa do transporte de tração animal.

CAPÍTULO 6

Quando a riqueza passa a ser mais do que patrimônio e renda

UMA BOA OPORTUNIDADE DE A HUMANIDADE SE TORNAR MAIS SÁBIA

A tomada de consciência de que progresso e crescimento econômico não são necessariamente a mesma coisa

O século XX foi para os países da Europa Ocidental e da América do Norte, em especial após a Segunda Guerra Mundial, o tempo em que a classe média atingiu uma extensão jamais vista e em que se deu a expansão e consolidação do Estado do Bem-Estar Social. Para a maioria das pessoas comuns, bem como para boa parte dos economistas e dos políticos que se guiam pelos aconselhamentos desses profissionais, o crescimento econômico passou a ser o norte de todos os esforços de desenvolvimento. Foi nessa fase da história que o crescimento econômico passou a ser visto como um processo sem limite, algo que guarda alguma semelhança com a expansão do universo na teoria cosmológica do Big-bang. E assim, nos últimos 60 anos, o crescimento da economia, expresso quantitativamente no tamanho do Produto Interno Bruto, o PIB, e também no crescimento da renda per capita, tornou-se um fim em si mesmo e praticamente um sinônimo do progresso humano. Nem sempre foi assim. Na verdade, a elevação da economia à categoria de principal das ciências a ser considerada na tomada de decisões políticas é um evento relativamente recente na história da humanidade.

Você já deve ter escutado ou lido por aí uma famosa frase dita por analistas políticos: "É a economia, bobo!" Esta frase estava escrita em um cartaz que foi afixado no comitê central de campanha presidencial de 1992 de Bill Clinton e acabou virando mantra dos políticos de todas as partes do mundo. A frase em inglês, *It's the economy, stupid* foi cunhada por James Carville, estrategista de marketing do Partido Democrata na campanha em que Clinton venceu o Bush Pai, que tentava sua reeleição. Carville estava muito preocupado com Clinton e com os outros assessores que queriam discutir questões como saúde, educação, meio ambiente etc. Temendo que os mesmos perdessem o foco naquilo que ele julgava ser, nos tempos modernos, o que de fato decide as eleições, ele mesmo escreveu a tal frase no tal cartaz. Marqueteiros eleitorais, como Carville, são craques em simplificar as questões para os candidatos através de slogans de alto apelo popular e que seguem a linha KISS, isto é, *keep it simple stupid.* Marqueteiros eleitorais são a mesma coisa em todo o mundo. Você se lembra do slogan *Lulinha, Paz e Amor* na eleição de 2002, criado para neutralizar aquele que era o maior temor do eleitorado, o de que o Lula iria virar a mesa para valer?

Pode ser que a economia continue crescendo, mas, muito provavelmente, o padrão atual de distribuição desse crescimento vai mudar e isso vai fazer com que muita gente que tem hoje posição relativamente confortável caia das nuvens. Portanto, quanto mais cedo as pessoas forem capazes de colocar em prática na sua vida pessoal aquilo que as empresas têm realizado desde os anos 1990 em termos de fazer mais com menos, melhor para elas. Quem, com rapidez e eficiência, souber se precaver e for capaz de fazer a reengenharia de suas finanças pessoais e domésticas, vai adquirir mais controle pessoal sobre seu próprio destino. Pode esperar.

Tenho sérias razões para acreditar que isso vai acontecer. A economia global e, em geral, as economias nacionais podem até seguir sua expansão à maneira do Big-bang, isto é, com o PIB crescendo. Porém, os padrões de crescimento da renda per capita e a distribuição de renda vão mudar. Na verdade, já estão mudando. As classes médias estabelecidas até o final do século XX já estão começando a perceber que terão de compartilhar sua fatia de bolo, o que na prática pode significar mesmo aprender a conviver com perdas. Provavelmente, o que essas classes médias vão perder será abocanhado pelas classes populares que também são conhecidas como "base da pirâmide" das categorias socioeconômicas nos países emergentes (China, Índia, Brasil, Rússia, México, África do Sul etc.).

Essa "base da pirâmide" deverá ver seus rendimentos crescerem um pouco mais rápido nos próximos anos e elas serão beneficiadas pelo processo de globalização. E as classes médias tradicionais serão provavelmente o segmento mais penalizado no avanço da globalização nas décadas que estão por vir. Como assim?

As tradicionais classes médias vão ver seus empregos migrarem para locais e para grupos sociais que não se importarão tanto com o vínculo de trabalho que será oferecido e mesmo com o fato de suas remunerações serem menores se comparadas aos países plenamente desenvolvidos do ponto de vista econômico. A flexibilização das regulamentações trabalhistas e a redução dos salários não serão empecilho para que essas classes populares, até aqui mergulhadas na informalidade, aceitem essas novas condições. Pelo contrário, estarão ávidas por preencher esses postos de trabalho, seja como trabalho temporário, seja como contrato por tempo limitado, seja como *free-lance*. Em resumo, as classes menos favorecidas deverão literalmente tomar empregos dessa antiga classe média, simplesmente porque são mão-de-obra disponível para fazer por menos. Mais e mais empregos de baixa e média qualificação ofertados atualmente na América do Norte e na Europa Ocidental serão levados pela tecnologia de informação e também através da transferência de fábricas e plantas industriais para a China, Índia e outros países emergentes, incluindo o Brasil. Adicionalmente, as classes médias, porque são em sua maioria o grande exército de pagadores de impostos, continuarão a ser escorchadas pelos governos e políticos sempre sequiosos de aumentar a carga tributária e a obesidade do Estado.

Existem sinais de que o mercado consumidor maduro, no qual estão inseridas e onde são predominantes essas classes médias, tem em torno de 1,5 bilhão de pessoas. Teríamos cinco bilhões, reunindo classes populares e pobres que deverão ser incorporadas paulatinamente ao mercado consumidor global fora os que ainda vão nascer nos anos que estão por vir. (Felizmente parece que a humanidade não deverá superlotar o planeta. Demógrafos que trabalham para organizações mundiais de renome, como as Nações Unidas, prevêem que a população mundial deverá se estabilizar por volta de 2050 em torno de nove bilhões de habitantes.) Quem deverá sofrer mais são as classes médias européias, que serão impactadas pelo envelhecimento de sua população mais do que os outros países, bem como pelo alto custo de seu sistema de seguridade social.

O desafio da reengenharia dos orçamentos domésticos e pessoais: em busca de mais qualidade de vida com menos dinheiro

Se você faz parte dessa classe média que terá de conviver com perdas ou da classe popular que caminha para se transformar em um novo tipo de classe média isso não é o mais importante. O que realmente você precisa ter em mente é que deve procurar reengenheirar seu estilo de vida de forma a aprender a fazer mais com menos. Só isto pode lhe trazer um grau maior de controle sobre seu próprio destino.

Quanto maior a incapacidade do indivíduo de navegar do presente em direção ao futuro, mais inseguro, estressado, infeliz e potencialmente mais doente ele será. E isso tende a se agravar nas transições civilizatórias, porque o futuro deixa de ser como os pais contavam para os filhos como o mesmo ia se realizar. No capítulo anterior, falamos do trauma central na vida das pessoas que representará a perda progressiva do emprego como a referência dominante e prevalecente de vínculo de trabalho entre indivíduos e organizações e de como na Sociedade Digital Global o trabalho vai ter vínculos com formatos muito mais diversificados.

Em termos práticos, vamos deixar de ser uma sociedade bipolar de empregados e empregadores e passaremos a ser um mundo mais multifacetado, onde as partes poderão ser contratante e contratado, sendo, com muita freqüência, as duas coisas simultaneamente.

Isto poderá ser, como foi dito anteriormente, uma perspectiva apavorante para quem imagina a realidade do século XX como a única e imutável alternativa. Lembre-se que, até 1888, muita gente no Brasil não conseguia ver o mundo do trabalho sem a existência da escravidão. Nossos netos, mais do que nós, acharão normais, racionais e mais convenientes os novos formatos de vínculo de trabalho que irão sendo inventados e testados nas próximas décadas.

Tendo sido posta e discutida a questão da superação do trauma do fim do emprego, vamos avançar e amadurecer sobre um dos maiores desafios que teremos de enfrentar: a necessidade de fazer mais com menos recursos financeiros.

As empresas despertaram para a questão da busca de maior eficiência ali pelos anos 1980, quando começaram a ser experimentados conceitos de gestão empresarial conhecidos por nomes como reengenharia, *just-in-time* (no tempo exato), *lean production* (produção enxuta) etc. Em linhas gerais, podemos afirmar que administradores e consultores, em especial aqueles trabalhando com multinacionais, concluíram que as empresas estavam sofrendo de uma espécie de obesidade corporativa, digamos assim. Em sua busca por uma maior rentabilidade imposta pelos acionistas, os executivos das grandes empresas foram se dando conta de que tudo poderia ser feito com menos recursos se fossem adotados novos métodos produtivos. O crescimento dos lucros das multinacionais ao longo dos anos 1960 e 1970 escondeu que, muitas vezes, existiam mais empregados do que o necessário, que matérias-primas e recursos estavam sendo desperdiçados e que o patrimônio, os ativos e investimentos poderiam ser mais eficientemente aproveitados. A isso se somou nos anos 1990 a pressão da sociedade por novos padrões ambientais, o que implicava também buscar reduzir os resíduos da produção de riquezas por parte das empresas. Tudo isso faz com que as empresas do começo do século XXI sejam muito mais eficientes se comparadas às das décadas de 1950, 1960 e 1970.

Cada vez com mais intensidade, as pessoas serão incentivadas e pressionadas a descobrir que é possível fazer mais com menos na gestão de seu domicílio e de sua vida pessoal, da mesma forma que as empresas descobriram a partir dos anos 1990. A verdade é que, se queremos de fato ter mais controle sobre nosso destino como indivíduos, temos um longo caminho à nossa frente cheio de oportunidades para a reengenharia e enxugamento de nosso orçamento doméstico.

A ideologia do progresso como sinônimo de crescimento econômico ilimitado, que se tornou globalmente consensual depois da Segunda Guerra Mundial, tornou-se uma grande armadilha para nós enquanto indivíduos e também coletivamente como civilização. Por quê? Passamos a entender que segurança, conforto e realização pessoal são diretamente relacionados em primeiro lugar com a quantidade de dinheiro que temos disponível. Para as pessoas comuns, a felicidade passou a ser, em última análise, algo que pode ser equacionado pela quantidade de dinheiro e bens que você tem. Pior do que isso é que perdemos como civilização a capacidade de enxergar a diferença entre quantidade e qualidade. A humanidade globalizada do século XXI, como civilização, se deixou levar inteiramente pelo mantra dos economistas de que o crescimento econômico é o objetivo estratégico a ser perseguido. O patamar a ser atingido? Não há um limite quantitativo nem tampouco uma perspectiva de qualidade para nos considerarmos satisfeitos. Mais, mais e mais. É assim que acabou sendo cunhado um dos mais certeiros ditados populares que conheço: "Todo dinheiro do mundo, quando é seu, é pouco." Vivemos tão narcotizados com a idéia do crescimento ilimitado que coletivamente, como nação, somos capazes de dar carta branca aos políticos que sejam capazes de nos prometer o crescimento econômico como a grande panacéia.

Durante os últimos 60 anos, apesar das crises temporárias do sistema econômico mundial, instituições multilaterais como o Fundo Monetário Internacional (FMI), Banco Mundial e governos nacionais têm zelosamente apregoado que essa é a coisa certa a fazer e que não resta outra alternativa. Esta é a *realpolitik*. "É economia, bobo!" E a locomotiva puxada pelos países da América do Norte e da Europa Ocidental segue acelerando, no piloto automático, a corrida louca do crescimento econômico ilimitado, sem questionar o custo final dessa trajetória.

No entanto, milhões de indivíduos estão percebendo que é tempo de encontrar novas respostas individuais para nossa vida da mesma forma que precisamos de novas lideranças políticas. Nesta nova direção, descobrir como fazer mais com menos é condição necessária e um dos primeiros e cruciais passos.

Comida e renda: uma analogia para explicar melhor

Pode parecer que estou propondo que as pessoas adotem um estilo de vida frugal e franciscano como forma de se defenderem das mudanças que se aprofundarão nos tempos que estão por vir, mas não é o que estou querendo dizer. A expectativa que herdamos das gerações que fizeram a história do século XX é de que é um processo natural cada geração ter um padrão de vida material melhor, mais fácil, mais afluente e mais seguro que o da anterior. Vivemos com mais conforto e afluência que nossos pais e esses viveram melhor que nossos avós etc. Por isso, para o senso comum parece ser uma idéia estranha e incompatível com a realidade de quase um século essa proposição que estou trazendo neste capítulo. Não se trata simplesmente de viver com menos, isto é, de empobrecer. Trata-se de fazer mais com menos.

Em circunstâncias em que uma idéia não usual é introduzida, é muitas vezes produtivo lançar mão de uma analogia. É isso que pretendo fazer ao estabelecer uma analogia da comida com renda para provar que não pretendo fazer a apologia da frugalidade.

Da mesma forma que outras espécies, como seres vivos, temos necessidade de comida para nutrição. No entanto, já há muitos milhares de anos vimos progredindo desde o tempo das cavernas e nos libertamos daquilo que o velho Marx chamava de Reino da Necessidade no que diz respeito à escassez de comida. Neste sentido, pelos menos 85% da humanidade atual já se libertaram do espectro da fome. Mesmo na África, onde esse flagelo ainda persiste, a fome é resultado de desequilíbrios totalmente ligados a questões político-sociais. Ocorre que, como humanidade em termos globais, já temos uma produção excedente que ultrapassa em muito as nossas necessidades nutricionais. Basta ver que 300 mil pessoas morrem por ano apenas nos EUA em decorrência de complicações da obesidade, que tem suas raízes no consumo excessivo e/ou inapropriado de comida.

Essa condição de fartura é recente na história da humanidade. Com base nas condições produtivas existentes do século XVIII, portanto apenas dois séculos atrás, o economista inglês Robert Malthus (1766-1834) alertava a humanidade sobre o espectro da fome que nos rondava porque o crescimento populacional se dava em escala geométrica, isto é, muito mais rápido que o crescimento da nossa capacidade de produzir alimentos, que se dava em escala aritmética. Pois bem, naquela época tínhamos cerca de 750 milhões de seres habitando o planeta e, de fato, continuamos crescendo de forma geométrica para atingir hoje aproximadamente 6,5 bilhões. Nossa capacidade produtiva, tanto em termos de competência quanto de criatividade, respondeu de forma espetacular ao desafio do crescimento populacional. Somos hoje, na média, muito mais bem alimentados, em quantidade e em qualidade, do que a média das pessoas dos séculos anteriores de toda a história da humanidade. Basta ver como as gerações atuais são muito mais altas que as anteriores, e comparados em relação aos homens e mulheres da Idade Média, somos quase gigantes.

Nesta nova perspectiva vivida pela nossa civilização em relação à abundância de comida, poderíamos dizer que temos hoje quatro tipos de condição em termos de preenchimento das necessidades nutricionais. Em primeiro lugar, poderíamos apontar os famintos, que são aqueles que têm dificuldades em obter um mínimo de comida que garanta sua sobrevivência, no que diz respeito à nutrição e dignidade humana. As pessoas deste grupo na verdade não optaram por essa condição. Cabe a nós, que vivemos longe das garras da fome, resolvermos esse problema de escassez que nos envergonha a todos.

Mas a imensa maioria da humanidade que não tem na escassez alimentar um problema de sobrevivência poderia ser subdividida em três grupos com características similares de comportamento em relação à alimentação: os frugais, os gourmets e os compulsivos. Os frugais são aqueles que comem pouco, por mera opção, e estão absolutamente satisfeitos com sua dieta, tanto com a quantidade quanto com a qualidade, isto é, não têm exigências de grandes diversificações e sofisticações, seja em termos de ingredientes, seja na preparação dos alimentos.

Por sua vez, os gourmets são aqueles indivíduos que não comem apenas para satisfazer suas necessidades nutricionais, como os frugais, por exemplo. Comer para eles, além da nutrição, representa tanto um papel social como uma forma de arte. Os gourmets se interessam tanto pelo preparo dos alimentos, quanto pelas histórias acerca da origem de cada prato. Interessa-lhes a alquimia do preparo, o cerimonial social do consumo, a peculiaridade de cada ingrediente. Para ser gourmet não é necessário ser rico. Claro que isso ajuda a diversificar e a sofisticar, mas mesmo em regime de restrições econômicas existem seres humanos que mantêm viva a arte da gastronomia. Os escravos africanos no Brasil são um bom exemplo. Eles foram capazes de preservar e mesmo desenvolver de forma criativa novos e incrivelmente deliciosos pratos mesmo estando confinados no pesadelo das senzalas. A celebração da vida – *la joi de vivre*, como dizem os franceses – da comida africana conquistou a casa-grande mesmo com pratos feitos com restos, como foi o caso da feijoada, preparada com partes dos animais abatidos consideradas não nobres pelos senhores. Isto para não falar do xinxim de galinha, do caruru e de muitos outros pratos que nos deixam com água na boca e que foram criados, aprimorados e cultivados por homens e mulheres em ignóbil escravidão.

O grupo dos compulsivos, ou glutões, é aquele que pode ser identificado até mesmo pelas suas características físicas: acima do peso, gordos e obesos. Para esse grupo, a comida é consumida de forma excessiva, independentemente da qualidade dos alimentos.

Ao longo de sua jornada civilizatória, a humanidade aprendeu muito a respeito de comida e alimentação. Pouca comida não é certamente uma situação cômoda ou desejável. Sobretudo, quando essa escassez ameaça se transformar em fome, situação que rebaixa os homens e mulheres à condição mais vil do mundo animal. Por outro lado, na situação de abundância, há que se procurar ter sabedoria. E a compulsão vem sendo cada vez mais entendida como uma perversão que prejudica muito o indivíduo, podendo inclusive resultar em sua morte prematura. Em termos coletivos, a luz amarela já acendeu para a humanidade, que já está percebendo que o limite entre o saudável e o doentio foi ultrapassado. O aumento explosivo da obesidade não atinge apenas os EUA, é um problema de saúde pública nos quatro cantos do planeta, mesmo em países como o Brasil, a China, o México etc.

A compulsão alimentar ou a glutonaria é um mal que viceja na abundância, quando falta sabedoria, e não na escassez. Quando essa escolha errada começa a ser feita por uma parcela significativa de indivíduos, esse comportamento social sinaliza uma tendência séria que poderá desembocar em decadência civilizatória. Algo similar ao que acontece nas situações de escassez quando os suicídios deixam de ser casos isolados e passam a se configurar como tendência social. Estão aí para comprovar as raízes das explicações para fatos históricos como o fim do Império Romano, a decadência da Igreja Católica ao final da Idade Média, a aristocracia francesa no período que desembocou na Revolução Francesa etc.

O que a humanidade aprendeu em termos de sabedoria é que devemos nos esforçar para escapar das garras da fome; e na abundância, que sejam feitas escolhas que tenham a ver com a celebração da vida e com a sustentabilidade saudável dos indivíduos, enquanto espécie de seu meio ambiente e enquanto civilização. Fome e glutonaria remetem o indivíduo e, coletivamente, os grupos sociais à barbárie.

Assim, para fechar nossa analogia retornemos à discussão econômica. A visão economicista de progresso nos últimos 60 anos parece ter contribuído para uma perspectiva ilusória de progresso, em que a qualidade se tornou refém da quantidade. Crescer quantitativamente de maneira incessante a economia das nações, bem como a renda de seus cidadãos, parece uma perspectiva insana, que nos torna a todos, líderes e indivíduos, compulsivos consumidores de não importa o quê.

Comprar, ir aos shoppings, aumentar o consumo como um ato de patriotismo para evitar recessões e desempregos, é a lógica que ouvimos, sobretudo em momentos de crise econômica de políticos, principalmente os norte-americanos. Basta ver que, nas pesquisas econômicas, o "índice de confiança" de uma sociedade passou a ser medido quantitativamente pela intenção e disposição das pessoas em ir às compras.

Isso começa a ser questionado cada vez mais, em especial pelos indivíduos que estão na vanguarda de um novo estilo de vida, o de consumidores judiciosos.

É justamente no centro mais afluente do capitalismo contemporâneo que começam a se tornar mais visíveis subgrupos culturais que estão questionando o mantra do crescimento ilimitado do PIB e da renda e tentando descobrir novos caminhos. Não se trata de novos hippies ou grupos interessados em se fechar em guetos. Alguns estudiosos de marketing nos EUA já começam a mapear e estimar que um em cada seis norte-americanos já acha que ter dinheiro para torrar em fast-food e em compras nos Wal-marts (megamercados tipicamente americanos onde se vende de tudo) não é exatamente uma escolha sábia, mas um círculo vicioso que pode conduzir o indivíduo a uma vida pobre em termos de significado e, coletivamente, levar a sociedade à decadência.

Este conjunto de, digamos assim, dissidentes, é calculado em torno de cinqüenta milhões de pessoas nos EUA e cinqüenta milhões na União Européia. Esse grupo de pessoas, muito pequeno ainda se comparado ao total da humanidade, representa indivíduos que estão, mesmo individualmente, procurando formas de desembarcar do sonho errado de progresso. A grande maioria ainda não se auto-reconhece como grupo – como o fizeram os hippies e os ativistas de movimentos de contracultura e de direitos civis nos anos 1960, por exemplo. Mas estão criando as redes sociais que provavelmente vão amadurecer tendências políticas importantes e liderar uma nova corrente civilizatória que vai aos poucos se tornando mais visível e influente, tanto do ponto de vista nacional quanto global.

Enquanto não tivermos essas novas tendências amadurecidas, teremos de suportar a mesmice, o eterno "mais-do-mesmo" que a geração contemporânea dos nossos líderes políticos oferece. Esses, em sua maioria, são o oposto da sabedoria. São, de fato, arautos da demagogia e da ignorância, incapazes de amadurecer as novas questões tanto quanto de produzir novas respostas.

Paul Ray, sociólogo, Ph.D. em antropologia pela Universidade de Michigan e consultor de empresas, reuniu um imenso material enquanto realizava trabalho de pesquisa de mercado para empresas que eram suas clientes ao longo de 13 anos. Foram mais de 500 grupos focais (atividades que compreendem entrevistas e discussões com facilitadores de empresas de pesquisas mercadológicas) e pesquisas quantitativas que atingiram mais de cem mil entrevistados. Seu objetivo era entender as razões de uma enorme e ainda não visível fatia da população dos EUA e do Canadá que está mudando seus valores e seu estilo de vida. Essas pessoas não podem ser categorizadas como um único e homogêneo segmento da população desses dois países. Pelo contrário, formam um caleidoscópio de subgrupos muito diversos, porém têm como característica comum o fato de apresentarem certo cansaço em relação ao *american way of life*. São pessoas dispostas a pagar o preço de assumir maiores responsabilidades individuais para buscar uma vida mais equilibrada e mais plena de significado, mais qualidade de vida e mais tempo para as coisas que julgam verdadeiramente importantes e prioritárias.[1]

Não só na América do Norte e na Europa, mas também no Brasil, na Argentina, no Chile, na Índia, na Coréia do Sul, no México, na África do Sul e em outros países, é possível encontrar cada vez mais pessoas que estão cansadas de esperar que governos e empresas simplesmente lhes ofereçam novas escolhas e alternativas mais sensatas para suas necessidades e aspirações. Essas pessoas formam um crescente substrato social de indivíduos que não estão dispostos a se sentirem vítimas passivas de um mundo dominado pelos políticos incompetentes e corruptos e por empresas que buscam de forma selvagem o lucro. Elas buscam saídas individuais, mas não são egoístas ou escapistas. Várias delas começam a perceber que o somatório de suas práticas pode, paulatinamente, ir mudando a sociedade e o mundo em que vivemos. A maioria não se julga órfã de utopias ou de revoluções fracassadas. Tampouco acha que a saída é se tornar cético ou cínico. Não se entendem como um grupo à parte da sociedade, como os hippies no século passado. Eu arriscaria dizer que temos aí um bom exemplo de pioneiros do tempo, que testam estilos de vida que a maioria das pessoas adultas ainda não percebem como alternativas viáveis.

Fazer-mais-com-menos, em especial com qualidade superior

Boa parte desses pioneiros do tempo são pessoas que pertencem à classe média tradicional, que tiveram oportunidade de tirar um diploma universitário e têm uma posição profissional confortável. Elas não estão interessadas em se descolar da sociedade como se fossem um asceta, um profeta, um revolucionário guerrilheiro ou um dissidente social.

Talvez não seja arriscado dizer que são pessoas que descobriram novas ferramentas próprias dos tempos da Renascença Digital e são pioneiras na utilização delas. Além disso, parece que trazem ainda uma atitude positiva, questionadora e criativa diante da vida que lhes permite enxergar e aproveitar os novos caminhos que estão sendo abertos. Tomar conhecimento e analisar essa nova tendência pode ser inspirador para reavaliarmos nossos valores e estilos de vida.

O hábito de realizar um planejamento e controle dos gastos mensais pode dar muitos *insights* interessantes e nos ajudar a começar a ver a realidade de nossas despesas de uma nova forma. Em especial, é nessas ocasiões que começamos a perceber gastos e despesas que não são realmente prioritários e que podem muito bem ser reduzidos se estivermos interessados em realizar cortes para tornar mais enxuto nosso orçamento doméstico e pessoal.

É o caso, por exemplo, de despesas e gastos com carros que são, na realidade, desejos de ter mais status, gastos com certos tipos de entretenimento e consumo que nos damos como compensação pelo estresse que sofremos em empregos a que nos sujeitamos apenas pelo conforto e segurança que eles nos trazem. Pode ser o caso de despesas com terceiros para realizar tarefas domésticas que nós mesmos e nossos filhos poderíamos fazer se tivéssemos uma vida mais equilibrada em termos de tempo disponível para o convívio doméstico etc.

Existe uma santíssima trindade dos queixumes que praticamente todo o mundo, mas todo o mundo mesmo pratica costumeiramente: falta de dinheiro, falta de tempo e baixa qualidade de vida. A única saída para entender e procurar soluções para esses queixumes é rever a vida pessoal, buscar fazer mais com menos e, além disso, começar a refletir sobre a ilusória sensação de segurança que herdamos de nossos avós e pais de aceitar a continuar em empregos para os quais não levamos verdadeiramente nosso coração – e muitas vezes nosso próprio cérebro –, atividades essas que nos sorvem as melhores energias, nos estressam sem dar o retorno que esperávamos.

Nos próximos capítulos vou buscar sempre apontar idéias e práticas inovadoras de pessoas que estão reinventando estilos de vida para melhorar sua qualidade de vida, fazer mais com menos, ter mais tempo e realizar mais com mais qualidade. Já antecipo aqui algumas delas só para você, leitor, ir matando um pouco sua curiosidade. São coisas aparentemente pequenas, mas são passos significativos em uma nova direção.

Existe um mundo de pessoas que está descobrindo que diversas coisas que compramos novinhas em lojas poderiam ser compradas de segunda mão, especialmente agora que dispomos de sites de comércio de coisas usadas. O e-Bay dos EUA é hoje uma das maiores empresas na Internet e tem o registro de 60 milhões de norte-americanos. Além do e-Bay existe um incontável número de outros sites que se especializaram em comércio de bens e produtos de segunda mão. Ali na pátria mãe do capitalismo e do consumismo descartável, onde comprar é incentivado pelos políticos como um ato de patriotismo, uma grande parcela da população começa a reconfigurar seus hábitos de compra por causa da Internet. Sempre existiram lojas e também jornais de coisas usadas, mas a Internet permite a você garimpar em um mercado praticamente mundial por uma infinidade de ofertas. Um bom indicador dessa mudança cultural é o artigo saído em um best-seller lançado nos EUA pela autora norte-americana Kathy Kristof,[2] colunista do *Los Angeles Times.* No artigo, intitulado "Dez coisas que você não deveria comprar novo", Kathy pergunta: "Por que alguém deveria pagar mais por certas coisas apenas pelo prazer de ter uma embalagem vistosa saída de uma loja careira, se por uma excelente redução você pode ter exatamente o mesmo produto?" E cita como exemplos: carro zero km, CDs, DVDs, vídeos, brinquedos infantis, jóias, certos equipamentos esportivos, vários tipos de móveis, em especial os de escritório, games, coisas para seus filhos adolescentes etc. Uma outra colunista do portal MSN Money, M. P. Dunleavey, adiciona glamour ao comportamento de buscar comprar coisas de segunda mão pela Internet em seu artigo intitulado "Por que pessoas de primeira linha amam comprar coisas de segunda mão?". No Brasil, essa prática ainda está decolando. Por enquanto, o equivalente nacional mais conhecido é um portal na Internet chamado Mercado Livre. Tudo leva a crer que, de fato, a compra de segunda mão via Internet é um fenômeno que certamente vai ser mais massificado ainda e com isso reconfigurar e ajudar a tornar mais racional a sociedade de consumo, tornando mais barato e mais eficiente a alocação de bens e serviços.

Um outro exemplo de pioneirismo de, digamos assim, desoneração ou desmonetização do estilo de vida é a emergência de uma tendência de famílias que permutam suas casas em temporadas de férias com outras famílias de países diferentes. Esses pioneiros fazem parte de redes mantidas via Internet nas quais negociam as bases da permuta de suas casas (*home-swap*). São arranjos que possibilitam trocar não só casa, mas também muitas vezes o automóvel, e ter a conveniência de ter alguém tomando conta de suas plantas e de seus animais enquanto você está fora. Isso torna as férias internacionais muito mais baratas, pois os gastos passam a ser quase exclusivamente com passagens aéreas. Esse arranjo é especialmente interessante para famílias com filhos pequenos ou adolescentes e que não poderiam arcar com custos de hospedagem em hotéis.

E gastos com carros? Muita gente já anda se dando conta de que se colocar na ponta do lápis os gastos com combustível, manutenção, taxas, estacionamento, seguro e a depreciação do veículo, fica mais barato usar táxi dependendo de onde você mora e de suas necessidades cotidianas de deslocamento. Em certos bairros das grandes cidades de todo o mundo, já tem muita gente com alto poder aquisitivo que faz isso por economia e conforto. A tendência é cada vez mais gente descobrir essa conta! Na Europa já existem diversas empresas às quais você se filia e solicita um carro, por celular ou pela Internet, de acordo com sua conveniência de horário e local. Depois você o deixa em qualquer estacionamento público e informa pelo telefone que a empresa recupera o veículo. Você paga uma taxa mensal conforme o uso. As empresas provam no próprio site – você mesmo pode fazer a simulação! – que sai mais barato que ter carro próprio. É verdade. Talvez você não tenha ainda percebido que o carro passa mais de 90% do tempo estacionado, portanto ocioso. O que essas empresas européias estão fazendo é um uso mais produtivo do carro. Elas ganham e o cliente também.

E por aí vai. Nos capítulos seguintes serão apresentadas outras sugestões inspiradas nos novos estilos de vida que estão sendo inventados e recriados com a perspectiva de fazer mais com menos, buscando mais qualidade de vida, mais tempo e, sobretudo, mais controle individual sobre o próprio destino.

Notas

[1] As análises e conclusões de Paul Ray estão reunidas em seu livro, produzido com sua mulher Sherry Ray, *The Creative Cultures: How 50 million people are changing the world* (NY, Harmony Books, outubro de 2000), ainda não traduzido para o português.

[2] Kathy Kristof é autora do livro *Deal with your Debts* (Administrando suas dívidas), ainda não traduzido para o português.

Capítulo 7

Vivendo muito mais tempo

Os desafios que emergem da conquista do aumento da longevidade

Todo mundo quer viver bem até os cem, mas e a conta a pagar?

Quem tem filhos ou netos na faixa de dez anos de idade, fique sabendo que essa meninada será a primeira geração que vai chegar de forma significativa, em termos demográficos, aos cem anos de idade. Imagine como será a velhice dessa turma.

As ótimas notícias acerca de poder cruzar a barreira dos 85 estando ainda bem, física e mentalmente, e ativo do ponto de vista produtivo, e não uma carcaça completamente acabada pelo tempo, ocioso e esperando a morte chegar, serão fatos corriqueiros já nas primeiras décadas do século que vivemos. Por volta de 2050, provavelmente a população mundial deverá ter atingido a marca de nove bilhões de seres vivendo no planeta Terra e, assim acreditam os demógrafos, deverá se estabilizar ao redor desse número. Felizmente. À medida que alcançamos um padrão maior de desenvolvimento econômico e social, as mulheres passam a ter mais acesso à educação. Com isso se tornam menos dependentes dos homens e a maternidade deixa de ser uma maldição, pelo número excessivo de filhos indesejados, e passa a ser uma escolha que envolve planejamento e conseqüentemente um número menor de filhos. Aliás, parece que este número está convergindo para algo próximo a dois. Um casal de filhos parece ser o sonho racional da humanidade transformado em realidade por mulheres e homens: a esperança e aposta de futuro cristalizadas na reposição biológica dos parceiros.

As mudanças demográficas que tiveram lugar ao longo do século XX foram a mais espetacular das transformações, pois mudaram completamente os nossos conceitos das fases da vida. A expectativa média de vida para homens e mulheres que nasceram três mil anos atrás era de apenas 18 anos. Um Matusalém daqueles tempos era alguém que tinha chegado à marca dos 40 anos. Ao contrário de hoje em dia, as mulheres viviam menos tempo, em média, por causa da maternidade. Os romanos e gregos, com os progressos realizados até o nascimento de Cristo, conseguiram puxar a média da expectativa de vida ao nascer para 25 anos. A Idade Média foi, em termos demográficos, um período de vitória para a humanidade: a expectativa de vida subiu para 35 anos, portanto o dobro do que os homens que viviam em tribos nos tempos antes de Cristo.

Nos primórdios da Revolução Industrial, que se iniciou pelo final do século XVIII até o começo do século XX, ocorre a sinergia de uma série de modificações positivas, tais como melhor alimentação, avanços da medicina, conquistas sociais e saneamento, que permitem um aumento significativo da expectativa de vida. No começo dos anos 1900, as mulheres atingem a marca de 49 anos nos EUA, enquanto os brasileiros tinham 33,5 anos de expectativa de vida ao nascer. Chegamos ao final do século com o dobro dessas médias. Nas tabelas estatísticas demográficas de 2005, países maduros como Japão e EUA já ultrapassaram a linha dos 80 anos e brasileiros estão cruzando a linha dos 70. Assim, podemos nos preparar para ver outras marcas caírem nas próximas décadas, fazendo com que a humanidade comece a acalentar a idéia de que talvez alguns indivíduos possam chegar aos 150 anos. Se vai valer a pena ultrapassar a barreira dos cem anos de idade, isto é outra história.

Desde tempos imemoriais até praticamente a Segunda Guerra Mundial, o senso comum segmentava a existência do ser humano simplesmente em três fases: infância, vida adulta e velhice. A passagem para a idade adulta não era vista como hoje, compreendendo uma sucessão de fases, englobando a pré-adolescência e a adolescência. Tampouco as idéias acerca de infância e velhice conheciam a definição de nuances que usamos hoje: primeira e segunda infâncias, terceira e quarta idade etc. Essas segmentações foram sendo apreendidas e apresentadas ao senso comum por psicólogos, antropólogos, cientistas sociais e marqueteiros que perceberam que as mudanças demográficas, sobretudo em função do crescimento da expectativa de vida ao nascer, também chamada de longevidade, resultaram em profundas transformações de nossa cultura trazendo uma nova realidade acerca da sucessão das fases da vida humana do nascimento à morte.

Porém o mais marcante nessa história é que a transição para o século XXI é um momento em que a humanidade redefine fundamentalmente as décadas finais da vida do ser humano. O que é a velhice? No Brasil, a Política Nacional do Idoso estabelece como marco legal da velhice a idade de 60 anos, período também designado como Terceira Idade. No entanto, quando uma pessoa se torna velha? Nada é mais indefinido e flutuante do que esse limite em termos de complexidade fisiológica, psicológica e social. Como forma de tentar tornar mais flexível essa linha demarcatória já se fala em Quarta Idade, uma nova marca para a velhice, a partir dos 80 anos.

No século XIX, passados poucos anos do final da infância, tanto o homem quanto a mulher adentravam quase que diretamente na idade adulta. A adolescência não constituía propriamente uma fase da vida. Antes disso, as pessoas entre 12 e 20 anos eram vistas como adultos jovens. No seu *Casa-grande & senzala*, Gilberto Freire relata como a mulher deixava de ser menina para ser mãe abruptamente a partir dos 13, 14 anos. Aos 20 já era uma matrona e aos 30, avó. As mulheres encaravam ao longo de sua idade reprodutiva uma penosa sucessão de gestações e partos de alto risco e em sua maioria alcançava a morte entre os 40 e 50 anos, antes de se tornarem efetivamente velhas. Não existem estatísticas, mas tudo leva a crer que as escravas seguiam aproximadamente as linhas de demarcação etária das brancas.

Os homens, se pertencessem à elite branca dominante, tinham um período de juventude mais alongado para receber educação, mas aos 20 eram vetustos cavalheiros. Sua longevidade era parecida com a das mulheres. Não sofriam os padeceres dos partos e gestações, mas a alimentação totalmente inadequada, o fumo, o sedentarismo e a precariedade da medicina naquela época impunham à maioria uma expectativa de vida ao nascer bem abaixo dos 40 anos.

Os escravos do sexo masculino, tratados como bestas de cargas, condenados a viver em promiscuidade e sem qualquer cuidado médico, tinham uma expectativa de vida menor que a dos brancos. Para esses, a velhice avançada era uma realidade na proximidade dos 50 anos.

Vida sexual ativa após os 40 anos de idade era reservada apenas aos homens que se dispunham a ter amantes ou ir a bordéis. Para a maioria das mulheres casadas, mesmo para as jovens, a vida sexual ativa era um evento extremamente curto e desinteressante. A grande maioria desconhecia o orgasmo, e o sexo para a mulher casada era uma obrigação à qual tinham de se submeter, sem contraceptivos confiáveis e acessíveis, e ainda pressionadas pelas reprimendas dos padres confessores que não davam a absolvição àquelas que ousavam evitar, de alguma forma, a concepção. No caso das solteiras, para essas, obviamente, o sexo era completamente vetado.

As melhorias na alimentação, os avanços da medicina e o maior cuidado dos indivíduos com o corpo e a saúde, evitando o sedentarismo, realizando atividades físicas regulares, causaram não apenas uma revolução demográfica, mas também uma revolução cultural em pouco mais de 50 anos.

A geração de nossos pais, que nasceram por volta dos anos 1930 e 1940, via filmes de Hollywood mostrando a velhice chegando aos 40, 50 anos. Era a idade dos cabelos grisalhos, dos netos, do apagar do fogo do sexo, sobretudo para as mulheres. Hoje, esta geração que chega aos 70 não tem paralelo com nenhuma outra em termos de velhice. Criados ao longo da vida com a convicção de que ser idoso era quem chegasse aos 60, nossos pais são a primeira geração que não está em conformidade com o estereótipo de velhice cultivado até o final do século XX.

Existem algumas localidades especiais no Brasil que se tornaram um meio ambiente mais apropriado para envelhecer com mais qualidade de vida. São verdadeiros laboratórios de vanguarda onde se concentra, por um lado, um mercado significativo de pessoas acima dos 60 anos, e por outro, uma oferta consideravelmente maior e de melhor qualidade de serviços, produtos e equipamentos públicos e privados orientados para esse mercado consumidor. O melhor exemplo desse tipo de localidade é o bairro de Copacabana, no Rio de Janeiro, que tem quase 25% de sua população acima de 60 anos e que antecipa hoje o que será a realidade demográfica do Brasil daqui a duas décadas.

Basta andar pelos calçadões da orla marítima da Zona Sul do Rio de Janeiro e notar como cidadãos e cidadãs sexagenários, setuagenários e octogenários desfilam pelas ruas, sobretudo pela orla, sem qualquer vestígio de sentimento de inferioridade estética, vestidos de sunga, de maiô, de roupão de banho. Repare os seus pés rápidos em tênis modernos com cores vibrantes. De segunda à segunda fazem suas caminhadas na orla, vão para suas atividades em piscinas térmicas e academias, circulam em lojas, supermercados, bares, restaurantes de comida a quilo. Turistas provenientes de outros estados brasileiros onde a vida é menos solar que a carioca, como mineiros, goianos, paulistas, sulistas, se extasiam com a jovialidade de corpo e alma e com a funcionalidade da vida de moradores com mais de 60 que habitam a orla marítima carioca que vai do Flamengo ao Leblon, bairros com alta densidade populacional onde boa parte das necessidades do cotidiano ainda pode ser realizada em distâncias percorridas a pé, de metrô, ou com curtas corridas de táxi.

É nesse contexto que Copacabana se tornou uma espécie de plataforma de lançamento e de teste de produtos e serviços para os consumidores longevos. Por exemplo, nesse bairro existem empreendimentos imobiliários novos e prédios antigos têm sido adaptados com funcionalidades para essa população de cabelos brancos interessada em ter vida independente e de qualidade.

Analogamente à pílula anticoncepcional introduzida nos anos 1960 e 1970, que representou para a mulher a possibilidade de ter direito a usufruir as delícias do sexo minimizando os riscos da gravidez indesejada, vários medicamentos que começaram a chegar ao mercado na virada para o século XXI estão proporcionando à humanidade uma perspectiva inteiramente nova de vida sexual ativa na velhice. Na falta dos "filtros da juventude", a farmacologia moderna tem ajudado senhores e senhoras acima dos 60 a descobrir que envelhecer não significa ser expulso do jardim do paraíso representado pelas delícias do sexo. É assim que o Brasil é o segundo mercado para o Viagra, atrás apenas dos Estados Unidos. Agora está chegando ao mercado a versão Viagra para as mulheres. O papel sociocultural desses fármacos extrapola a simples cura e estimulação daqueles que têm disfunções sexuais, assim afirmam sexólogos, que explicam que esses medicamentos têm um efeito mais amplo em termos de comportamento moderno, estimulando a idéia de que pessoas devem e podem manter sua atividade sexual ao longo de toda a vida independente da idade. Para as gerações que envelhecerão a partir de agora, diferentemente do passado, o fogo do sexo não será apagado mais com a velhice.

É pouco conhecido do grande público o impacto que esses fármacos vêm provocando em fundos de pensão, em especial com seus pensionistas anciãos viúvos. Esses eram casos de homens entre 80 e 90 anos, que, com o fogo reacendido pelo Viagra e congêneres, passaram a cortejar com pedidos de casamento mulheres bem mais jovens, acenando para estas com a promessa de suas polpudas pensões. Como, por exemplo, o de um pensionista que morreu com quase 90 anos e que deixou viúva de 40 anos, depois de um casamento feito alguns anos antes. Diante da análise coletiva de seus beneficiários, vários fundos de pensão concluíram que esses não eram apenas casos isolados. Viúvos turbinados com Viagra começavam a se configurar como padrão emergente de um estilo de vida – ou de final de vida –, e esses indivíduos poderiam pôr em risco a estabilidade dos cálculos de seguros para a coletividade de pensionistas. Ante essa nova realidade, os fundos de pensão acordaram em criar cláusulas de barreira para seus participantes de forma a impedir novos casos abusivos. Agora o homem ou mulher que se tornar viúvo(a) poderá se casar – é claro –, porém o(a) noivo(a) não poderá mais se tornar seu beneficiário em caso de morte.

Vida ativa e produtiva: a receita para qualidade de vida e longevidade

A humanidade começa finalmente a rever a idealização da aposentadoria no momento em que o modelo concebido na virada do século XIX para o XX vai sendo implodido em todos os lugares do mundo. No século XIX, a maior parte de todas as atividades de trabalho humano assalariado exigia vigor físico. A grande maioria dos afazeres, como agricultura, extrativismo, indústria e serviços, exigia força e vigor físicos e exauria em poucos anos os trabalhadores em longas jornadas de trabalho.

Peter Drucker, o mais notável autor e estudioso de administração norte-americano, falecido em 2006, aos 96 anos, em um de seus notáveis artigos intitulado "A Nova Sociedade",[1] frisava que, nas economias de antes da Segunda Guerra Mundial, o trabalhador tinha de aposentar-se porque se exauria por completo fisicamente nos serviços em que fazia, pois a maior parte dos trabalhos naquela época era serviço braçal pesado. Antevendo a realidade da Sociedade do Conhecimento, que era a forma que Drucker se referia à era que se seguirá à Era Pós-Industrial, serão progressivamente criados mais empregos para atividades que exigem qualificação educacional e não vigor físico. Neste contexto, segundo Drucker, no futuro teremos certamente dois tipos distintos de força de trabalho: uma parte composta pelos indivíduos de menos de 50 anos e a outra pelos de mais de 50. Estas duas forças diferirão marcadamente em suas necessidades e comportamento. O grupo mais jovem buscará renda e trabalho mais estáveis, ou pelo menos uma sucessão de serviços de tempo integral. O grupo mais velho, que deverá ter crescimento rápido, terá muito mais opções de escolha. Este grupo irá combinar trabalhos tradicionais, não convencionais, e lazer nas proporções que mais se adaptarem ao seu perfil e disponibilidade. Drucker foi um dos primeiros autores a falar em força de trabalho de mais de 50 anos. Mais do que isso, foi o primeiro autor que não mencionou um limite para que o ser humano se retire do mundo do trabalho.

É assim que nos anos que estão por vir, da mesma forma que estamos redefinindo a economia e o trabalho, redefiniremos um novo entendimento do que é idade longeva e um novo conceito de aposentadoria. Provavelmente, a geração que tem agora 30/40 anos não conhecerá a aposentadoria no sentido que nossos avós e pais conheceram. Mais e mais postos de trabalho que exigem mais qualificação educacional, e não vigor físico, serão criados. Assim, a aposentadoria tal como aprendemos a vê-la – o ostracismo da vida produtiva – deverá se tornar um anacronismo completo até a metade deste século. Para os jovens que entram hoje no mercado de trabalho a mensagem é uma só: prepare-se para parar de trabalhar bem próximo à hora de morrer. Mas não se apavore!

Mire-se no exemplo de Drucker, ele mesmo um homem que nunca parou de trabalhar. Lançou seu último livro aos 94 anos, dois anos antes de sua morte. Ele representava bem o fato de que determinados profissionais e profissões não admitem aposentadoria. Atores, músicos, cantores, escritores, artistas plásticos, políticos são exemplos de pessoas que morrem trabalhando. Gostam do que fazem, encontram um equacionamento entre suas condições e limitações físicas e seguem produzindo até morrer.

A Sociedade Digital Global, que poderá ser também conhecida como Sociedade do Conhecimento, criará inacreditáveis possibilidades se continuarmos ativos e produtivos mesmo dentro das condições físicas de idosos, o que nos tornará mais saudáveis e menos deprimidos. Mais importante do que buscar emprego para sobreviver será o desafio de descobrir mais cedo o que realmente gostamos de fazer na vida. Lembra do velho ditado: "Descubra o que você gosta de fazer e você nunca mais vai trabalhar"?

Essas histórias podem soar meio apavorantes para aqueles que passaram dos 45 anos, que começam a se sentir cansados da competição do dia-a-dia da labuta e que iniciam seus devaneios de aposentadoria. Se você está nessa faixa etária é bom começar a pensar de forma mais positiva acerca de planos de desaposentadoria. Quer argumentos?

Existe um estudo feito pelo gerontólogo Renato Veras, da Universidade de Estudos da Terceira Idade (Unati) da Universidade Estadual do Rio de Janeiro (Uerj), que analisa três populações distintas de pessoas idosas. Cada uma delas é situada em bairros típicos e paradigmáticos do Rio de Janeiro. O primeiro grupo é o dos residentes em Copacabana, bairro da Zona Sul; o segundo é o dos residentes no Méier, um típico bairro da Zona Norte, e o terceiro é o dos residentes do bairro de Santa Cruz, um distante e pacato bairro do subúrbio, que ainda guarda traços fortes da antiga zona rural. Veras compara os indicadores de cada grupo (os mesmos são homogêneos, do ponto de vista de renda) em busca de um julgamento que estabeleça comparação acerca de qualidade de vida de cada uma dessas populações estudadas.

Resumo da história: o senso comum imaginaria que uma maior qualidade de vida estaria mais próxima daqueles residentes em uma localidade remota longe do famigerado "caos urbano", isto é, longe do tráfego, do burburinho do comércio, morando em casas em vez de morar em apartamento. Assim, a aposta seria a tranqüilidade quase rural de Santa Cruz. Errado!

O dr. Veras, com base nos indicadores como longevidade, número de amigos/círculo de relacionamento, depressão, saúde física e mental etc., conclui justamente o contrário. Os velhos de Copacabana são os que vivem mais e com melhor qualidade de vida, são menos propensos a doenças, entre as quais a depressão, são mais ativos etc. Santa Cruz, "o local casa de campo", fica em terceiro lugar e o Méier em segundo. Tudo leva a crer que a tranqüilidade idílica de locais remotos é a última coisa para estimular positivamente o cotidiano dos seres humanos, sobretudo à medida que estes envelhecem.

Como se pode concluir pelos argumentos ao longo deste capítulo, paulatinamente, o portal de entrada da velhice será deslocado dos 60 para os 80 anos. No século XXI, o homem e a mulher sessentões não abandonarão a vida produtiva abruptamente como o costume que foi consolidado ao longo do século XX. Serão empurrados para esta nova tendência porque quererão continuar ativos, e porque terão de aumentar suas receitas, pois a renda da aposentadoria tenderá a diminuir consideravelmente.

Essa geração que chega agora à velhice é, provavelmente, a última geração a ter asseguradas pensões de maior valor, em especial aqueles que são servidores públicos. Caso sejam ex-trabalhadores da iniciativa privada, somente terão recursos se estiverem cobertos por planos de fundos de pensão de empresas, ou se tiverem amealhado um patrimônio mais avantajado ao longo da vida. Mas mesmo os fundos de pensão privados vão ter que encolher o valor dos benefícios concedidos, pois vamos coletivamente viver ainda mais tempo.

A aposentadoria, assim como o casamento por amor, são invenções da humanidade realizadas ao final do século XIX e consolidadas ao longo do século XX. O casamento por amor permanecerá. Mas a prática, bem como os direitos adquiridos, de se aposentar aos 60 serão impraticáveis da forma em que se acostumou a pensar no século XX, por duas razões.

Primeiro, porque as contas de seguridade social não fecharão. Inventada por Bismarck no final do século XIX, a aposentadoria se baseava em uma estatística de cálculo de seguros de vida de uma coletividade que tinha a demografia peculiar daquela época: expectativa de vida curta e altas taxas reprodutivas (naqueles tempos eram comuns taxas de fecundidade superiores a dez filhos para mulheres dos segmentos sociais realmente pobres). Naquela época, para cada aposentado existiam pelo menos 18 contribuintes na ativa.

Hoje, a aposentadoria já não é vista por muitos homens e mulheres ativos como uma bênção ou recompensa que culmina a jornada de uma vida. Pelo contrário, é a paralisia de sua vida ativa em um momento que antecede em muito a decadência inevitável do final dos dias. No Japão, por exemplo, aposentar-se aos 60 equivale a estar condenado a assistir passivamente à vida pelos próximos 35 anos em média. Isso equivale a uma vida de condenado ao ócio. Essa é uma das razões que leva o Japão a ser um dos países com mais altas taxas de suicídio do mundo.

Alguns dos aposentados já reconheceram que seus caminhos e planos passam pela "desaposentadoria" se querem efetivamente superar o ócio que corrói sua qualidade de vida, que seus neurônios, tanto quanto seus músculos e aparelho circulatório, necessitam de exercícios regulares para se manterem saudáveis. Esta geração de vanguarda que chega aos 70 no começo do século XXI está reinventando o trabalho, para além da aposentadoria, adequando o mesmo às suas peculiaridades de estilo de vida e características físicas.

Diante da sombra da ruína da previdência social faça seus planos de desaposentadoria

A perspectiva da quebra dos sistemas de previdência e seguridade social nos deixará cada vez mais desconfortáveis. Não acredite que dê tempo para desarmar esta bomba. Não há político no mundo, independentemente de carisma, autoridade, ideologia ou partido político, que conseguirá desativar a armadilha montada pelo próprio sucesso da humanidade, que resultou na conquista de uma vida mais longa para a imensa maioria dos seres humanos.

Em todo o mundo, passeatas estão sendo feitas por trabalhadores, sobretudo funcionários públicos, contra reformas previdenciárias que estão sendo propostas por governos em vários países mundo afora. Não importa o nível de renda, o PIB, se o governo é de esquerda ou conservador. A questão é: com o aumento da longevidade as contas não fecham.

Tome a França, modelo para muitos de conquistas de igualdade social. No ano de 2002, 38% dos que se aposentaram nesse país tinham menos de 60 anos. A França não tem ainda a longevidade do Japão, que é de 84,4 anos de expectativa de vida ao nascer para a mulher e 77,4 para o homem. Mas estimemos, por exemplo, que uma professora francesa vá se aposentar aos 57 anos, após trabalhar 25, e que vá viver até os 84. Serão nada menos do que 27 anos vivendo sustentada pelos outros contribuintes, depois de ter contribuído por 25 anos. Você acha que existe alguma chance de estas contas fecharem? Só através de subsídios públicos. Mas quem paga essa conta? Claro que, no final das contas, são os próprios contribuintes.

Outro agravante na equação que não fecha da previdência é a diminuição dos nascimentos. Em vários países, os casais já não se repõem, isto é, têm menos de dois filhos, em média, o que significa menos gente entrando no mercado de trabalho, portanto diminuição do número de contribuintes para a seguridade social enquanto um sistema coletivo. A Previdência no Brasil tinha, em 1940, 32 contribuintes para um beneficiário. Na década de 1980, essa relação despencou para 9/2. Em 2002, a relação é 7/1. Calcula-se que em 2030 será de 1/1.

O outro problema é o aumento da informalidade. Em uma década o número de trabalhadores no mercado formal no Brasil caiu de 58% para 45%. Os que trabalham sem carteira assinada e os que trabalham por conta própria cresceram de 37% para 52%. Quem é informal, via de regra, não contribui para a previdência social. O que vai acontecer com quem viveu a maior parte da vida na informalidade ao envelhecer? Terá de seguir trabalhando para conseguir rendimentos maiores que o parco salário mínimo que fará jus após os 65 anos.

Assim, temos de nos preparar para o encontro do Titanic da seguridade social com o iceberg do aumento da longevidade e do envelhecimento da humanidade, que deverá se dar ao final da segunda década do século XXI. Temos de colocar botes salva-vidas desde já. No lugar de se desesperarem, os indivíduos vão construir caminhos criativos e múltiplos. Alguns mais individuais, outros mais solidários.

Não tente se adaptar. Comece hoje a projetar sua mudança. O sapo é um anfíbio bem conhecido por sua capacidade de adaptação, ou melhor, de acomodação. Acomodação pode, às vezes, ser muito positiva.

No entanto, pode ser uma ameaça à sobrevivência. Se você colocar o sapo em uma panela de água fria e for elevando a temperatura, o organismo dele não se dará conta de que a elevação não permitirá adaptação a partir de um determinado ponto e assim o sapo acabará sendo fervido. Num mundo onde a mudança passa a ser a regra – justamente o contrário das civilizações e culturas congeladas nos tempos passados –, uma das características que teremos de aprender é mudar cada vez mais rápido, algumas vezes de forma radical. Não será possível simplesmente se adaptar.

Não adianta se você é de esquerda, conservador, neoliberal, capitalista ou socialista: estes são fatos contra os quais não se pode brigar. O melhor a fazer é encarar a situação de frente e preparar caminhos alternativos em direção a um futuro que será totalmente diferente do que a gente nascida e criada no século XX imaginava.

É bom preparar seus filhos para novos tipos de desafios que não faziam parte do mundo do século XX. Não os eduque para um mundo que acabou. Tente fazê-los ver o mundo e a vida em 30, 40, 60 anos para frente e sempre mudando. Ensine-os a surfar as novas possibilidades e não a reagir e tornar-se ressentido e pessimista.

No começo do século XX, ninguém poderia imaginar o paradoxo que está ocorrendo hoje: jovens de vinte e poucos anos fazendo seus planos de aposentadoria; adultos seniores de 50, 60 anos fazendo seus planos de desaposentadoria.

Mas existe uma coisa importante, uma grande ferramenta que precisamos reinventar, individual e coletivamente, e que nos possibilitará encarar com confiança as transformações de ruptura que se colocam diante de nós: a educação, mas não essa que experimentamos ao longo do século passado. Mas isso é conversa para o próximo capítulo.

Nota

[1] "The New Society", relatório especial para a revista *The Economist*, 21 de novembro de 2001.

Capítulo 8

Reinventando a educação

Qualificar de forma contínua as pessoas para os desafios e potencialidades da Sociedade Digital Global

A educação não é mais focada apenas nos indivíduos jovens

O senso comum entende genericamente "educação" como o sistema de formação educacional destinado a equipar os indivíduos jovens com conhecimento, dotá-los com habilidades e competências de forma que eles se tornem capazes de participar produtiva, social e civicamente do mundo dos adultos. Assim tem sido compreendido o termo "educação" desde que foi introduzido o sistema escolar universal, experiência da história da humanidade que tem menos de um século.

Até mais ou menos os anos 1980, existia certo consenso global de que o que você aprendia nas instituições educacionais ao longo de sua juventude deveria bastar para equipá-lo para viver ao longo do restante de sua vida profissional como adulto. Era mais ou menos como se fosse fornecida aos indivíduos uma carga de conhecimento, digamos assim, que tinha uma validade vitalícia e era capaz de durar até o final da vida profissional de um indivíduo.

Se você está lendo este livro, as chances são altas de que muito provavelmente o seu perfil, em termos de nível de escolaridade, seja o de uma pessoa que cursou ou está cursando nível superior. E certamente você já percebeu que aquela "carga de conhecimento", em um mundo de rápida transformação como o nosso, perde a validade muito antes de atingir a aposentadoria.

No capítulo anterior, que enfocou a questão dos desafios que estamos enfrentando pela conquista da grande extensão da longevidade humana, estivemos amadurecendo reflexões tais como o fim dos empregos estáveis e para a vida inteira. Abordamos ainda a questão do fim da aposentadoria como a internalizamos no bom e velho século XX mostrando que a velhice não será mais o tempo da ociosidade no qual se espera a morte chegar. Vamos permanecer ativos até morrer não só por necessidade mas por nosso próprio interesse. No contexto desta nova realidade, não há mais a perspectiva de adquirir na juventude o conhecimento que nos qualificará de forma definitiva para uma sociedade. Mesmo em avançada idade adulta, ai daqueles que não se empenharem em atualizar sua "carga de conhecimento".

O ritmo frenético das transformações por certo deixa a maioria das pessoas atordoadas. A sobrecarga cognitiva, sobretudo aquela causada pela pressão imposta pela necessidade de acompanhar a evolução da tecnologia, afeta a todos nós, mas principalmente aqueles que têm mais de 30 anos.

Por que estabeleci essa linha de corte "mais de 30 anos"? Existia uma expressão que ficou conhecida ao final dos anos 1960 que dizia "não confie em ninguém com mais de 30 anos". Esse era um slogan dos estudantes que se manifestavam contra o *establishment* conservador que naquela época representava uma posição favorável à guerra do Vietnã, à aceleração da corrida armamentista nuclear e também uma posição contrária às transformações mais libertárias, como o sexo antes do casamento, a emancipação da mulher, direitos civis para minorias etc. O movimento dos estudantes e ativistas da chamada contracultura dos anos 1960 e 1970 clamava por mudanças, e por isso colocava os indivíduos com mais de 30 anos na perspectiva de inimigos pela incapacidade destes de assimilar qualquer mudança. Inspirado nesse slogan, adotei a marca dos 30 anos como a idade em que o indivíduo é socialmente reconhecido como adulto pronto e acabado para exercer todas as responsabilidades individuais e sociais.

Ainda presentemente, vivemos em um sistema que nos programa para realizar escolhas ao longo do período em que estamos recebendo nossa carga de educação. A partir daí estaremos prontos e moldados de forma definitiva. Não é isso que acontece mais. Estamos descobrindo que nunca estaremos prontos. Mesmo como indivíduos adultos e mesmo mais seniores, vamos ter de preservar aquela maleabilidade que tínhamos como criança; bem como a atitude em termos de curiosidade e a disposição para o aprendizado contínuo. Assim estão descobrindo os adultos da aurora da Renascença Digital.

Os jovens dos tempos da transição para a Sociedade Digital sofrem sobretudo pela falta de referência de receitas prontas do que deve ser feito para ganhar qualificação e atingir a plenitude da vida adulta. Sofrimento agravado fundamentalmente pela falta de perspectiva de disponibilidade de empregos que eram tradicionais no século XX. Porém, por sua vez, os adultos com mais de 30 anos sofrem com a sobrecarga cognitiva que vai se tornando cada vez mais epidêmica e pelas suas dificuldades de manter o passo atualizado com as mudanças, em especial as de natureza tecnológica.

Não será nada engraçado ter 40, 50 ou 60 anos e, diante das extraordinárias e vertiginosas mudanças, assumir que sua vida tornou-se um casulo de ignorância. Pode ser engraçado no caso de você ser um cronista talentoso, como o Luís Fernando Veríssimo. Veja como foi sua experiência de dirigir carros na Europa, onde começam a utilizar sistema de navegação por satélite, também conhecido como Sistema de Posicionamento Global (GPS): "Sempre digo que ainda não entendo bem como funciona uma torneira, de sorte que qualquer mecanismo mais complicado, do liquidificador ao robô teleguiado em Marte, para mim é mágica. E é claro que nem tento entender o sistema de navegação por satélite, hoje comum em carros na Europa, que não só sabe e mostra uma tela onde você está o tempo todo, e para onde tem que ir, como lhe fala isso – na língua que escolher!"[1]

O grande problema é que legiões de pessoas adultas com mais de 30 anos se sentem como seres perdidos na selva do conhecimento humano que se expande celeremente. Para esses, soa como ofensiva a enorme naturalidade e familiaridade com que os jovens manipulam as novas ferramentas *high-tech*.

O que fazer com adultos que se julgavam prontos e preparados ao sair da faculdade e que de repente não sabem operar os utilitários de computador considerados rudimentares pelos jovens e adolescentes? Onde vamos buscar o saber, o conhecimento operacional que nos qualificará e capacitará para viver como seres contemporâneos dos novos tempos da Renascença Digital?

Essa é a grande questão que estamos dispostos a amadurecer neste capítulo. Deixemos de lado, por agora, a educação dos jovens, aquela a ser realizada pelo sistema de educação tradicional, que vai da pré-escola até a faculdade, para nos concentrarmos na necessidade de buscar educação continuada para adultos.

O medo de se tornar jurássico

Aqueles adultos que têm contato cotidiano com adolescentes, seja no papel de pais ou no de professores, certamente ficam pasmos como essa meninada vive confortavelmente em um mundo onde bits e bytes imperam, seja na forma de blogs, e-mails, torpedos, rings, música, vídeo, uploads e downloads, wikis, etc.; imersos em uma realidade na qual se navega com a ajuda de ferramentas digitais como celulares, computadores, câmeras digitais, Ipods, players, DVDs, conexões wireless, banda larga etc.

Essa é a primeira das gerações que, para saber das notícias, não precisa sujar os dedos de tinta folheando jornais nem ficar parado na frente de uma TV aguardando a hora do noticiário. Ante essa perspectiva, os adultos com mais de 30 anos costumam se sentir como saídos de um museu ou de um parque temático que retrata a pré-história da humanidade. A verdade é que esses adolescentes encaram, com naturalidade e sem se dar conta das transformações radicais, a caminhada civilizatória que fazemos em direção à Sociedade Digital Global. E quem quer sobreviver, ativa e produtivamente, tem de acertar o passo com essa geração.

Boa parte dessa humanidade que tem mais de 30 anos está em estado de sofrimento, apreensiva com sua potencial exclusão digital em um mundo que se transformou em gigantesco organismo processador de bits e bytes. Os adultos, mais do que os jovens, penam para conseguir acompanhar o passo das inovações que chegam ao mercado em ritmo vertiginoso. O sofrimento ocasionado pela sobrecarga cognitiva acaba por somatizar-se nos indivíduos, e coletivamente está na raiz de uma verdadeira epidemia de disfunções e síndromes psicológicas como ansiedade, pânico, depressão, transtorno bipolar, fobia social, fibromialgias[2] etc. A severidade desse sofrimento pode levar até mesmo os indivíduos à reação extrema daqueles que não suportam mais tanta dor psicológica: o suicídio. O Japão é um caso emblemático da agudização dessa situação.

A imprensa em geral não costuma enfocar esse assunto, pois existe uma crença e um temor comum entre jornalistas de que notícias a esse respeito podem ter um efeito indutor desse comportamento. No entanto, vai se tornando evidente que o suicídio é uma manifestação de natureza social, que não deve ser ignorada e que está afetando sociedades que, paradoxalmente, têm um nível de bem-estar material elevado. O Japão é um país no qual esta tendência se manifesta de uma maneira altamente preocupante. Essa nação é hoje a comunidade nacional com o maior número absoluto anual de suicídios, e em termos percentuais, uma das maiores taxas do mundo. O recorde ocorreu no ano de 2004, quando 34.427 japoneses decidiram acabar com suas vidas. Dois terços eram do sexo masculino, e assim o fizeram por causa dos problemas de saúde e desemprego. É um número comparável ao de mortos no tráfego anualmente no Brasil (18.877 em 2002) e nos EUA (42.850 também em 2002). Mas de acordo com a Organização Mundial de Saúde, o Japão não é o campeão neste triste marcador da desesperança humana. Em termos relativos, comparando dados de 2000, a taxa de suicídios é de 24,1 pessoas por grupo de cem mil no Japão.Em primeiro lugar vem a Rússia, com 39,4 por cem mil, seguida dos países bálticos, que em alguns anos superam a Rússia. Na França, essa taxa é de 18,4; nos EUA, 10,4; e no Brasil, em torno de cinco pessoas por cem mil. Em todos os países, os especialistas enxergam como causas básicas desse problema o desemprego e o fracasso no trabalho.

Não é que neurologicamente não possamos continuar aprendendo como fazem os jovens. Os neurologistas estão descobrindo que o cérebro, diferentemente do restante de nosso organismo, tem uma plasticidade e uma capacidade regenerativa impressionante, de tal forma que a mente segue, em geral, jovem do ponto de vista das funções cognitivas. O problema é que internalizamos uma cultura dominante na qual fomos educados de que o aprendizado é habilidade própria da juventude do indivíduo. Cientificamente vai se compreendendo que não é isso. Apenas nos recusamos a continuar aprendendo.

Por que nos sentimos velhos para aprender depois dos 30? Será isso biologicamente justificável? Os avanços recentes da neurologia dizem que não é bem assim. Parece que internalizamos como indivíduos uma atitude cultural e, do ponto de vista cognitivo, nos sentimos mais velhos e menos capazes do que na realidade somos. Continuamos a encarar a juventude como o momento da plenitude da capacidade cognitiva sem que isso corresponda à capacidade que realmente temos.

O acontecimento da Renascença Digital impõe a mudança dessa perspectiva. Antes bastava ao jovem encher sua mochila de conhecimento nos anos de escola fundamental, média e superior e *voilá*: prontos e nutridos para a vida inteira. Quando ficasse velho, o Estado proveria os meios e a segurança da ociosidade na ante-sala da morte.

Essa perspectiva vai simplesmente se exaurir nas próximas décadas, e quanto mais cedo você despertar para essa realidade tanto melhor para você e para a sociedade como um todo. O desafio agora é que a educação – não a mera escolaridade para os jovens – deverá ser parte do cotidiano do adulto tanto quanto suas outras responsabilidades como o trabalho, o provimento da família, o lazer, seu relacionamento com os amigos etc.

Este novo sistema de educação continuada para adultos, seus conteúdos, seus canais de distribuição, não está pronto em lugar nenhum do planeta. Nós estamos começando a inventá-lo e a construí-lo.

Não podemos simplesmente esperar sentados que o Estado se transforme no grande e universal provedor de educação continuada. Enquanto indivíduos, vamos ter de retomar uma maior fatia de responsabilidade sobre nossa própria vida, bem como uma nova qualidade de responsabilidade. Aprendemos ao longo do século XX a confiar cada vez mais na montagem do Estado Contemporâneo, que se transformou em uma megamáquina da qual nos tornamos reféns. Os custos de manutenção dessa megamáquina seguem-se elevando de forma ilimitada e o retorno desse nosso investimento tem sido cada vez mais insatisfatório. A educação dos adultos deve ser entendida nesse contexto.

O senso comum que prevaleceu até o século XX consolidou a idéia de que a universalização da educação como direito de crianças e adolescentes é tão importante que esta questão se tornou uma agenda de políticas públicas. A massificação do ensino universitário como forma de qualificar os jovens adultos ocorreu mais recentemente depois da Segunda Guerra Mundial. Mas será na Renascença Digital que nós vamos ver o início do reconhecimento da educação continuada dos adultos como uma necessidade igualmente fundamental. No entanto, o provimento da educação continuada dos adultos será bastante diferenciado. Esse provimento será resultado de um compromisso entre o próprio indivíduo, organizações privadas e o Estado.

Porque a humanidade da Era Digital necessita criar educação continuada para os adultos?

Quantas vezes você já ouviu pessoas na faixa entre 40 e 50 anos – gente que deve ter ainda uns 30, 40, talvez até 50 anos de vida pela frente – reclamando que são vistas como velhos pelas empresas, sobretudo pelos departamentos de recursos humanos que analisam seus currículos?

O que fazer com indivíduos que estão em plena vida produtiva que têm suas profissões e habilidades tornadas obsoletas da noite para o dia? Ou com centenas, às vezes milhares, de demitidos por ocasião da compra ou fusão de uma grande empresa com outra? O que fazer com profissionais que vão vendo seus postos de trabalhos sendo enxugados ou um mercado saturado, como o caso dos bancários? O que fazer com pessoas mais velhas que se defrontam com máquinas ou programas aplicativos que julgam ter uma complexidade acima de sua capacidade de aprender a operar? O que fazer com pessoas que saíram provisoriamente do mercado de trabalho, até mesmo voluntariamente, como é o caso de mulheres que resolveram se dedicar aos filhos pequenos, e que querem retornar à vida profissional mas precisam de requalificação e atualização?

Só há uma resposta para essa ansiedade e angústia, que não se restringe a um grupo de indivíduos, mas que, no final das contas, atinge toda a humanidade: um sistema de educação continuada dos adultos.

Nas tribos pré-históricas, a educação existia sem ser um sistema explícito e sem escolarização. A educação existia de forma implícita no cotidiano dos indivíduos e tinha duas faces: o aprendizado da sobrevivência material e o aprendizado das tradições dos antepassados. No plano da sobrevivência material cabia ao homem o aprendizado da caça e da defesa, ou ataque, para a proteção da tribo. À mulher cabia aprender sobre a maternidade e o provimento doméstico da família. E cabia a ambos aprender sobre as tradições dos antepassados, as crenças e os rituais. Nessas condições duríssimas a expectativa de vida das pessoas situava-se abaixo dos 20 anos. Chegar a morrer de velhice era um fato muito raro. Em muitas sociedades tradicionais, os esquimós, por exemplo, muitos indivíduos ao se constatarem impedidos de ser produtivos, se suicidavam para não se tornarem fardos para sua coletividade. Nesse tipo de sociedade tal ato não era revestido do significado de tabu e desespero com que nossa civilização o interpreta.

Nas civilizações que nos precederam até 200 anos atrás – considerando as da Antiguidade, dos tempos medievais, feudais, os impérios –, eram todas essas sociedades altamente elitizadas e não democráticas e nelas a educação como sistema formal universal não existia. A sistematização e a transmissão do conhecimento humano eram restritas a uma minúscula elite. O trabalho humano era, em sua maior parte, pesado e desgastante labor manual, e era ocupação de uma multidão de escravos ou servos, verdadeiras bestas de carga.

Vamos aprendendo que quanto mais complexa se torna a interação e participação dos indivíduos no jogo social, mais complexa e sofisticada se torna a necessidade de capacitação dos mesmos. Fomos capazes de criar um sistema relativamente bem estruturado de educação universal para jovens. Porém, até aqui, não criamos ainda um sistema para a requalificação dos adultos, mesmo em sociedades mais democráticas e desenvolvidas como países da América do Norte, União Européia e Japão.

A maioria esmagadora dos indivíduos adultos tem mais tempo livre, graças ao aumento da produtividade nesses países, porém, desafortunadamente a alocação desse precioso tempo livre vai para um entretenimento ocioso e frívolo. Nunca em nenhum momento da nossa jornada civilizatória como humanidade, tantos indivíduos tiveram tanto tempo livre. No entanto, se for considerado o tempo de aposentadoria, as sociedades de países mais afluentes na América do Norte e Europa Ocidental, principalmente, são onde os indivíduos consagram a maior parte de seu tempo de vida ao lazer e entretenimento fúteis. Apesar do tempo livre, o adulto usa, na média, quase nada do mesmo para estudar e aprender coisas novas que sirvam para requalificá-lo. Estaríamos já vivendo uma versão moderna da fórmula alienante do Pão e Circo da Roma Imperial? (Trataremos especificamente do entretenimento e lazer no capítulo 13.)

Pense, por exemplo, no caso de um indivíduo que tenha vivido 85 anos, que tenha sido um trabalhador de uma categoria como funcionalismo público ou estatal, categoria que no Brasil se aposenta em torno dos 53 anos, bem abaixo da média mundial. Um indivíduo como este terá estudado até seus 23 anos, trabalhado durante 30 anos e vivido aposentado durante mais 32 anos. Do ponto de vista da sociedade, este é um sistema insustentável. E também o é do ponto de vista do indivíduo. Cedo ou tarde, um grande vazio irá corroer sua existência.

Temos o desafio de, enquanto sociedade que ruma em direção à Era Digital, buscar reconfigurar nossas perspectivas de vida como adultos. Nesse contexto, a educação continuada deverá desempenhar papel relevante em nossas vidas. Parte de nosso tempo livre, que hoje é consagrado ao entretenimento e lazer fúteis, deverá ser preenchida por atividades ligadas a um sistema de educação de múltiplas opções para nos manter abertas as possibilidades de atualização de nosso conhecimento e de nossa qualificação. Afinal, essa é uma das razões pelas quais alguns chamam a sociedade para a qual nos encaminhamos de Sociedade do Conhecimento.

Não são as atividades de lazer, os hobbies, o entretenimento de forma geral que nos levarão a ter um maior controle sobre nosso próprio destino. Vamos ter de assumir, repito, uma nova e maior qualidade de responsabilidade sobre nossas vidas, ou a epidemia de ansiedade, depressão e outras síndromes dessa natureza terão um efeito devastador sobre a humanidade. A peste da sobrecarga cognitiva não pode ser resolvida por nenhuma volta ao passado. A única vacina, o único remédio, é tornar-se cada vez mais aberto ao aprendizado contínuo.

Estamos naqueles momentos da humanidade em que as rupturas colocam enormes incertezas no horizonte e vale aquilo que dizia o poeta espanhol Antonio Machado (1875-1939): "Caminante no hay camino, se hace camino al andar." Nem o mercado nos oferece soluções prontas, nem tampouco políticas públicas governamentais. Não há sistema de educação continuada para adultos. Não há ainda uma idéia de algo como plano privado de educação continuada para adultos que seja, por exemplo, análogo a planos de saúde privados, de seguros, de aposentadoria.

Você, eu, empresas, governos, todos nós, enfim, vamos ter de pôr mãos à obra para inventar essa nova instituição, corporificada em um sistema de educação continuada dos adultos. Mas como adultos, diferentemente da educação tradicional dos jovens, teremos de fazer um sistema que seja altamente diversificado, flexível e o mais personalizado possível. A diversidade humana não permitirá consolidar um sistema de educação padrão rigidamente universal, como foi pensado, por exemplo, o sistema educacional para os jovens.

Mas essa diversidade não é problema. Tomemos como exemplo a indústria do entretenimento, que é hoje uma das mais sólidas e rentáveis. Vejamos a abundande diversidade de produtos que foram criados por sofisticadas, rentáveis e trilionárias iniciativas de negócios como a indústria do cinema, com seus megaconglomerados como Hollywood, grandes estúdios, distribuidoras, megaempresas como a Disney, empresas de videogames, a produção de novelas, o trilionário filão de esportes etc., etc. Tudo isso são atividades inventadas ao longo do século XX.

Por que não poderemos ter um *boom*, uma explosão de um novo setor produtivo cujo objetivo será qualificar o indivíduo adulto a viver e a se inserir ativa e produtivamente ao longo de toda a sua vida na nascente Sociedade do Conhecimento? Pense nisso: a Microsoft, a empresa que tornou Bill Gates o homem mais rico do mundo, surgiu em 1975. O Google, a empresa que cresceu mais rapidamente na história do capitalismo, nasceu em 1998.

Você, eu, nossos filhos serão parte da realização desse empreendimento civilizatório que será a criação da megaindústria da educação continuada dos adultos. Como eu disse, nada está pronto. Mãos à obra. Você deve se recordar das sugestões para considerar seu plano de desaposentadoria. Pois bem. Mesmo que você seja um leitor ainda se beneficiando do sistema tradicional de educação formal de jovens é hora de esquecer o que seus pais falaram sobre o mundo das carreiras depois da faculdade. É bom começar a desenhar seu programa de educação continuada. Não precisa pensar nisso para um horizonte tão amplo que vá até o fim de seus dias, na velhice. Comece com dez anos.

Certamente o primeiro passo é identificar aquilo de que realmente você gosta. O que lhe apaixona, melhor dizendo. De novo afirmo: artistas, pintores, escritores, políticos nunca se aposentam, porque amam o que fazem. E quem ama o que faz busca sempre aprender e se aprimorar, sem se importar com a idade cronológica. Essa é a base da teoria de aprendizado construtivista, aquela escola que defende uma proposta pedagógica do aprender-fazendo a partir das necessidades do próprio aluno, considerando aquilo que lhe dá prazer, que tem significado e acrescenta significado para o mesmo. No final das contas, aprender como adulto não é mais como nos tempos da juventude, que você tinha de aprender aquilo que lhe era ensinado na escola. Você, como adulto, pode definir pela sua paixão, prazer, interesses e necessidades os seus objetivos de aprendizado. Portanto, capriche na identificação do foco daquilo que o eletriza, daquilo que fará você dizer para si mesmo, quando estiver no leito de morte: Uau, valeu a pena viver!

Desenhados tentativamente os seus eixos de interesse, que tal ir para a Internet? Entre no Google, Yahoo, no seu site de busca favorito e tecle algo parecido com os seus eixos focais de interesse. Use seus dons de serendipidade. Já ouviu essa palavra? Muito provavelmente não. Mas se você for ao dicionário *Houaiss* vai ver lá que é a "faculdade de atrair o acontecimento de coisas felizes ou úteis", que era uma das características dos três príncipes de Serendip, heróis inventados pelo escritor inglês Horace Walpole (1717-1797), que sempre faziam descobertas acidentais de coisas que não estavam procurando.

Na medida em que o seu serendipismo for trazendo referências – livros, artigos, pessoas, lugares, escolas, sites, blogs etc. –, vá construindo uma lista. Não seja relutante e duro. Olhe como os adolescentes navegam rápido, clicando aqui e acolá, abrindo mil janelas na tela do computador e fazendo uploads e downloads simultâneos. Observe que na Internet já se fala muito em cursos e atividades não presenciais, isto é, que você não precisa ter contato físico, mas virtual. A Internet é boa nisso: ajudar a quebrar barreiras.

Vá para o papel e transcreva parte de sua garimpagem na Internet. Refine. Faça uma linha de tempo. Divida anos em meses. Meses em semanas. Faça uma lista exaustiva de possíveis visitas, explorações, nomes de pessoas e instituições, livros para comprar e ler.

Parece conversa cabeça de adolescente? É exatamente isso! Faz parte do espírito da coisa de educação continuada dos adultos reencontrar-se com o adolescente que você foi. Aquele cara que pensava em mudar o mundo, que queria contribuir para melhorar a sociedade, que queria ganhar dinheiro fazendo algo muito legal e especial de sua vida. Ainda dá tempo de mudar o curso que leva tantos adultos ao cinismo e ao ceticismo. Essa é uma das grandes possibilidades que a Renascença Digital está colocando para boa parte da humanidade: os indivíduos poderem expandir sua capacidade de ter maior controle de seu destino através da reinvenção individual e coletiva. Lembre-se que muitos especialistas acreditam que 75% das ocupações profissionais da década de 2020 ainda não foram sequer inventadas. Substitua sua atitude de adulto jurássico por essa nova percepção dos tempos que estamos vivendo e aproveite!

Notas

[1] Luís Fernando Veríssimo, "A saída da rotunda", *O Globo*, 22/6/2006.

[2] A fibromialgia é um bom exemplo de síndrome psicossomática em expansão. Estatísticas médicas já relatam que pelo menos 5% das mulheres sofrem desse mal. Este tem como sintomas principais fortes e generalizadas dores, sensação de fadiga, sono superficial e não reparador, depressão psíquica, dor de cabeça sem que seja estabelecida nenhuma causa física ou fisiológica. Tudo leva a crer que a causa seja psíquica ou psicológica.

Capítulo 9
Saúde e bem-estar

Vida equilibrada e saudável, cada vez mais uma responsabilidade do indivíduo

A busca do equilíbrio entre coletividade e individualidade

Nas antigas sociedades tribais e nos clãs, o indivíduo era praticamente um nada. O que realmente importava era o grupo. O "eu" era um grão de areia frente ao "nós". Por um lado, isso pode parecer muito opressivo do ponto de vista de nossa sociedade atual, que é, comparativamente, muito mais individualista. Por outro lado, devo lembrar, isso representava proteção, segurança e estabilidade para os indivíduos, na medida em que todos se sentiam provavelmente muito mais amparados do que nos sentimos nos dias de hoje. Um dos grandes paradoxos naquelas sociedades é que, mesmo existindo escravidão, não havia indivíduos desgarrados e abandonados: o grupo era responsável por todos os indivíduos. Em suma, a sociedade era tudo e o indivíduo, nada.

Na época entre a queda do Império Romano e a Renascença, a Europa Medieval era um mundo rural onde o tempo não transcorria linearmente, mas se arrastava em ciclos anuais. Nesse mundo pairava sobre todos a Santa Madre Igreja Católica com sua mão de ferro, e abaixo dela os nobres senhores feudais. Tampouco nesses mais de mil anos a individualidade foi uma força ou um direito reconhecido. As elites dominantes não entendiam a imensa maioria da população, que era vista como uma massa uniforme de camponeses humildes, que não se entendiam como indivíduos dotados de livre arbítrio. Também nesse mundo, afora papas, vigários e nobres, o indivíduo era um nada e a sociedade era tudo.

Homens e mulheres começaram a se perceber como indivíduos muito recentemente na história da humanidade. A partir do século XII, teve lugar uma confluência de fatores diversos que agitaram e começaram a transformar o *status quo* e a calmaria do mundo medieval, tais como a urbanização, a ascensão das cidades-Estado italianas (Veneza, Florença, Gênova e Pisa), o início do capitalismo, os primeiros movimentos rumo à criação dos Estados nacionais, o abalo da hegemonia da Igreja Católica por causa da Reforma Protestante, as grandes descobertas dos navegadores. Da integração desses fatores emergiu a aurora da individualidade, o espírito de uma nova era que mais tarde foi chamada por muitos historiadores de o espírito da Renascença.

Porém, foi mais tarde, já quase no final do século XVIII, com o impulso dos processos revolucionários fomentados pelo espírito iluminista, como a Revolução Francesa e a Independência Americana, que a grande massa de seres humanos, que não tinha linhagem nobre, começou a visualizar, assumir e lutar intensamente por direitos próprios como ser individual e não como mera parte da sociedade. Tomava impulso nessa época, que coincidia também com os primórdios da Revolução Industrial, a idéia da universalidade da cidadania para todos. Até então, na verdade, a concepção de cidadania dos gregos e romanos era, na prática, extremamente egoísta, pois só se aplicava a uma pequena classe de privilegiados proprietários que pairava acima da multidão de escravos e servos. Os indivíduos dessas classes subalternas eram contabilizados como parte do patrimônio da classe dominante e, portanto, sem direito algum de cidadania.

Apesar de todos os erros e descaminhos da Revolução Francesa, herdamos todos nós, dos tempos atuais e futuros, a gloriosa e generosa concepção de cidadania fundada na "Igualdade, Fraternidade e Liberdade". Desse mesmo rico e grávido tempo de revoluções, os homens e mulheres que escreveram a Declaração de Independência Americana nos legaram a radical premissa de que "todos os homens são criados iguais, dotados pelo Criador de direitos alienáveis, entre os quais estão a vida, a liberdade e a procura de felicidade".

Parecia que, nos nossos tempos contemporâneos, iríamos ver uma redução ainda maior daquilo que já foi um dia uma virtual ditadura da sociedade sobre o indivíduo. Essa expectativa poderia bem ser ilustrada por meio de um comentário da ex-primeira-ministra Margaret Thatcher, que gerou imensa controvérsia: "Não existe esta coisa de sociedade: existem homens e mulheres como indivíduos e existem suas famílias."[1] Não foi o que aconteceu. De alguma forma, diante das incertezas que se avolumam no horizonte, os indivíduos parecem clamar por mais amparo e proteção da sociedade enquanto Estado.

Paradoxalmente, parece que a história do século XX, de certa forma, desacelerou o fortalecimento do individualismo. Tudo leva a crer que, almejando melhorias no bem-estar e na segurança coletivos, os indivíduos ao longo do século XX renegociaram entre si um novo contrato social que permitiu um fortalecimento do Estado, transformando-o em verdadeira megamáquina. Se utilizarmos como medida quantitativa o custo de manutenção do Estado expresso em percentual do Produto Interno Bruto, poderemos ter uma boa compreensão desse fortalecimento.

Até o começo do século XX, o funcionamento da máquina do Estado nos países mais amadurecidos custava à sociedade algo que nunca ultrapassava um dígito do Produto Interno Bruto (PIB) de uma nação.[2] No geral, ao final do século XIX, o Estado custava à nação, isto é, aos seus cidadãos, algo em torno de 7% a 9% do PIB. Porém a consolidação do conceito do Estado do Bem-Estar Social e do Estado Militarista representou um fardo que foi crescendo ao longo das décadas do século XX, a tal ponto que hoje os economistas estimam que, tipicamente, o Estado democrático contemporâneo deve custar algo em torno de 30% a 35% do PIB. Em países como o Brasil, vemos a perversão dessa tendência: já temos quase 40% do PIB sendo extraídos do conjunto dos indivíduos, isto é, da sociedade, e em retorno temos serviços prestados pelo Estado de baixíssima qualidade. Como se diz freqüentemente: o Estado brasileiro taxa e tributa como um Estado escandinavo, nações que são reconhecidas mundialmente pela qualidade de seus serviços, e dá como retorno serviços equiparáveis aos países dos Estados da África Subsaarina.

O que fez, em apenas meio século, o custo do Estado nos países democráticos da Europa e da América do Norte saltar mais de 20 pontos percentuais expresso em termos do PIB? Eu diria que a maioria desses países foi presa de duas tendências mundiais. A primeira foi a de crescimento do Estado do Bem-Estar Social (*Welfare state*) que, no limite, seria um Estado socialista e que na prática, quando bem-sucedido, seria o Estado social-democrata. Essa foi uma conseqüência positiva da luta dos movimentos sociais que pressionaram e lutaram para criar uma sociedade com maior grau de eqüidade social, capaz de amparar o conjunto da sociedade como um todo, protegendo os indivíduos independentemente de raça, sexo, posição social e nascimento. Assim, para criar esse Estado provedor foi necessário elevar a cobrança de impostos e taxas do conjunto dos indivíduos trabalhadores e empresas geradoras de riquezas para financiar os sistemas de seguridade social, de educação e de saúde. Isso nem sempre fica claro para o senso comum, quando as pessoas se acostumam com direitos sociais adquiridos e se esquecem que os mesmos têm de ser financiados de alguma maneira. Por isso, Margaret Thatcher lembrava, ao promover a reforma e cortes de determinados serviços e subsídios públicos, que esses representam um custo que os indivíduos tiveram, têm e terão sempre que pagar com o fruto de seus esforços, pois o "dinheiro não cai do céu".[3]

A outra tendência, que acabou contribuindo para a criação da megamáquina estatal, opressora e inimiga do individualismo, foi a dimensão que a guerra assumiu no século XX. Falo das duas Guerras Mundiais e também da Guerra Fria. A guerra, essa trágica componente da existência humana, foi elevada no século passado a uma amplitude e dimensão até então jamais vistas na história da humanidade. No passado, as maiores vítimas eram militares combatentes que se dizimavam mutuamente em campos de batalhas muito bem definidos, via de regra segregados do cotidiano das pessoas.

No século passado, para realizar os megaempreendimentos bélicos foi criado um complexo industrial militar de alta sofisticação tecnológica e produtiva de elevadíssimo custo para a sociedade. Foi assim que nações montaram verdadeiras megamáquinas militares necessárias e capazes de produzir as maiores chacinas jamais vistas, tanto de militares combatentes, quanto de civis e de destruição das cidades, fábricas e campos. Em apenas quatro anos, restrita praticamente à Europa, a Primeira Guerra custou 65 milhões de vidas (o equivalente à população da França e da Suíça atualmente). Por sua vez, a Segunda Guerra Mundial dizimou, entre 1939 e 1945, outros 65 milhões, não contabilizando os números dos mortos no Holocausto judeu, estimado em seis milhões, pelo menos.

O seguimento da tendência do Estado militarista prosseguiu após o fim da Segunda Guerra Mundial dando lugar à Guerra Fria, que teve de um lado a liderança dos EUA e do outro a extinta URSS. Os cidadãos das nações democráticas da Europa Ocidental e da América do Norte, sentindo-se ameaçados ante as perspectivas de destruição nuclear criadas pelos complexos industriais militares capazes de aniquilar a vida do planeta dezenas de vezes, acordaram em aumentar o valor de suas contribuições para o Estado com o fim de obter sua proteção. A insana corrida armamentista incrementou gradativamente até o colapso da URSS, que aconteceu no ano de 1991.

Assim chegamos ao modelo atual de relacionamento Estado-sociedade que nos tornou a todos superdependentes do Estado. O homem medieval era um mendigo dos nobres feudais e da Santa Madre Igreja. O indivíduo era uma entidade acorrentada e esmagada pelo peso da tradição que emanava da sociedade. De certa forma, ao final do século XX, tornamo-nos também uma espécie de mendigos do Estado contemporâneo, ainda que esse tenha se tornado infinitamente mais generoso em termos de bem-estar coletivo. E entramos no século XXI como indivíduos confinados em gaiolas de ouro, acostumados a direitos adquiridos que se tornam insustentáveis do ponto de vista da capacidade produtiva da sociedade como um todo. E que influência isso tem na nossa capacidade como indivíduos que têm maior controle sobre a qualidade de nossa própria saúde individual, que é afinal o tema deste capítulo?

Uma reforma realista no Estado na questão de saúde irá demorar provavelmente umas duas, três décadas. Esse é um tempo longo para nós, enquanto indivíduos, que vivemos menos de cem anos! Não podemos ficar sentados esperando que essa reforma seja feita e implementada. Temos de encontrar caminhos individuais diferenciados para lidar melhor com nossas necessidades e aspirações.

O propósito deste livro é amadurecer questões que ainda estão verdes nessa caminhada da Renascença Digital que se inicia e procurar desenhar horizontes de ação para que os indivíduos tenham maior controle individual sobre sua existência. Sendo assim, como podemos obter maior controle em relação às nossas necessidades e aspirações em termos de saúde perante essa realidade presente? Essa é a questão sobre a qual tentaremos lançar luz nas próximas seções.

Ter saúde é, antes de qualquer coisa, ter bem-estar: reconhecer o enfoque correto para ter maior controle individual sobre a sua saúde

Já dizia o gato à Alice, aquela do País das Maravilhas: "Se você não sabe para onde vai, qualquer caminho te leva para lá." Dito de outra forma, também podemos sustentar que se você não tem clareza da pergunta, qualquer resposta será insatisfatória. Assim, a primeira providência é procurar esclarecer o que são efetivamente nossas necessidades como indivíduos no tocante à questão saúde.

Certamente, ter saúde não é apenas ter acesso a médico, serviços médicos e hospitalares e remédio. É bem mais do que isso. Saúde é não ficar doente. Saúde tem a ver, antes de qualquer coisa, com bem-estar. Essa é a verdadeira questão. Claro que acidentes devidos a causas externas ao corpo do indivíduo podem acontecer para então necessitarmos de atendimentos de emergência. Mas saúde é parte do problema de bem-estar físico, mental e espiritual. Isso tem de ser admitido como parte do reconhecimento do verdadeiro problema que estamos tratando. Vou explicar um pouco mais com exemplos.

Logo no começo dos anos 1980, quando estava recém-formado, tinha um colega de trabalho que ficou encantado com um superplano de saúde VIP, que anunciava ser pioneiro em "UTI do Ar". Ele contratou o plano, mas nunca se cuidou. Vivia estressado, obeso, fumante compulsivo. Em suma, não fazia nenhum investimento em sua qualidade de vida, mas vivia feliz com o plano VIP que dava direito a ser resgatado de helicóptero em qualquer lugar do Brasil. Além disso, era um usuário contumaz de seu plano, sempre tomando remédios para ajudá-lo a se equilibrar no ritmo desregrado de trabalho. Meu antigo colega era um exemplo típico entre milhares de outros exemplos de pessoas que adotam um estilo de vida que reflete a atitude dos que subcontratam e repassam para terceiros (plano de saúde) todo o cuidado com o próprio bem-estar, que, em princípio, é indelegável.

Ocorre que as chances de ser saudável e de permanecer saudável, pelo menos a maior parte do tempo, estão em nossas próprias mãos. Os homeopatas, assim como outras correntes de medicina alternativa (acupunturistas, fitoterapeutas, preparadores físicos, nutricionistas etc.), têm uma visão de que a etiologia de muitas das doenças e dos males de saúde resulta de desequilíbrio do corpo, da mente, do espírito ou do meio ambiente. A cura consiste em descobrir formas de restaurar o equilíbrio perdido por alguma causa e a melhor prevenção consiste em se adotar um estilo de vida equilibrado.

Dificilmente você vai ouvir explicações e conversas dessa natureza nas consultas com os médicos. Estatísticas mostram que seja no Brasil, seja nos EUA ou na Europa, a relação médico-paciente é extremamente impessoal, tanto quanto pode ser em um sistema em que as consultas duram em média entre sete e dez minutos quando se trata de ir a especialistas. Os clínicos gerais têm um padrão diferente porque esta especialidade ainda não foi totalmente contaminada pela perversão dos especialistas que vêem o paciente de forma caricatural, isto é, como portadores de um órgão com disfunção e não como um ser único dotado de uma complexidade impressionante, resultado da integração das dimensões físicas, mentais e espirituais.

Todo mundo sabe por experiência própria, mesmo no caso de ser cliente de um plano de saúde VIP, que, no geral, o atendimento médico é quase tão impessoal quanto o realizado por um caixa bancário de atendimento eletrônico. No entanto, a exasperação das pessoas, mesmo os consumidores de serviços de saúde de caros planos particulares, não se restringe aos médicos. Aposto que você nunca recebeu uma carta ou telefonema de seu plano de saúde perguntando se o seu atendimento médico – seja consulta, exame ou operação – foi feito com qualidade.

A relação médico-paciente é dimensão e parte crucial do problema de saúde mundial e que não tem evoluído em termos de absorver os avanços da tecnologia que estão ocorrendo no campo da saúde. Pelo contrário. Basta ver o tratamento que os pacientes em ambientes de UTI (Unidades de Terapia Intensiva) recebem. Essas unidades se assemelham muito mais a uma masmorra *high-tech* asséptica onde o repouso, o conforto e o tratamento humano foram banidos. Ter de ficar algum tempo em tratamento em UTI já traz como efeito colateral sérios problemas que afetarão a capacidade de autocura do indivíduo.

Ao lado da indústria médica e farmacêutica, um novo contingente de soluções tem sido trazido ao mercado, o qual se configura como mistura inovadora de ciência e arte terapêuticas que percebe que seres humanos, em busca de saúde e equilíbrio, precisam muito mais do que remédios e terapias com equipamentos *high-tech.* Essas são novas soluções tanto para atingir uma vida mais equilibrada quanto para buscar um processo de cura mais eficaz. Essas novas soluções representam um nascente setor de serviços que podemos chamar de indústria do bem-estar. É esse setor que vai crescer permitindo ao indivíduo ser mais proativo, para que ele possa manter sua saúde e uma vida mais equilibrada.

No geral, somos seres saudáveis ao nascer e temos, como todos os animais, uma vitalidade extraordinária para nos manter em equilíbrio homeostático. Homeostasia é um termo cunhado pelo fisiologista americano Walter Cannon (1871-1945), que a Cibernética tomou emprestado e ampliou o significado para o campo da engenharia de sistemas, passando a significar: "Propriedade auto-reguladora de um sistema ou organismo que permite manter o estado de equilíbrio de suas variáveis essenciais ou de seu meio ambiente." Neste contexto, o florescente setor de serviços do bem-estar poderia ser definido como fornecedor de soluções, produtos e serviços para a promoção da homeostasia.

O que o Estado tem nos oferecido ao longo do século XX foi um sistema de correção da falta de saúde, representado pelos tradicionais serviços e produtos médicos, hospitalares, medicamentos. Na verdade, não temos aí um sistema de bem-estar, de promoção da homeostasia. Neste contexto, o sistema tradicional de saúde é parte do sistema maior de bem-estar. E nas décadas que estão por vir os indivíduos vão amadurecer um novo tipo de consenso que vai lhes permitir ter mais controle individual sobre a própria saúde.

A emergência de um novo estilo de vida saudável: mais responsabilidade dos próprios indivíduos do que responsabilidade do Estado

Cuidar da própria saúde de maneira proativa foi um estilo de vida de uma tendência que emergiu nos anos 1960, sendo massificada a partir dos anos 1970. Quer ver evidências?

O declínio do tabagismo é um caso ilustrativo. Até o início dos anos 1960, não havia um filme de Hollywood em que o cigarro não fosse onipresente, via de regra manejado como um instrumento de sedução ou afirmação de poder pelos galãs e divas. Naqueles tempos, todo mundo fumava de uma forma inacreditável, se compararmos com nossos dias. Fumava-se o tempo todo, em todas as ocasiões e em todos os lugares. Isso praticamente acabou.

De lá para cá, uma nova demanda das pessoas vem ditando para o mercado suas necessidades em termos de cuidar do próprio corpo e da saúde de forma geral. Assim, progressivamente, desde os anos 1980 vieram surgindo as mais variadas linhas de medicina e terapias alternativas, acupuntura, homeopatia, shiatsu, pilates, academias de ginástica, atividades físicas para terceira idade, grupos de auto-ajuda, produtos especiais de alimentação (orgânicos, vegetarianos, naturais etc.), linhas de medicamentos não-alopáticos, cosmetologia de diferentes matizes alternativos, spas etc.

Tudo isso foi resultado de um acúmulo de eventos que foram sendo integrados ao longo das décadas de 1970, 1980 e 1990. O marco inicial da massificação da proposta “Cuide-se” parece ter sido mesmo a questão do antitabagismo, que teve início a partir de um relatório do Ministério da Saúde dos Estados Unidos detonando o hábito de fumar no princípio dos anos 1970. De lá para cá, o consumo de tabaco foi reduzido em 70%, mesmo considerando o crescimento vegetativo da população.

Ao final dos anos 1970, as doenças cardiovasculares, atingindo homens e mulheres a partir dos 30 anos de idade, foram a bola da vez. O infarto fulminante atingiu proporções epidêmicas nas décadas de 1960 e 1970, resultante de um estilo de vida que combinava alimentação inadequada, sedentarismo e tabagismo. Mudar esse estilo de vida foi a proposição de gigantescas iniciativas de marketing social, conduzidas globalmente por governos, em parceria com ONGs de saúde.

Foi nos anos 1970 o lançamento do famoso Teste de Cooper, um dos ícones do nascimento da preocupação com o bem-estar. De lá para cá, vem se disseminando cada vez mais: fazer check-up anual depois dos 40 anos de idade, check-up regular para prevenção do câncer ginecológico, de mama e de próstata, exames pré-natal, sexo seguro, tomar complementos vitamínicos etc. Sem dúvida, os avanços da medicina *high-tech*, representada pela disponibilização e barateamento dos métodos de exames médicos não-invasivos (ultra-som, tomografia, ressonância magnética, eletrocardiografia etc.) ajudaram muito neste sentido. Ver o nosso corpo por dentro sem precisar de cirurgia é algo que se tornou possível a partir dos anos 1980. Foi assim que começamos a tomar mais responsabilidade como indivíduos do nosso próprio corpo.

Recentemente está ganhando força a luta contra a obesidade. Nos Estados Unidos, o pomposo termo forense em inglês é *obesity litigation*, que já serve para identificar um rentável e promissor campo de ação para advogados interessados em processar a indústria de comida que se dedica à produção de alimentos insalubres (*junk food*, que significa literalmente comida podre). A questão é que, por causa da má alimentação e do sedentarismo presentes no estilo de vida de todas as classes sociais de todos as nações, a obesidade já atinge proporções epidêmicas em todas as latitudes do planeta. O início dessa nova cruzada tem como ponto de partida um relatório de autoria do mesmo Ministério da Saúde dos Estados Unidos que detonou o cigarro nos anos 1970. Com grande visibilidade na imprensa norte-americana, o relatório sobre obesidade foi divulgado no começo do ano de 2003, alertando que 300 mil mortes por ano estão ocorrendo somente naquele país por causas relacionadas à obesidade.

Essa cruzada antiobesidade vai gerar transformações importantes no estilo de vida das pessoas de tal forma que a atividade física, regular ao longo de toda a vida, será parte do cotidiano tão confortável quanto trabalhar, comer e se divertir. Aos poucos vão sendo vistos alguns indicadores. É por essa razão que as academias de ginástica vão se tornando tão onipresentes em vizinhanças como postos de gasolina. Aos poucos elas deverão ser uma espécie de parceiras de convênios e planos de saúde que estarão estruturando juntos projetos e programas de melhoria da qualidade de vida. É segundo essas tendências que nos tornaremos muito mais responsáveis por nós mesmos e teremos maior sucesso em manter melhores níveis de saúde, bem-estar e qualidade de vida.

Dr. Google e os e-pacientes: o papel da Internet em estar bem e na busca da cura

O autoconhecimento é muito mais eficaz do que simplesmente ir a um médico em busca de um diagnóstico. Mas caso você adoeça, melhor que um diagnóstico correto é a chance de ampliar seu conhecimento sobre o mal que lhe aflige. Melhor ainda, ter acesso a pares que enfrentam o mesmo problema. Nisso, a ferramenta-mãe da Renascença Digital, a Internet, é indispensável.

Um estudo intitulado "O Potencial da Internet como Facilitador do Fortalecimento dos Clientes de Serviços de Saúde", publicado por Charlotte Kimby, do Centro de Estudos de Mídia e Democracia da Sociedade em Rede do Departamento de Ciências Políticas da Universidade de Copenhague (2003), mostrou que 35% dos pacientes que sofrem de câncer na Dinamarca usam a Internet nas diversas fases do tratamento, do diagnóstico à cura ou até a morte.

A investigação mostra que o principal fator que leva os pacientes a usarem a Internet é porque eles ressentem-se de um tratamento inadequado recebido da parte dos doutores que assumem o saber médico como se detivessem um monopólio, que inclui a definição do diagnóstico e as decisões de tratamento.

A Internet preenche a lacuna em termos de colocar o paciente em posição de se tornar co-responsável pelo tratamento. Ajuda a eliminar barreiras de tal forma que os paciente possam ter acesso a maiores e mais detalhadas informações médicas, tais como: pesquisas on-line, centros de excelência, organizações de pacientes, aconselhamento on-line, debates sobre diagnósticos e tratamentos etc.

A possibilidade de o paciente obter informações e conhecimento médico e de saúde de qualidade sobre sua moléstia e possíveis tratamentos lhe dá a oportunidade de se tornar mais ativo no processo de tomada de decisões envolvendo sua própria saúde.

A pesquisa conclui que a Internet deverá ter um profundo efeito nas atividades dos pacientes e da conduta dos médicos na sua prática profissional. "Os médicos não são mais a única fonte de aconselhamento médico para os consumidores. Os e-pacientes (usuários de Internet que buscam informações sobre saúde) estão se colocando no centro de uma rede de conhecimento que reúne grupos de apoio, procuradores de conteúdo e web sites de instituições de saúde", afirma um texto de uma pesquisa sobre pacientes e uso intensivo da Internet, realizada por Susannah Fox, do Pew Internet and American Life Project.[4] Os destaques da pesquisa apontam que, no ano de 2002, 72 milhões de americanos usaram a Internet para diversas finalidades relativas à saúde, dos quais seis milhões a acessam por dia. Os e-pacientes em sua maioria continuam confiando em seus médicos, mas acham importante ter uma segunda opinião, consultar outras fontes etc. A lista a seguir dá uma idéia melhor dos grandes grupamentos de interesses dos e-pacientes:

- 93% procuraram informações acerca de uma doença ou condição específica de saúde;
- 65% procuraram informações sobre nutrição, exercício ou controle de peso;
- 64% procuraram informações sobre receitas e medicamentos;
- 55% recolheram informações para preparar-se para a consulta a um médico;
- 48% procuraram informações sobre tratamentos experimentais ou alternativos;
- 39% procuraram informações sobre doenças mentais, como depressão ou ansiedade;
- 33% procuraram informações sobre um tópico de saúde sobre o qual é particularmente difícil ou embaraçoso falar;
- 32% procuraram informações sobre um médico específico ou hospital.

O e-paciente típico começa com um site de busca, e não por um site médico, visitando em seguida entre dois a cinco sites de saúde. O processo, em geral, toma cerca de 30 minutos e envolve, via de regra, a checagem da concordância entre um ou mais sites para a validação da informação recolhida.

Os indivíduos apresentados nas pesquisas da Dinamarca e dos Estados Unidos são, provavelmente, em sua maioria, pessoas mais afluentes e de nível de educação formal mais elevado que a média. Mas a Internet ainda está em sua infância como ferramenta disseminadora de conhecimento, que permite, sobretudo, a quebra de monopólio de conhecimento e o desmonte rápido de assimetrias injustas de informação. O aumento da penetração da Internet certamente a transformará em ferramenta globalmente disseminada, um instrumento importante para que as pessoas tenham maior controle sobre a própria vida, sobre a própria saúde e bem-estar.

Mesmo no estágio atual, isso já está acontecendo dentro da realidade brasileira. Para ilustrar este ponto, gostaria de citar três casos de exemplos positivos de como indivíduos conseguiram, com a ajuda da Internet, chegar a soluções mais satisfatórias para problemas de saúde graves que se abateram sobre a vida de suas famílias.

São casos de meu conhecimento pessoal, que, no entanto, prefiro manter no anonimato. Essas famílias viveram momentos particularmente dolorosos, sentindo-se abandonadas pelos médicos e outros profissionais que não souberam como ajudar e como dar respostas adequadas aos seus desafios em lidar com síndromes raras que se abateram sobre seus filhos.

O primeiro caso foi de uma família cuja filha de nove anos tinha uma síndrome grave e rara que atacou e comprometeu seriamente o desenvolvimento ósseo da criança. A família estava totalmente desesperada e desenganada pelos melhores especialistas de São Paulo.

Em uma noite de insônia, depois de uma séria crise que acometera a criança, o pai passou a noite em claro na Internet procurando saber mais sobre o mal que acometia sua pequena. Bingo! Acabou descobrindo um hospital em Toronto, onde uma equipe estava fazendo experimentos de ponta. Era, na verdade, um pequeno grupo de pesquisadores que cavalgava a mais avançada onda de pesquisas sobre a tal síndrome rara. Através de e-mail, o pai conseguiu agendar uma consulta e em menos de um mês, com o apoio de uma bolsa do próprio hospital canadense, sua filha estava recebendo e testando um tratamento revolucionário, que vem possibilitando a recuperação da criança.

O segundo caso é de um menino autista do Rio de Janeiro, cujo pai se viu às voltas com a necessidade de informações mais aprofundadas sobre essa condição. Durante os primeiros meses que se sucederam ao diagnóstico do menino, os médicos e pedagogos envolvidos com o caso não tinham conseguido prover à família um conjunto articulado de conhecimento e referências para lidar com o problema. Foi por meio da participação interativa, via Internet, em grupos e listas de pais, amigos e especialistas em crianças autistas, que o pai dessa criança, amigo pessoal meu, se tornou uma espécie de autoridade no assunto. Conseguiu integrar a perspectiva de médicos, de educadores, de famílias e transmitiu aos outros membros da família um conhecimento novo e aprofundado que trouxe um novo equacionamento para o problema e abriu novas perspectivas para seu filho e para a família.

O terceiro caso foi de uma síndrome rara de distúrbio imunológico no Rio de Janeiro que acometeu uma criança de sete anos. Sua família, bem como a comunidade de pais dos amiguinhos dessa criança, e que se relacionavam com essa família, não conseguiam respostas e prognósticos adequados dos médicos envolvidos no tratamento iniciado após o diagnóstico.

Mais uma vez foi a Internet, através de um simples download, que possibilitou a esta pequena comunidade de amigos entender o que estava acontecendo e enxergar de forma clara o processo de evolução da síndrome, incluindo sua reversão à normalidade, que se dá, em sua grande maioria, com o crescimento da criança. Tudo isso estava disponível em um arquivo com a cartilha produzida pelo centro de referência mais avançado sobre esta síndrome, que é um hospital de Nova York. Os médicos que atendiam essa criança não sabiam da existência desse centro.

Infelizmente, até aqui não consegui encontrar pesquisas realizadas no Brasil que enfoquem o uso da Internet para questões de saúde. No entanto, tenho certeza de que em futuro muito próximo as escolas mais avançadas de medicina colocarão o uso da Internet como ferramenta da relação médico-paciente. Os médicos mais sábios certamente receitarão, além do remédio, doses de conhecimentos mais aprofundados em visitas a sites da Internet.

No Brasil, como em outros países, convivemos com uma realidade na qual existem dois sistemas de saúde: o público, Sistema Único de Saúde, o tal do SUS, que atende a maioria da população, predominantemente de baixa renda; e o sistema privado, que é referido pelos especialistas de políticas públicas como complementar. Este é o sistema escolhido pelos que podem pagar para ter mais qualidade de atendimento. O primeiro é sinônimo de baixa qualidade, má gestão e fonte eterna de corrupção. Mais uma vez repito, não é restrita ao Brasil essa perversa realidade. O segundo ainda deixa muito a desejar em termos de qualidade.

Enquanto discutimos coletivamente um novo contrato entre sociedade, mercado e Estado acerca do que deve ser um sistema público e privado de saúde que se traduza em prevenção, cura e bem-estar dos indivíduos e não apenas cura, devemos fazer a reengenharia ou a "lipoaspiração" de nosso estilo de vida para que tenhamos maior controle sobre nossa vida pessoal de forma a sermos mais equilibrados e ter maior qualidade de vida. Isto é possível e milhões já estão fazendo essas opções e experiências. Não é preciso nenhum candidato eleito para começar hoje aquilo que nós mesmos podemos fazer.

Notas

[1] Margaret Thatcher comandou como primeira-ministra o Reino Unido no período entre 1979 e 1990 e ficou conhecida como a Dama de Ferro, por sua inquebrantável e rígida liderança em realizar a modernização e a reengenharia da economia e dos serviços prestados pelo Estado britânico, que havia alcançado um elevado grau de insustentabilidade econômica.

[2] O PIB é a medida criada pelos economistas que expressa quanto produz uma sociedade em termos de riqueza que pode ser medida em valor monetário.

[3] A citação exata é: "*Pennies do not come from heaven, they have to be earned here on earth.*"

[4] "E-patients and the online health care revolution."

Capítulo 10

O lar na Renascença Digital

O casulo *high-tech* no qual as pessoas vão passar ainda mais tempo

O trabalho volta para casa

Até bem pouco tempo atrás a definição de *workaholic* – viciado em trabalho – podia ser colocada de forma bem simples e tangível: alguém que leva trabalho para casa. No entanto, com a disseminação do uso do e-mail, Internet banda larga, telefone celular, isto é, a tal tecnologia da informação, as coisas se tornaram mais embaçadas, menos preto-e-branco, as fronteiras mais difusas, e estamos fazendo mais e mais coisas em casa no nosso dia-a-dia.

Na verdade, até antes da difusão dessas tecnologias, que começou a ocorrer no Brasil em meados da década de 1990, o trabalho ficava claramente do lado de fora de casa. Médicos, engenheiros, professores, dentistas, advogados, operários, jornalistas etc., praticamente todo mundo encontrava no lar um refúgio onde, de preferência, nem se comentava o que ocorreu no serviço. Aliás, o trabalho, até meados dos anos 1970 no Brasil, fazia parte do mundo exclusivamente masculino. Assim era a vida: do lado de fora de casa, ficava o trabalho, o mundo do papai; do lado de dentro ficava a casa, o mundo da mamãe.

Mas nem sempre foi assim. Essa história de o mundo do trabalho ser do lado de fora de fato durou pouco mais de cem anos na história da humanidade. Da mesma forma que as novas tecnologias, sobretudo o computador e as telecomunicações, estão trazendo para dentro de casa o trabalho, foram as novas tecnologias do final do século XIX que levaram o trabalho para fora de casa. As máquinas fabris, os meios de transportes, o telefone e o arranha-céu (belo nome tinham os edifícios naquela época), que permitiram fazer ajuntamentos extraordinariamente mais produtivos, mudaram o cotidiano das pessoas, levando o trabalho para fora de seu domicílio.

Antes disso, o médico, o barbeiro, o advogado, o merceeiro, o açougueiro, o agiota, o ferreiro, o professor, o gráfico, todo mundo praticamente trabalhava em casa. A mulher cuidando das tarefas domésticas e das crianças na parte íntima da casa e o homem, na frente ou embaixo, isto é, na parte pública da residência, tocando os negócios da família. E assim era desde a invenção das cidades, coisa antiga aí de uns cinco mil anos.

Foi, portanto, na virada do século XIX para o século XX que trabalho passou a designar com exclusividade a atividade feita fora de casa. Daí veio o oposto para quem pára de trabalhar: fulano aposentou-se significava literalmente que ele havia tomado aposentos. E "tomar aposentos" naquela época era esperar a morte chegar em breve, pois a expectativa de vida ao nascer em 1900 era em média, para o brasileiro, de apenas 33 anos. Naquele tempo, já era velho quem conseguia chegar aos 40.

Pois bem, de agora em diante e com o aumento da penetração da tecnologia de informação que vai explodir nos próximos anos, nós vamos nos acostumar cada vez mais a trabalhar em casa. Sem culpa e achando até mais equilibrado no que diz respeito à vida pessoal. Por vários motivos de conveniência, tanto para nós mesmos, os indivíduos, quanto para as empresas e organizações para as quais trabalhamos. Positivo tanto por motivos de natureza produtiva, quanto em relação à melhoria de nossa qualidade de vida pessoal.

Jornadas de trabalho de escritório, que tipicamente ainda são fixas, das 9 às 18 horas, com intervalo para almoço, já não fazem sentido para muita gente nem tampouco para a própria firma em que trabalham. Existem certas atividades cujo contato coletivo é necessário apenas para fazer reuniões de acompanhamento, por exemplo. Várias empresas já estão despertando para o fato de que exigir que todo indivíduo cumpra horário é contraprodutivo.

E isso vai ficando mais claro na proporção do tamanho da cidade em que se vive, entre outras coisas pelos problemas de deslocamento. Parafraseando Mestre Didi, o criador da "folha-seca", que dizia que "quem tem que correr é a bola, não é o jogador": quem tem que circular é a informação. Para isso, o necessário é uma boa tecnologia de informação – Internet banda larga e celular – entre as casas das pessoas e as empresas. Tecnologia que já está aí. Madurinha. Para que gastar, todo santo dia, no deslocamento casa-trabalho uma hora e meia pra lá e outra de volta que totalizam 32 dias por ano ociosos? Essa é a média do tempo gasto pelas pessoas para ir até o trabalho e voltar para casa no Rio de Janeiro e em São Paulo e em regiões metropolitanas pelo mundo afora. Mais tempo do que em férias! Tudo bem se você gosta ou acha muito legal andar de metrô, ônibus, dirigir no congestionamento...

Mas não será apenas a volta do nosso trabalho para casa que vai ser o motor das transformações que levarão nossos lares a se tornarem um casulo de alta tecnologia no qual estaremos passando a maior parte de nosso cotidiano. Quer ver?

O tardio fim da casa-grande e senzala e a vida doméstica brasileira na Renascença Digital

Se uma pessoa nascida a partir do ano 2000 visitasse uma residência do começo dos anos 1900, ficaria impressionada com a inexistência de luz elétrica e, portanto, dos equipamentos eletroeletrônicos que hoje fazem parte do nosso cotidiano. Muito provavelmente ficaria mais pasma ainda pela provável ausência de conveniências e facilidades hidráulicas, sobretudo privadas. Ocorre que aproximadamente um século atrás, apenas famílias muito ricas tinham poder aquisitivo para importar e instalar o tal do sistema WC, isto é, *water-closed*, literalmente "sistema de água-fechada", que só começou a se disseminar pela Europa e pelos EUA na virada do século XIX para o XX. Era coisa de gente muito rica. A primeira privada, ou o mais próximo do equipamento tal qual conhecemos hoje, foi instalada no Castelo de Ehrenburg nos quartos de uso exclusivo da rainha Vitória, em 1860. O fato é que, na verdade, até quase os anos 1930, quando o Brasil tinha menos de 20% de sua população vivendo em cidades, a maioria esmagadora dos brasileiros resolvia suas necessidades na "casinha", isto é, no quartinho construído sobre a fossa do lado de fora da casa. A outra alternativa era o penico, ou, como é chamado de forma mais refinada, se é que isso é possível, o urinol. Muita gente que nasceu nas duas primeiras décadas do século XX guardou desses tempos o hábito de dormir com um penico sob a cama, mesmo nas proximidades do ano 2000. Esse é um hábito que minha avó falecida há poucos anos batalhou para manter como uma tradição, segundo ela.

Existia ainda um outro utensílio doméstico que a água circulante de torneiras e privadas também tornou obsoleto. Melhor deixar o talento do cronista Mário Prata apresentá-lo: "Penico todo mundo sabe o que é... Mas escarradeira, pouca gente sabe ou lembra do que se trata, apesar do escancarado do nome. Coisa de antigamente, da casa da vó, influência francesa. Existiam escarradeiras lindas, importadas, umas de metal mesmo, outras esmaltadas e, dizem, tinha gente que usava até escarradeiras de ouro. Ficavam distribuídas estrategicamente pelos cantos dos cômodos e as pessoas escarravam lá dentro. Tinha gente que se gabava de acertar a cuspida de uns três ou quatro metros. Era chique ter várias escarradeiras em casa. Na época dava status. Mais chique ainda acertar o escarro lá dentro. Era normal, educado. Os escravos que se virassem com aquilo depois."[1]

Na medida em que vão ocorrendo mudanças de natureza tecnológica, cultural, socioeconômica, de modelos de negócios e inovações criadas pelo mercado, tudo isso vai sendo amalgamado e provoca uma mutação de nosso cotidiano, através dos equipamentos e processo que utilizamos.

Ainda hoje, passado pouco mais de um século desde a abolição da escravatura, ainda remanescem, encravados no seio e no cotidiano do lar brasileiro, traços de uma cultura brasileira fortemente marcada pela escravidão e que para muita gente esclarecida, não obstante, permanece oculta. Parece que a sociedade brasileira em construção neste início do século XXI vai conseguir finalmente efetuar a liquidação de um conjunto de anacronismos que remontam aos tempos da casa-grande e senzala.[2]

Ainda na transição do século XX para o XXI, preservamos da ordem casa-grande e senzala o entendimento tácito de que o trabalho doméstico é um degradante serviço, "serviço de negro". Dos tempos do Brasil Colônia herdamos esse costume. Afinal, os portugueses que aqui chegavam, mesmo com uma mão na frente e outra atrás, tratavam logo de arrumar pelo menos dois escravos: um para realizar os trabalhos domésticos e outro para conseguir uma renda de serviços prestados a terceiros.

Nos primeiros dias após a abolição, a vida doméstica dos brancos tornou-se um caos. Sônia Sant'Anna narra em seu pequeno, despretensioso e interessante livro sobre a decadência do Vale do Paraíba no Rio de Janeiro, *Barões e escravos do café*, que no dia 14 de maio, quando chegou a notícia da proclamação da Lei Áurea em Vassouras, "sinhás e sinhazinhas se perguntavam quem lhes faria o jantar e lhes traria a água quente para o banho. Atônitas, recriminavam as criadas que as abandonavam assim, e deixavam famintas as criancinhas, sem ter quem as amamentassem [brancas não amamentavam, apenas as de condição social muito baixa. Para essa tarefa, existiam as amas-de-leite]. Seus pais e maridos tentavam salvar a situação, prometiam salários, boa alimentação e melhorias nos alojamentos – a que já não chamavam senzalas – aos que voltassem ao trabalho".[3] Nessa época, eram comuns as residências onde os brancos nem mesmo sabiam acender o fogão.

A respeito dos "libertos", relata Sônia Sant'Anna: "Ignorantes, sem terra e sem profissão, desconhecendo os direitos e deveres de um cidadão, vendo o trabalho como sinônimo de cativeiro, libertos vagueavam pelas cidades mendigando, reforçando os preconceitos que os davam como seres incapazes e irresponsáveis (...) formando a camada mais miserável da população, findando por aceitar, para sobreviver, baixos salários e as mesmas ocupações humildes", sobretudo o trabalho doméstico.

Se a escravidão formalmente acabou no final do século XIX, ao longo de todo o século XX permaneceu o consenso que vigorava entre os portugueses imigrantes dos tempos coloniais, de que se deveria sempre, na medida do possível, arranjar uma empregada para cozinhar, lavar banheiros, lavar e passar roupa, limpar a casa e eventualmente cuidar das crianças.

Durante as décadas dos mais intensos movimentos migratórios do campo para as cidades, sobretudo ao longo da segunda metade do século XX, as grandes cidades brasileiras tornaram-se verdadeiros entrepostos de empregadas domésticas. Praticamente sem exceção, os migrantes do campo para a cidade tinham dois caminhos: os do sexo masculino tentavam como primeiro emprego a construção civil; as mulheres, um posto de empregada em "casa de família".

Nos anos 1960 e 1970, era comum, mesmo entre a "classe média" tradicional, ter até duas empregadas. A tal ponto se tornou a família brasileira da antiga classe média dependente desse tipo de mão-de-obra que a arquitetura a partir dos anos 1950 institucionalizou uma invenção brasileira para os apartamentos, fossem esses até mesmo simples quarto-e-sala: a dependência de empregada.

A "dependência de empregada" é um fóssil que remanesce na planta baixa dos apartamentos no Brasil. Tipicamente, um cômodo de 4 m^2, sem janelas para o exterior, ou mesmo sem janela alguma, tem sempre um banheiro exclusivo (que, em geral, ninguém da família faz uso, mesmo em situações de emergência). Como parte dessa pequena "senzala que tomou elevador", existe ainda um chuveiro, que, em condições onde o metro quadrado está a prêmio, engenhosamente é colocado sobre o vaso sanitário. Não há nada comparável em termos de antropologia da arquitetura doméstica ao quarto de empregada brasileiro nos países da América do Norte e Europa. Na Índia, por exemplo, você encontra algo semelhante, mas não tão enraizado e estruturado a ponto de ter se tornado um cômodo padrão de uma residência.

Sobre esse particular da cultura brasileira – empregada –, aliás, paira um silêncio sepulcral. Nem conservadores, nem progressistas, nem gente de esquerda ou de direita ousam tecer análises sobre empregada e o cotidiano do lar brasileiro. O mais estranho ainda é quando se olha para o conjunto das obras de denúncia social feita pela *intelligentzia* brasileira, sejam essas literárias, teatrais, filmes: não se vê jamais a discussão sobre o lar brasileiro e a empregada como o resquício de nossas relações sociais herdadas dos tempos de casa-grande e senzala.

Sobre nossa invenção "quarto de empregada", um amigo meu holandês, ao tentar entender a cultura brasileira nesse aspecto, me perguntou se não havia registro de autuações do Ministério do Trabalho de empregadores domésticos por constranger seus empregados a fazer uso desse tipo de instalação. Muitas vezes é necessário alguém de fora fazer certas perguntas para que você veja com outros olhos a realidade com a qual se acostumou como normal.

Fui pesquisar sobre o assunto e descobri, acredite, que existe algum tipo de normalização que regulariza o "cubículo indigno". O Código Nacional de Obras determinava, até 25 de dezembro de 1998, que o quarto de empregada poderia ter entre 4 (2x2) e 6 (3x2) m^2. A partir dessa data, o limite mínimo passou a ser de 6 m^2.

Imagine o que é viver num cubículo como esse no calor de verão de um país tropical. Qualquer empregada doméstica sabe bem o que é. Além disso, o quarto tem múltiplas finalidades para a família e se torna muitas vezes um verdadeiro depósito, além de ser tradicionalmente o lugar onde se guardam tábuas de passar, baldes e vassoura, aspirador de pó etc., etc.

Outra dependência que traz claramente os resquícios da planta baixa de casa-grande e senzala é a cozinha dos brasileiros. Esse espaço, no geral, completamente apartado da área nobre de convívio social da habitação, é um território que pertence mais à senzala do que à casa-grande. Vem desse contexto a expressão "ter um pé na cozinha", que significa alguém que se entende bem com os empregados domésticos ou que descende dos mesmos.

Os nhonhôs e sinhazinhas se transformaram em mauricinhos e patricinhas. Mas vão mudar muito nos anos da Renascença Digital

Um anúncio publicitário de Comfort Easy Iron (condicionador para passar roupa da Unilever) que circula no Reino Unido apresenta uma foto do senhor Jake Lindsay, um enorme escocês que segura um ferro de passar sobre a tábua com o seguinte texto: "Passar roupa agora me toma menos tempo." Presumivelmente, o senhor Lindsay participa das tarefas domésticas como qualquer cidadão mediano nos países plenamente desenvolvidos e calculou quanto tempo por ano uma pequena família gasta, no total, para passar suas roupas. Ele justifica sua escolha de consumidor baseado nesse argumento: "No total, [uma família] despende dez dias por ano passando roupas a ferro e abominamos esta tarefa. Então a Lever desenvolveu Comfort Easy Iron..."

Na contrapartida brasileira, nossos publicitários em linha com nosso contexto casa-grande e senzala apresentam produtos de limpeza, via de regra, com personagens como a Filó, uma atriz que encarna da maneira mais perversa o estereótipo da empregada doméstica.

A casa é o hardware, o trabalho doméstico é o software. Se o hardware ainda transita entre casa-grande e senzala, também o faz o software. Ou seja, a divisão sexual de tarefas e responsabilidades no cotidiano dos lares dos brasileiros ainda parece um retrato contemporâneo dos tempos de casa-grande e senzala.

Diferentemente dos hábitos prevalecentes desde o século XIX na Europa Ocidental e desde a Segunda Guerra Mundial nos Estados Unidos, o homem brasileiro ainda é um velho escravocrata para quem o trabalho doméstico é mágica feita por gnomos invisíveis.

O *Papai Sabe-tudo* (*Father knows best*), comédia do gênero *sitcom* (comédias de situação) da televisão americana dos anos 1950, representava a família classe média americana, da qual a mulher era a esposa, doméstica, que ficava em casa cuidando dos três filhos. Não havia empregados domésticos, mas, mesmo assim, o homem tinha uma participação nas tarefas domésticas. Indefectivelmente, *Papai Sabe-tudo* tinha seu destino traçado após o jantar: encarar uma pia da cozinha, de camisa branca e gravata. (O tal "papai sabe-tudo" era um trabalhador de escritório típico daquela época, um *white collar*, vendedor de seguros mais especificamente.) Naquela época, a penetração da máquina de lavar louça no mercado americano ainda era incipiente. Nos anos 1960, a máquina de lavar tornou-se tão onipresente nos Estados Unidos quanto a geladeira, e a imagem do homem de família na pia da cozinha foi tornada obsoleta nos *sitcom* tradicionais da televisão americana.

Ainda hoje no Brasil, mesmo nos domicílios A e B, a máquina de lavar louça é um eletrodoméstico com baixa presença, apesar de ser um produto extremamente barato, de grande produtividade, capaz de economizar pelo menos 15 dias por ano de mão-de-obra, de alta eficiência ambiental, capaz de salvar mais de mil litros d'água/ano. Por quê? Os pesquisadores de mercado concluíram através de suas entrevistas nesses domicílios que a cultura brasileira é mais ou menos traduzível em uma frase: "Deixa que a Maria lava!"

Ainda que a mulher brasileira venha avançando e ocupando espaços no mercado de trabalho, posições de prestígio e poder, dentro do espaço familiar ela não consegue produzir modificações significativas do *status quo* dos tempos de casa-grande e senzala.

Não é costume no Brasil atribuir às crianças nenhuma tarefa doméstica. Basta que estudem e pronto. Nossos mauricinhos e patricinhas têm ligação direta com nossos sinhozinhos e sinhazinhas. Nas classes de baixa renda, que não têm empregada doméstica, as filhas contribuem para a realização das tarefas domésticas. Não os indivíduos do sexo masculino.

Com relação ao homem brasileiro, é um fato notório e comprovado que o mesmo, na média, independentemente de sua classe socioeconômica, não realiza nem considera como parte de tarefas pessoais: arrumar a própria cama, tirar a mesa, tirar o próprio prato, arrumar suas próprias roupas na gaveta, levar o lixo para fora, colocar um novo rolo de papel higiênico no banheiro, lavar louças, lavar roupas na máquina, passar aspirador ou varrer o chão, lavar a pia do banheiro etc.

Igualmente em relação à criação de filhos, não faz parte tampouco da cultura masculina trocar fraldas, dar banho, acordar à noite, alimentar. Também nessa esfera, para os homens, essas tarefas são realizadas por uma mão feminina invisível.

As mulheres classes A e B, para não se desesperarem com o descompromisso dos outros membros da família, sobretudo de seu companheiro, caso tenham condições financeiras, devem contratar uma empregada ou pelo menos uma faxineira.

O adeus à empregada doméstica

Sem dúvida, a mulher brasileira evoluiu mais em termos de mobilidade social do que o homem. A participação ativa no mercado de trabalho, o acesso à educação e a melhoria da capacidade de planejar e controlar a maternidade – o momento de engravidar, o número de filhos – deram à mulher uma nova posição social no Brasil.

Hoje a mulher pode almejar, ousar ser e chegar a ser uma grande executiva, uma empreendedora, prefeita, senadora, governadora, e brevemente até mesmo presidente do Brasil. Mas dificilmente pode almejar encontrar um companheiro que não se comporte como "um traste que não tira o próprio prato da mesa". Paradoxalmente, além disso, a mulher brasileira não consegue dar aos filhos do sexo masculino uma educação diferente da que sua sogra deu a seu marido: o direito de ser nhonhô.

Para evitar os desgastantes choques cotidianos de cobranças ao parceiro e para não se sentir explorada pelo mesmo fazendo o papel de gnomo invisível para ele e os filhos, toda brasileira de sucesso tem por trás, quase que invariavelmente, uma empregada. Assim, a execução de tarefas domésticas no Brasil se não é realizada pela própria mulher, é terceirizada para uma empregada doméstica (que pode ou não dormir no emprego), ou por uma faxineira.

Para os estrangeiros que nos visitam, parece estranho que esse tipo de atividade ainda persista no Brasil. Americanos, canadenses, europeus, japoneses, por exemplo, alegam que em seus países a terceirização do serviço doméstico só é cogitada para pessoas ricas que podem contratar governantas, mordomos e *staff* doméstico. Ou, então, alguém disposto a correr risco contratando um imigrante clandestino.

Provavelmente esta geração de mulheres que hoje tem entre 20 e 40 anos é a última geração a dispor de empregadas domésticas. Pelos anos 2020, mais ou menos, esse tipo de mão-de-obra será acessível apenas para pessoas ricas que podem ter *staff* doméstico qualificado e condizentemente remunerado.

Desde os anos 1980, as empregadas que dormem no emprego começaram a escassear em virtude de melhores opções de trabalho que surgiram no mercado de serviços e industrial, ou então para adotar o modelo de faxineira diarista. O crescimento do setor de serviços urbanos será bem mais vertiginoso que o industrial. O McDonald's, por exemplo, que chegou ao Brasil na década de 1980, tem uma função importantíssima como gerador de primeiro emprego, sobretudo para jovens estudantes do ensino médio, em sua esmagadora maioria provenientes de favelas e comunidades de baixa renda. São hoje 36 mil funcionários, boa parte deles no atendimento de balcão em mais de 600 McDonald's pelo país afora. Não vai aqui nenhum endosso, defesa ou simpatia relativamente à qualidade dos serviços ou dieta *fast-food*, só quero mostrar que a geração de empregos dessa natureza é muito alta e muito mais atraente para pessoas de baixa qualificação. Curto e grosso: é muito melhor, mais digno e rentável ser caixa de supermercado e atendente de redes *fast-food* do que "trabalhar em casa de família". A empregada doméstica poderá vir, no máximo, a ser a diarista de amanhã. Esta é uma opção mais vantajosa e recompensadora tanto para quem faz o serviço quanto para quem contrata. Patricinhas e mauricinhos de hoje terão de aprender a fazer a própria cama ao acordar nos anos que estão por vir, a jogar o lixo na lixeira e outras coisitas mais.

O lar dos brasileiros no século XXI

Homem e mulher capazes de assumir papéis intercambiáveis no provimento, na gestão e manutenção do lar e dos filhos, sem necessariamente serem ambos os pais biológicos; ausência de empregados domésticos permanentes; número de filhos limitado a dois, no máximo. Essa é a família nuclear do século XXI. Eventualmente, com a participação de um ou mais idosos, que já não têm condições de viver independentemente ou não têm interesse em morar sozinhos.

Como é fisicamente esta casa, quais as funções, layout, estrutura e equipamentos? Como é a operacionalidade da manutenção desta casa? Obviamente, falar de um padrão de casa brasileira é falar de uma abstração. No entanto, é possível fazer uma idealização geral que seja uma espécie de sonho de consumo, de desejo de uma maioria expressiva.

Por exemplo, podemos dizer que para a classe média urbana dos anos 1960 até 1970, o padrão era três quartos, sala, copa, cozinha, dependência de empregada. Dos anos 1980 em diante, foram sendo acrescentados outros componentes internos, como banheiros tipo suítes, e componentes externos, como playground, salão de festas etc. Ao longo do século XX, também foram sendo incorporadas as facilidades que são entregues a cada residência por uma rede de concessionárias de serviços públicos: água, energia elétrica, telefone, gás. E durante todo esse tempo os trabalhos domésticos sempre foram terceirizados à medida que se subia na escala socioeconômica.

Considerando a nova classe média que está em formação acelerada no Brasil e que será, digamos assim, uma amalgamação das classes B, C e D, quais seriam, de forma paradigmática, as funções e formas que deverão caracterizar como sonho de consumo o espaço doméstico dos brasileiros no século XXI?[4]

Como já foi exposto no começo deste capítulo, no século XX, nos acostumamos a ver o trabalho realizado em um espaço fora da residência: o comércio foi para as lojas, o gabinete foi para o escritório e a oficina para a fábrica. E assim, nas últimas décadas do século passado, o espaço doméstico tornou-se, basicamente, um espaço com funções de dormitório, refeitório e local de assistir à televisão. Nos anos a seguir, o espaço doméstico deverá reconfigurar-se para ser capaz de acolher outras atividades além do descanso, a saber, estudo, trabalho e entretenimento atendendo um número muito mais reduzido de moradores, se comparado ao século que deixamos para trás.

O uso cada vez mais intensivo e disseminado da tecnologia de informação revolucionará as atividades que as pessoas poderão fazer no espaço doméstico. Entretenimento, trabalho, telecomunicações, abastecimento, acesso a serviços, incluindo educação e saúde, tudo isso será radicalmente modificado em função da acessibilidade que a Internet e suas versões evolutivas permitirão.

Cem anos atrás, a energia elétrica revolucionou o ambiente doméstico permitindo dezenas de novas conveniências impensáveis para as pessoas do século XIX, como, por exemplo, o funcionamento de máquinas como lavadora de roupas, ferro de passar, geladeira, enceradeira, aspirador de pó, aquecimento e movimentação de água, e, claro, iluminação, rádio, televisão.

A Internet está ainda em sua mais tenra infância em termos de disseminação para a maioria da população brasileira. No momento em que escrevo este livro, a Internet só está presente em uma em cada cinco residências no Brasil. Mas é um bom começo. A conexão dos domicílios com a Internet vai crescer de forma epidemicamente viral com a convergência da TV digital e da telefonia sem fio e isso vai resultar na super-rede de informação da Sociedade Digital Global. Isso é para acontecer rapidíssimo. Foi assim com o celular. Já temos mais de cem milhões de aparelhos num país com 185 milhões de habitantes. A TV levou quase 50 anos para chegar a um nível de presença igual a 98% dos domicílios brasileiros. O celular levou menos de dez anos para atingir a virtual universalização no Brasil. Provavelmente a Internet banda-larga deverá ter o mesmo nível de penetração da TV em menos de dez anos. Mas vamos falar um pouco de outras transformações que deverão ocorrer não ligadas diretamente à expansão da tecnologia de informação.

O desaparecimento da "dependência de empregada"

A "senzala que tomou o elevador" deverá desaparecer da planta baixa dos domicílios brasileiros. Aliás, este padrão já se encontra claramente em evidência. Os arquitetos consultados a esse respeito afirmam que "a tendência é o desaparecimento desse cômodo, que só deverá sobreviver nos imóveis de classe A. Ter empregados domésticos no Brasil em uma geração será igual à situação na Escandinávia": só ricos poderão contar com essa facilidade. Os sinais do futuro já estão aí emergindo: nos imóveis novos, quartos e banheiro de empregada já não existem e nos antigos, os minúsculos quartos de empregada são transformados em escritórios, closets e até em cozinhas na luta por mais espaço nos apartamentos.

A cozinha como espaço nobre de convivência social

A arquitetura doméstica nas próximas duas décadas vai consolidar a transformação da copa-cozinha em um cômodo estratégico para a convivência da família, incluindo também as funções de convívio social mais amplo como o de recebimento de visitas. A cozinha será, cada vez mais, um local onde ocorrerá, em geral, o preparo mais rápido e simplificado e o consumo de refeições. Afinal, os congelados e pré-processados e a "entrega em domicílio" tornar-se-ão cada vez mais abundantes e acessíveis.

Cozinhar no estilo do século XXI também vai se tornar virtualmente um hobby, ao mesmo tempo relaxante e socialmente integrador. Livros de receita, cozinhas exóticas, cursos de culinária para executivos, panelas e equipamentos de grife enfeitarão esses espaços. Para as pessoas nascidas lá pela década de 2020, será necessária uma longa explanação para fazê-las entender a expressão "ter um pé na cozinha".

Com menos frituras na dieta, com eletroeletrônicos capazes de promover melhor exaustão e depuração do ar, com equipamentos e utilidades domésticas que compõem o que já começa a ser chamado de "cozinha de terno-e-gravata", vai ser muito mais interessante fazer as refeições e conviver socialmente integrando sala e cozinha.

O home-office

Trabalho será uma dimensão mais desregulamentada em termos de tempo da vida das pessoas e não apenas um lugar onde se vai exercer a profissão ou atividades remuneradas. Com isso, reconfigurado dessa maneira, o trabalho voltará a fazer parte das atividades cotidianas das pessoas no aconchego doméstico. Além disso, a educação, não mais restrita apenas à juventude dos indivíduos, mas uma continuada e permanente dimensão da existência humana, será em boa parte distribuída através da grande rede (educação não presencial via Internet, videoconferência etc.).

Assim, uma casa contemporânea da Sociedade Digital Global deverá ter não só pleno acesso à Internet, mas também um amplo leque de equipamentos de tecnologia de informação digital de uso individual e também que possam ser compartilhados pela família (computadores de mesa, notebooks, scanner, servidor, impressora, unidades locais de backup de memória etc., etc.). Confuso para você? Certamente não é para seu neto, filho ou irmão adolescente. Lembra-se do tempo em que os aparelhos de som eram compostos de vários módulos caros e complicados? Pois é, viraram simplesmente o chamado "três-em-um" e até domicílios muito humildes dispõem desse tipo de aparelho doméstico.

O home-office não necessariamente será um cômodo. Nos anos que estão por vir a conexão wireless (via rádio, portanto, sem fio) vai se tornar uma das modalidades dominantes em escritórios e casas também. Todos na família deverão ter seu notebook e diversos outros computadores dedicados a funções mais específicas em uma residência (controle de energia, água, luz, atividades de manutenção doméstica, cozinha etc.). Parte destes computadores deverá estar interligada em rede sem fio e conectada via banda larga à Internet, ou qualquer outro nome que a grande rede terá daqui a alguns anos. Nossas casas serão um estranho ninho para um visitante dos anos 1900, cuja casa não tinha nenhum fio ou cano, nem água corrente e nem tampouco energia de espécie alguma (gás ou elétrica).

À medida que os anos avançam no século XXI, tudo vai poder ser feito de dentro de casa, na hora que você quiser, sem filas e com toda segurança: serviços bancários, abastecimento doméstico, pré-consultas médicas e odontológicas, planos de viagem, compras de ocasião, resolução de problemas com fornecedores domésticos, serviços educacionais e muita coisa inovadora, que algum empreendedor deve estar começando a sonhar em viabilizar. Até mesmo obrigações cívicas, como votar nas eleições, fiscalizar políticos e o próprio governo, e também o acesso a serviços governamentais. Aliás, a área de e-governo (serviços governamentais via Internet) deverá expandir de forma exponencial nos tempos que estão por vir. E tudo isso será mais rápido do que você pensa. O acesso a todas essas conveniências será feito não só por meio de terminais domésticos fixos (computadores e monitores de TV digital) como também por aparelhos móveis (telefonia celular). Por sua vez, as tarifas de conexão à grande rede deverão cair a preços mais e mais acessíveis, e a videoconferência deverá começar a ser uma ferramenta rotineira tanto para trabalho quanto para vida social e lazer.

Entretenimento

A estrutura básica de tecnologia de informação domiciliar vai usufruir velocidades cada vez mais rápidas de conexão com a rede de informação digital global, o que vai permitir o fim do estrangulamento que hoje impede, por exemplo, que você veja filmes na Internet em tempo real com a mesma qualidade de imagem exibida pelo DVD que você assiste em casa. Em breve, teremos uma velocidade de acesso à Internet que fará com que videolocadoras não tenham mais sentido e nem tampouco a chamada "grade de horário de programação" de televisão. Você poderá ver em tempo real, com qualidade, aquilo que estiver disponível no canal da TV ou na loja de aluguel via Internet. Os indivíduos que pertencerem à "terceira idade" aí pelos anos 2015 contarão aos seus netos sobre o costume que as pessoas tinham de acompanhar programas de televisão, tais como novelas e minisséries, com hora certa para passar todos os dias. Ninguém vai entender como as pessoas tinham paciência para viver daquela maneira estúpida. Acharão ainda mais estranha aquela história de ir até a locadora buscar um vídeo ou DVD. Você vai baixar da grande rede tanto o filme clássico quanto um lançamento justamente na hora que quiser, de forma tão simples quanto é hoje procurar algo no Google.

Na verdade, sua sala de estar será provavelmente o santuário de entretenimento coletivo onde o sistema multimídia doméstico vai ficar instalado. (Será que ainda continuarão a chamar esse equipamento de home theater? Nomezinho besta, não?) O sistema multimídia permitirá ver filmes, documentários, esportes, notícias, shows, videoconferência com parentes do outro lado do país (muita gente vai achar ótimo para diminuir a freqüência de visitas da sogra!).

Por isso, Hollywood está começando a testar lançamentos de filmes usando simultaneamente como canais de distribuição não só as grandes salas de cinema, mas também lojas, para vender e alugar suas produções no formato DVD, e também na TV a cabo, no formato *pay-per-view.* Nada de ter que esperar meses para ver um lançamento de filme passar primeiro pelas grandes salas para então chegar a sua locadora da esquina. Os executivos da indústria do cinema, uma das maiores e mais rentáveis máquinas de fazer dinheiro do capitalismo moderno, interpretaram que o espectador é quem deve decidir onde e quando quer assistir. Parece que as pessoas preferem cada vez mais assistir em suas poltronas, na hora que lhes der na cabeça. Isso foi percebido claramente quando, feitas as contas no ano de 2005, esses executivos viram que um filme feito por Hollywood já faturava três vezes mais em vendas no formato DVD (para usar o jargão dos marqueteiros) do que na exibição em salas de cinema.

A sala de cinema, a enorme sala escura onde nos dias de hoje as pessoas devoram sacos enormes de pipoca e bebem baldes de refrigerantes, vai ter de mudar muito para continuar sobrevivendo como canal de entretenimento competitivo com a nossa sala de estar. Provavelmente sobreviverão salas com recursos *high-tech* fantásticos em termos de reprodução de efeitos especiais capazes de rivalizar com nossos sistemas domésticos; mais ou menos como são hoje as salas do tipo Imax, que só existem em Londres, Paris e Nova York.

O jogo de cartas certamente vai sobreviver, porém terá como competidor games de recursos impressionantes que você poderá jogar com amigos e familiares que estejam a seu lado na sua própria sala de estar multimídia ou em algum outro lugar do planeta.

Certamente você vai poder fazer acessos www de sua cozinha para seguir aquele tutorial de culinária, não será preciso ir até a mesa do computador para fazê-lo porque todos os cômodos vão ter algum tipo de acesso à grande rede. Da mesma forma que a energia elétrica está hoje disponível em todos os cômodos.

Eletroeletrônicos, robótica, química avançada etc., vão cada vez mais ajudar a aliviar a canseira dos trabalhos domésticos

Existem ainda outras necessidades básicas para um lar que os fabricantes vão trabalhar duro para inovar, criar novas conveniências e inundar o mercado com elas. Serão muitas novidades, de eletroeletrônicos a novos produtos de limpeza, soluções para melhorar a gestão e a manutenção doméstica a sistemas capazes de melhorar a eficiência do consumo de energia, de água e também de aumentar a capacidade de reclicagem nas unidades residenciais.

Na casa de sua mãe, nos tempos em que existiam empregadas, a diversidade e qualidade dos produtos de limpeza eram bastante limitadas e ninguém nunca prestou muita atenção a isso. Limpeza era coisa que precisava de vassoura, sabão, água, os indefectíveis panos de chão e pronto. De vez em quando até que saía um anúncio diferente falando de detergente que não fazia mal para as mãos. Mas sua mãe achava caro e lembrava que a empregada sempre lavava com aquele detergente baratinho e pronto.

Comece a ver as coisas por outro ângulo. Os americanos e europeus ocidentais, povos que vivem há mais de dois séculos sem escravidão ou servidão, tiveram de desenvolver um sem-número de produtos para aliviar a canseira do trabalho doméstico. Depois de reconstruírem suas cidades após a Segunda Guerra Mundial, inventaram muita coisa para facilitar a labuta; sobretudo após os anos 1980, inventaram os produtos ambientalmente corretos: mais eficazes tanto do ponto de vista bacteriológico quanto da remoção de sujeira.

Vá, se ainda não foi a um supermercado classe A, e gaste um bom tempo comparando os produtos. Se preferir, faça uma pesquisa pela Internet. Leia os rótulos e descubra por que ninguém passa toalhas ou roupas de cama nesses países há décadas. Porque os amaciantes fazem esse trabalho na própria máquina de lavar.

Veja por que ninguém na Europa, no Japão, na América do Norte lava pisos e banheiros com centenas de litros de água e ainda tem de ficar torcendo infindavelmente panos de chão encardidos. Porque a química *high-tech* faz isso por você rapidinho. Veja por que pisos e encerados não requerem mão-de-obra semi-escrava para ficarem limpos e brilhantes. Descubra também que os vidros da casa, o blindex do chuveiro, os espelhos podem ficar inacreditavelmente limpos durante dois ou três meses com limpa-vidros que têm dispersante de água em sua composição. Nos supermercados escandinavos, países onde as pessoas já vivem sem senzala e servidão há quase cinco séculos, encontram-se disponíveis lenços umedecidos para limpeza da pia do banheiro, do vaso sanitário etc.[5]

Os equipamentos, como aspiradores de pó, também têm melhorado incrivelmente. Agora sugam água. São mais potentes, mais eficazes e muitos têm um design espertíssimo, daqueles equipamentos que sua sogra diria que nunca ia botar na mão de empregada. Nas empresas fabricantes de aparelhos eletrodomésticos, os engenheiros projetistas estão ocupados com coisas que parecem a casa dos Jetsons (você se lembra daquele desenho animado dos anos 1970?). O aspirador de pó que trabalha sozinho já está disponível por 400 dólares. Trata-se de um pequeno robô, que primeiro passa por uma fase de aprendizado que compreende um passeio pela casa para armazenar na memória o layout e os obstáculos de cada cômodo e depois entra em operação nos tempos devidamente programados. Concluído o serviço, o próprio robô encosta-se junto à tomada e se pluga para ficar se recarregando. Um sonho de consumo já de muita gente. O preço vai cair na medida em que a produção aumentar por economia de escala. Um dia todo mundo poderá comprar esses produtos. Como geladeira. Porque não vai ter mão-de-obra tão barata disponível como nos velhos tempos e também porque não vamos querer gastar nosso precioso tempo com coisas que máquinas fazem de forma muito mais rápida e eficiente.

A casa ambientalmente correta

Nossas residências são grandes consumidoras de energia e de água e grandes geradoras de rejeitos na forma de lixo orgânico e inorgânico e esgoto sanitário. Isso terá de sofrer sucessivos processos de reengenharia. Certamente, a realidade atual vai mudar muito nas décadas que estão por vir.

Não é mais admissível que continuemos em um mundo que chegará a nove, talvez dez bilhões de pessoas no planeta (esta é a estimativa para meados do século) com sistemas hidráulicos domésticos que usem a água tratada, limpa e potável para fins não nobres, como, por exemplo, dar descarga na privada. Na Califórnia já existem casas com sistemas que reutilizam a água da cozinha para essa finalidade. Mas isso requer todo um outro esquema hidráulico doméstico. E nós vamos ter de refazer não só nossas residências como prédios e equipamentos públicos e privados. Exatamente como as plantas industriais estão fazendo desde o começo da última década do século XX. Por isso é que fábrica não é mais sinônimo de poluição. Hoje as residências são, na verdade, células de poluição que no agregado já são muito piores que o setor industrial. Qual o tamanho da poluição de 52 milhões de residências no Brasil? E de cem milhões nos EUA? E de 125 milhões de unidades residenciais na União Européia? Com nove bilhões de pessoas, estaremos falando em algo como dois bilhões de residências no planeta. Sejam estes domicílios de gente humilde, classe média ou rica, não podemos seguir no caminho em que estamos direcionados. Na Sociedade Digital Global, também as residências deverão ser ambientalmente sustentáveis. Ou não teremos mais história humana no século XXII.

Mas não é só o problema da poluição por dejetos e rejeitos. Na questão do consumo energético residencial o desperdício também é grande, como se pode perceber em relação à energia para iluminação, aquecimento e refrigeração. Há muito que se inventar, inovar e aperfeiçoar. Veja no caso da iluminação: mesmo quando ainda está claro do lado de fora, há cômodos e mais cômodos que necessitam acender a luz elétrica. Por que, se existe fibra óptica para conduzir a luz solar ambiente que no exterior abunda para onde quer que ela seja necessária? Somando as economias de cada residência – qualquer economiazinha –, representa, no agregado, milhões de megawatts/hora poupados que irão reduzir os impactos ambientais da geração de energia.

As nossas residências, tanto quanto as fábricas e os escritórios e outras unidades produtivas, terão que ser totalmente reconfiguradas em termos de reengenharia, para evitar que o planeta Terra seja implodido. A gente deve e vai fazer isso nas próximas décadas. E nossas casas, aí pelo ano 2030, terão mais semelhança com a nave do Capitão Kirk, aquele do *Jornada nas estrelas*, do que com a casa da vovó de outrora. Quem viver verá.

Notas

[1] Mário Prata, em crônica publicada no *Estado de São Paulo*, em 10/4/1995.

[2] Recomendo a todos que ainda não leram *Casa-grande & senzala*, a obra-prima do sociólogo Gilberto Freire, lançada em 1933, 45 anos após a abolição da escravatura e que permanece atual. Este é um dos meus clássicos favoritos, de leitura fácil e prazerosa. Esta obra tem o mérito de tornar cristalina a compreensão de aspectos basilares da sociedade e da cultura brasileira.

[3] Sônia Sant'Anna, *Barões e escravos do café*. Uma historia privada do Vale do Paraíba, Rio de Janeiro, Jorge Zahar, 2001.

[4] Essa forma de classificar os estratos socioeconômicos da sociedade brasileira é usada correntemente por pesquisadores de mercado. A, que pode ser subdividida em A1 e A2, são os afluentes 5%, dos quais A1 são os domicílios de 1% mais ricos. Os B, que podem ser subdivididos em B1 e B2, são os domicílios do que antigamente era conhecido como classe média. C e D seriam os domicílios populares e E os pobres. Ocorre que desde o Plano Real, quando conseguimos a estabilização da economia, C e D vêm ganhando poder de consumo rapidamente enquanto B está estagnado. Trato detalhadamente dessas questões em meu livro *Pegando no tranco – O Brasil do jeito que você nunca pensou* (Rio de Janeiro, Editora Senac, 2006).

[5] Existe uma forte correlação entre o número de pessoas envolvidas em trabalho doméstico e desenvolvimento de uma nação que pode ser sintetizada da seguinte maneira: quanto mais desenvolvido um país e quanto menor a desigualdade social, menos pessoas estarão disponíveis para realizar os serviços domésticos de terceiros. Traduzindo: à exceção dos domicílios muito ricos, em países da Escandinávia, Holanda, Dinamarca e Japão cada um cuida do próprio banheiro, faz a própria cama, limpa a própria casa etc.

Capítulo 11

Subúrbios e centralidades

Os dois lados da moeda da geografia do nosso cotidiano

Quando a escolha da sua geografia cotidiana se torna estratégica

Uma das questões que passam despercebidas para muita gente esclarecida é que a escolha do lugar onde você mora e o território no qual seu estilo de vida faz com que você circule no cotidiano podem proporcionar uma imensa diferença na vida de uma pessoa. É comum supor que a única escolha possível seja a opção por mais qualidade de vida ou status. Porém é muito mais do que isso a escolha do território cotidiano. Uma escolha inteligente e estratégica pode fazer com que o indivíduo tenha muito mais controle sobre o próprio destino.

Em geral, a escolha de alternativas e da decisão do local onde uma família vai morar é, na maioria das vezes, feita seguindo um senso comum que não consegue discernir e entender racionalmente um emaranhado de questões. Se você investir em fazer uma reflexão com sabedoria, poderá aumentar consideravelmente sua capacidade e a de sua família de navegar os tempos turbulentos de transição da Renascença Digital.

Uma decisão bem amadurecida do local de moradia e do seu território vale a pena. Afinal, não se muda de local de moradia com regularidade e freqüência tão grande. Pelo menos, na média, é assim com as pessoas. Quem muda muito, muda uma vez a cada quatro, cinco anos. Pessoas que mudam de forma mediana, mudam uma vez, no máximo duas, a cada década. Uma parte considerável das pessoas fica muito mais do que isso. Especialmente depois que se têm filhos. A tendência é que depois da idade adulta e de constituir família as pessoas só mudam de endereço em circunstâncias extraordinárias, ou então quando os filhos saem de casa e sobra muito espaço desnecessário, ou se o indivíduo está muito idoso e necessita da proximidade de parentes.

No Brasil, as pessoas tendem a ter menos mobilidade porque nossa cultura valoriza muito a posse do imóvel. Mais de 70% dos brasileiros são donos do imóvel que habitam, sejam pessoas de condição humilde, classe média ou afluentes. Uma das razões para o brasileiro ter tanta necessidade de segurança em termos de ser o proprietário do imóvel que habita pode ter, talvez, a sua explicação no fato de que nosso país tem uma longa tradição de incertezas e instabilidade econômicas. É muito recente na nossa história um período de estabilidade como o que temos vivido desde o Plano Real, que foi lançado em 1º de julho de 1994. Talvez essa tradição de economia não confiável tenha acarretado essa necessidade marcante do brasileiro de ser o proprietário do imóvel onde mora. Mesmo em favelas e loteamentos vale esse padrão. É interessante contrastar esse padrão com a realidade de vários outros países, onde a cultura que se formou tem razões diferentes da brasileira.

Nos EUA, por exemplo, a mobilidade é muito maior porque as pessoas sempre vão atrás das oportunidades de emprego e escolaridade. Em geral, a compra da casa ou apartamento próprio representa ficar ancorado e ter desvantagens em termos de mobilidade de acompanhar a oferta de oportunidades de trabalho que o mercado oferece. Assim, as pessoas deixam para comprar imóveis tardiamente e o fazem, em geral, comprometendo-se com a hipoteca do imóvel, que leva 25, 30 anos para ser quitada. Na Holanda, de forma semelhante, apenas 30% optam por ser proprietários, pois a maioria prefere ter mais mobilidade. Neste país, existe inclusive uma tradição de o Estado (governo central ou mesmo local) ou cooperativas serem os proprietários e a maioria das pessoas se sente mais confortável sendo locatária.

Empresas, fábricas, varejistas têm uma metodologia quase científica de escolha de seu território e gastam muito dinheiro com pesquisadores e analistas que procuram fazer a escolha mais estratégica. É um processo conhecido como *site selection*. Uma decisão errada pode ser muito séria. Não raro pode inviabilizar o crescimento dos negócios e mesmo levar à bancarrota.

Você já deve ter percebido que, com relativa freqüência, trago exemplos ou comento a forma com que as empresas resolvem os seus desafios e, em seguida, sugiro que pessoas se inspirem ou, então, até mesmo adaptem métodos ou racionalidade usados pelas empresas no sentido de ter mais controle sobre o próprio destino. Não é casual. Minha larga experiência como consultor de empresas me trouxe a certeza de que existe muita ciência e sabedoria acumulada na gestão de empresas e organizações que fazem sentido sim em serem aplicadas à nossa vida pessoal.

Na verdade, tomamos muito poucas decisões importantíssimas na vida e muitas vezes aplicamos pouca racionalidade e sabedoria nessas ocasiões. O famoso "ah, se eu soubesse" é algo que muitas vezes dizemos passados dez, 20, 30 anos. Claro que a paixão é importante na vida. Afinal, é esse o grande sal da existência humana. Porém, quanto mais formos capazes de racionalizar as escolhas que devem ser racionalizadas, melhor.

Nesta questão da escolha do território do cotidiano tenho visto muitas alternativas insensatas e equivocadas mesmo da parte de quem tem bom poder aquisitivo para comprar ou alugar escolhendo bons locais de moradia. Um exemplo característico desse tipo de tomada de decisão equivocada pode ser ilustrado por pessoas que, para fugir da "violência urbana", ter mais qualidade de vida, traduzida em mais espaço verde, ou então mais status, acabam se mudando para remotos condomínios fechados. Compram uma casa que parece ser um sonho, que aparentemente não é tão distante em termos de tempo, pois com o carro faz-se o percurso casa-trabalho em 40 minutos. No início tudo parece maravilhoso. Aos poucos, se descobre que os filhos são ultradependentes em termos de mobilidade, que a família agora gasta três, quatro horas no trânsito. Afinal, a via expressa é livre apenas fora das horas de *rush*. No fim de semana, ninguém faz mais nada fora de casa, pois está todo mundo saturado do vaivém da semana. Reverter a decisão é complicado. Afinal, aquele era o imóvel no qual foi investido quase tudo que a família foi capaz de mobilizar. "Ah, se eu soubesse..."

Para a esmagadora maioria das pessoas, o território do cotidiano é a geografia urbana. Praticamente, mais de 85% dos brasileiros vivem em um mundo urbano. O fato é que aproximadamente metade dos habitantes do país vivem em pouco mais de 350 cidades, que pertencem às nossas dez maiores regiões metropolitanas. E isso acontece no restante do planeta. As cidades, sobretudo as metrópoles, são o grande e dinâmico veículo que a humanidade criou para realizar com eficiência não só a vida econômica quanto a social e cultural. A regra número um para qualquer país se tornar desenvolvido é urbanizar-se. Países da União Européia, Estados Unidos e Japão são lugares com mais de 90% de sua população vivendo em cidades. O problema é que as cidades entraram em crise de crescimento e sobretudo de mobilidade desde o fim da Segunda Guerra Mundial.

Se as pessoas pudessem entender melhor a dinâmica e a problemática urbana, elas tomariam decisões mais sensatas e coletivamente isso poderia resultar em uma melhoria das cidades como um todo. Muita gente reclama do planejamento urbano realizado pelos governos e também das políticas e ofertas do sistema de transportes públicos. Em parte é verdade que governos não têm cumprido com suas obrigações. Mas a cidade não deixa de ser o somatório das ações de todos nós, e também do resultado do estilo de vida que escolhemos ou que somos muitas vezes forçados a adotar. Não dá para ficar esperando por outra geração até que tudo seja mudado a partir das ações do governo. O que podemos nós, minúsculos seres individuais, fazer, no caso dos desafios da vida urbana, que possa transformar de forma positiva nossa vida a curto prazo?

Boa parte da ênfase deste livro é mostrar que na Renascença Digital existe a possibilidade e a necessidade de retomarmos uma maior cota e uma melhor qualidade de responsabilidade se queremos ter maior controle sobre nosso próprio destino. Com esse objetivo, nas seções que se seguem pretendo montar um panorama das raízes da crise da cidade – enquanto território da nossa geografia do cotidiano –, bem como elevar o nível de conhecimento estratégico por meio do qual poderemos tomar decisões mais racionais para adotar estilos de vidas para então discutir sobre opções. Vamos começar tentando avaliar a seguinte questão:

Como o automóvel se tornou o rei das cidades?

Até o final do século XIX, a mobilidade das pessoas nas cidades só era acelerada pela tração animal. Mesmo sendo um mundo em rápido processo de urbanização, os pés eram o meio de transporte da imensa maioria, que passava os dias dentro de um raio de pouco mais de alguns quilômetros ao redor de casa.

A demanda por maior mobilidade criou oportunidades e incentivos para que inventores e empreendedores produzissem novas tecnologias, serviços e soluções de transporte. Em um espaço de tempo de pouco mais de um século, tração animal, motor elétrico e finalmente motor de combustão interna foram sendo experimentados, surgindo diferentes meios de transporte: bicicletas, bondes, ônibus, metrô. Finalmente apareceu o automóvel quase ao final do século XIX, mas sua produção em massa se iniciou para valer a partir do começo do século XX, através dos esforços de Henry Ford.

Até a metade do século XX, ocorreu o progresso contínuo dos sistemas públicos de transportes, que permitiu que a mobilidade média dos cidadãos urbanos ampliasse significativamente seu raio de abrangência. Não mais restritos apenas aos seus pés, os cidadãos urbanos viram ampliar consideravelmente sua geografia do cotidiano.

O declínio dos sistemas de transportes públicos urbanos, que hoje atingem cidades de todos os países do mundo, começou logo após a Segunda Guerra Mundial, a partir dos Estados Unidos. A sinergia de alguns fatores explica a rápida ascensão do automóvel como o meio de transporte predominante naquele país e como essa tendência se espalhou em seguida pelo mundo afora.

Em primeiro lugar, a indústria americana saiu da Segunda Guerra Mundial com sua capacidade produtiva industrial ampliada de forma exponencial. Essa capacidade foi redirecionada para o mercado dos tempos de paz, em particular para a produção de carros.

Em segundo lugar, o governo americano entendeu que a melhor solução para as demandas habitacionais criadas pelos mais de três milhões de veteranos de guerra, em sua maioria homens em idade de constituir família, era incentivar o aproveitamento de terras mais baratas, localizadas nas periferias das grandes cidades. O acesso às mesmas era agora um problema menor em função da massificação crescente da posse e uso de automóvel.

Em terceiro lugar, o governo americano passou a investir maciçamente em infra-estrutura rodoviária. No ano de 1954, como parte do planejamento da logística de defesa dos Estados Unidos no contexto da Guerra Fria que se iniciava e para promover a mobilidade do automóvel, o governo americano aprovou o Inter State Highway Act, megaprojeto governamental de rodovias, que resultou na construção de mais de setenta mil quilômetros de auto-estradas. Isto acelerou a supremacia do automóvel, tornando-o o meio de transporte dominante.

Nos anos 1960, já estava plenamente montada uma das mais emblemáticas equações do *american way of life* (estilo americano de vida): o subúrbio e o carro próprio. E nos anos 1970, já estava consolidada por todo os EUA uma nova forma de viver; um casamento entre o estilo de vida das pessoas e toda uma infra-estrutura na qual o automóvel tinha papel central. Mais do que isso, o carro se tornou imprescindível na economia e na vida das pessoas nos Estados Unidos. Já há quase duas décadas o país tem praticamente uma taxa de motorização de um veículo por pessoa adulta. Na realidade, só a sua frota de carros particulares tem mais de 200 milhões de unidades.

No período entre o fim da Segunda Guerra Mundial e os anos 1970, o transporte público praticamente desapareceu das cidades americanas, a ponto de hoje o *mass transit* (transporte público) ter relevância em apenas uma dezena delas. Na hora do *rush*, apenas 3% das viagens motorizadas em todo aquele país são feitas em transportes públicos. Além disso, 25% de todas as viagens em transporte público são feitas na região metropolitana de Nova York.

Os EUA acabaram se tornando o modelo inspirador para todo o mundo. Assim, o aumento acelerado da frota motorizada individual e a decadência do sistema público de transporte, que andam de mãos dadas, se espalharam pelo mundo afora. Atualmente, um número redondo para a frota motorizada circulando sobre o planeta pode ser estimado em, aproximadamente, 800 milhões de veículos leves e pesados. O Brasil entra com 35 milhões, mas, nas áreas metropolitanas como São Paulo, que tem mais de cinco milhões, os níveis de motorização não estão tão abaixo de grandes cidades dos EUA. Por sua vez, a China tinha apenas cinco milhões às vésperas do ano 2000, mas os chineses estão se esforçando para se igualar aos EUA em duas décadas. Para isso estão rasgando o país com um programa copiado do Inter State

Highway Act. Hoje, a frota mundial de veículos cresce como uma família de coelhos justamente nos países emergentes.

Globalmente, com o automóvel se tornado o meio de transporte mais utilizado pelas classes afluentes e dominantes, tanto em termos socioeconômicos quanto culturais, as políticas públicas que privilegiavam os investimentos em sistemas de transportes públicos foram sendo paulatinamente negligenciadas em favor do financiamento de infra-estrutura viária para meios motorizados.

Certamente a reversão dessa tendência, na forma de uma renascença do transporte público, poderia assegurar uma mobilidade mais eqüitativa do ponto de vista social e mais sustentável do ponto de vista ambiental. Porém esta alternativa mais racional, na prática e no geral, não vem sendo implementada pela humanidade. Pelo contrário, mesmo alertada e sacudida por ativistas ambientais, movimentos sociais, técnicos com argumentação bem estruturada, por lideranças políticas responsáveis, coletivamente a humanidade radicaliza o sonho de Henry Ford, que começou há cem anos em sua fábrica, com o slogan: "Um carro para cada família."

O preço a pagar

Congestionamento, poluição e segurança viária são a contrapartida a pagar pela opção da sociedade de apostar em conseguir maior mobilidade nas cidades por meio do automóvel.

A cronificação do congestionamento, em especial nos países que estão se desenvolvendo mais tardiamente, poderá se tornar um inferno capaz tanto de aleijar a qualidade de vida quanto a produtividade das cidades. Sem capacidade de investir em infra-estrutura viária da mesma forma que os países plenamente industrializados, os países emergentes obviamente têm um quadro de congestionamento muito mais grave do que aqueles.

A poluição do ar resultante da queima de combustíveis fósseis pelos motores dos veículos é o desafio que pressiona de forma mais intensa a sociedade global, afinal, o efeito estufa é mais do que uma mera hipótese. Existem evidências conclusivas de que os gases CO_2 e CO contribuem para o aquecimento da atmosfera planetária. Este fenômeno poderá provocar uma cadeia de acontecimentos ambientais desastrosos e em escala sem precedentes.

Se não mudarmos o tipo de combustível, teremos que dar um grande tranco daqui a pouco. Isso vai provocar mudanças nos sistemas de transportes, nas cidades e nos estilos de vida. Já deveríamos estar agindo, mas não temos líderes suficientemente sábios e responsáveis para tomar a iniciativa. Desafortunadamente, as lideranças políticas não tomaram até aqui atitudes necessárias e seguem tocando como a orquestra do Titanic.

No plano local, a poluição do ar nas cidades tem cobrado um preço apreciável da saúde das pessoas, sobretudo das crianças. Mas o que é mais sentido pela população é o aspecto da segurança viária. Esta se aproxima cada vez mais da posição de campeã da produção de mortos e feridos, superando os índices de guerras, doenças, homicídios e catástrofes. São estarrecedores os números de mortalidade ocasionada por acidentes com veículos. Por exemplo, tomem-se as estatísticas do ano de 2004 referentes a alguns países selecionados, coligidas pela organização internacional Drive and Stay Alive: EUA, 42.636; Índia, 90 mil; Irã, 26.280; Rússia, 34.508; Japão, 7.358; China, 107.077. É interessante notar que o Brasil tem conseguido baixar os números de fatalidade por acidente de tráfego, apesar de a população e a frota estarem em crescimento vegetativo. Infelizmente, o Denatran, órgão do governo federal, só tem uma série histórica que vai até 2002 (parece que a Administração Lula cortou as verbas destinadas à atualização dessa importante estatística). De qualquer forma, os números são: 1998, 20.020; 1999, 20.178; 2000, 20.049; 2001, 20.039; 2002, 18.877. Infelizmente, não temos uma estatística que desagregue os acidentes que aconteceram nas estradas, em viagens intermunicipais e dentro das cidades, no cotidiano das pessoas.

Como têm sido combatidos os problemas da poluição, congestionamento e segurança viária?

A poluição local e o congestionamento têm recebido uma tímida tentativa de mitigação por parte dos governos locais de algumas grandes cidades de países emergentes através da adoção de sistemas de rodízio. É o caso de São Paulo, Cidade do México e Bogotá, que são exemplos de cidades onde um dia por semana 20% da frota é impedida de circular em determinadas áreas. Não obstante, a frota continua crescendo sem qualquer tipo de restrição, e as pessoas muito freqüentemente compram um carro mais velho como seu segundo carro, que servirá para circular no dia em que o primeiro carro estiver impedido pelo rodízio.

Legislação mais avançada, que começa a ser aprovada em países onde os governos e políticos sofrem uma maior vigilância e cobrança de seus eleitores, tem provocado mudanças nos padrões de emissão de poluentes dos veículos automotores. No Brasil, por exemplo, há mais de uma década conseguimos eliminar de nossa gasolina o chumbo tetraetila, e nossos carros saem de fábrica com catalisadores que reduzem um pouco a emissão de poluentes.

Na verdade, a evolução tecnológica ocasionará dentro de poucas décadas a obsolescência do motor a explosão. É daí que deverão vir as boas-novas relativas à redução da poluição do ar. Por exemplo, carros híbridos, elétricos, a hidrogênio, até chegarmos aos carros de emissão zero. A previsão é de que algumas dessas opções deverão ser comercializadas em grande escala aí pelo começo da segunda década do século XXI.

A evolução tecnológica poderá ser também uma grande aliada na promoção da melhoria da segurança viária com a chegada ao mercado de automóveis mais seguros. Todavia, o grande problema será sempre o fator humano, que é o aspecto mais determinante na ocorrência de acidentes. Nesta questão cabe um papel relevante a ser desempenhado por governos e sociedade civil para melhor educar os indivíduos a dirigirem com mais responsabilidade e mudar a tendência atual.

No entanto, o aumento conjugado da posse e do uso do automóvel deverá impor a agudização do problema do congestionamento como o maior desafio a ser enfrentado.

E aí, qual é a solução? Não existe lógica em investir mais em infra-estrutura viária da forma que fizemos até aqui, isto é, subsidiando a mobilidade dos grupos mais afluentes e influentes da sociedade. Precisamos de um novo tipo de políticas públicas para a mobilidade dos indivíduos que seja mais racional, socialmente mais justo e ambientalmente sustentável. A alternativa é estabelecer um novo pacto de mercado para o uso e a posse do automóvel baseado em uma regra simples: usou, pagou.

Começando a cobrar o preço correto pelo uso e posse do carro: pedágio e estacionamento

Você tem reparado que o número de vias com pedágio tem crescido e que progressivamente estacionar de graça tem sido cada vez mais difícil? Saiba que essa é uma tendência que deverá se acelerar. Se você quiser realmente ter mais controle sobre seu próprio destino, sobre seu estilo de vida e principalmente sobre seus gastos é bom começar a pensar em ter uma estratégia de vida que considere esse encarecimento do uso do carro. É justamente tal encarecimento que virá mais rápido do que você pensa.

O pedágio urbano

Quando as frotas de carros particulares não saturavam os espaços urbanos públicos, isto é, enquanto as cidades dispunham de muito espaço e os congestionamentos não impunham um custo para a sociedade como um todo, de forma contundente, não era preciso parar e refletir sobre a necessidade de mudanças.

O congestionamento é uma "externalidade" do uso do carro que passou a nos importunar para valer nas últimas duas décadas do século XX. Os economistas sempre conheceram bem o conceito conhecido como externalidade: "fenômeno externo a uma empresa ou indústria que cause aumento ou diminuição no seu custo de produção, sem que haja transação monetária envolvida."

Até os anos 1980, aqui no Brasil não se cogitava cobrar pelas externalidades do uso do carro. Ou seja, a sociedade não se preocupava em cobrar um preço adicional pelo uso e posse do carro além do imposto que hoje chamamos de IPVA (Imposto sobre Propriedade de Veículo Automotivo).

Assim, o indivíduo que quisesse ter mobilidade usando um carro particular teria de pagar um preço formado pelos seguintes componentes: valor de aquisição do veículo, mais o valor despendido com a manutenção, valor dos seguros, valor gasto com combustível e valor comprometido com impostos. Pago este preço, você estaria habilitado a ir aonde quisesse, quando bem entendesse. Depois inventaram o estacionamento pago, quando este começou a ficar escasso. E depois criaram o pedágio para alguns trechos excepcionais de infra-estrutura (ponte, túnel, via expressa).

O espaço ocupado pelo carro, parado ou em movimento, e o ar consumido ou inutilizado pelo motor a explosão do veículo – as famosas externalidades – não custavam nada e não deveriam ser cobrados por ninguém. Afinal, tem preço o que é escasso. Aquilo que todos podem usufruir sem ter de pagar não ocasiona a formação de um mercado.

Com 800 milhões de veículos gastando e poluindo o ar e ocupando espaço, torna-se evidente que é mais do que chegada a hora de cobrar por essas externalidades, porque alguém terá de pagar por isso. Pois bem, William Wickrey (1914-1996), economista que ganhou o prêmio Nobel de Economia em 1994, desenvolveu de forma pioneira o arcabouço teórico da precificação – formação do preço a ser cobrado por determinado bem ou serviço – do congestionamento (*congestion pricing*) em termos de ocupação do espaço viário. Essa teoria vem se tornando conhecida desde o final dos anos 1980 também pelo nome de *road pricing*.

Em linhas gerais, a teoria é a seguinte: cada novo carro na rua significa a redução do espaço disponível para os outros. Portanto, deve ser cobrado do responsável de cada automóvel um preço proporcional ao custo que ele está impondo aos outros. Circulando ou estacionado, todo mundo terá de pagar. Quanto mais a prêmio estiver o espaço disponível para circular ou estacionar, mais os interessados em usar o espaço terão de pagar.

Wickrey classificou, no caso do tráfego, o que os economistas conheciam muito bem: o crescimento da demanda por algo (produto, recurso natural, serviço) impõe a todos a escassez. Simplificando, quer dizer que cada carro que entra na rua impõe aos outros uma queda na mobilidade de todos os outros que estão se deslocando. O trabalho de Wickrey consistiu em desenvolver a teoria econômica do pedágio, que está pronta e acabada. Restava o problema de implementar essa teoria para realizar o controle de pagamento, isto é, do recebimento do pedágio. O pedágio até pouco tempo só era viável de ser cobrado forçando os carros pararem em um posto de cobrança. Todo mundo sabe que praça de pedágio é sinônimo de engarragamento. Ou seja, colocar os carros em fila e cobrar não é solução e ainda acaba gerando mais engarrafamento. Até que, ao final dos anos da década de 1990, se tornou disponível a tecnologia da informação e sensores que podem identificar os carros e que permitem tarifar e cobrar sem que eles tenham que parar em uma praça de pedágio. Exemplos pioneiros?

Cingapura, que é praticamente uma cidade-estado, foi pioneira no mundo em implementar o pedágio nas ruas de acesso à área central da cidade ao final dos anos 1970. A solução da época era aquela mesma: o centro era cercado de praças de pedágio. Em 2001, Cingapura adotou a mais avançada das soluções *high-tech* de tecnologia de informação digital: sensores de leitura óptica e transmissores de rádio eliminaram a necessidade de parada do carro para o controle de pedágio. Aliás, atualmente essa solução já é adotada em várias rodovias pedagiadas no Brasil. Ao fazer a troca do sistema antigo pelo sistema de tecnologia de informação de alta tecnologia, Cingapura mais uma vez saiu na frente na questão de cobrar pelo custo do uso do espaço público pelos carros e tem hoje um sistema de *road pricing* totalmente operacional que controla 700 mil veículos por dia. Desse modo, ela é hoje praticamente a única grande cidade da Ásia livre da praga do congestionamento.

O pedágio existente no Brasil está ainda limitado às rodovias. A única exceção é a Linha Amarela, uma via expressa urbana no Rio de Janeiro, que liga a região da Barra da Tijuca ao Aeroporto Internacional do Galeão. O pedágio vai realmente fazer diferença no nosso cotidiano quando começar a ser implementado dentro das cidades, no meio da dinâmica urbana, muito mais complexa do que os padrões de deslocamento pendulares dentro das rodovias.

A questão de como outras cidades poderiam fazer a adaptação do modelo de pedágio urbano de Cingapura permaneceu uma discussão entre experts de tecnologia sem chegar aos tomadores de decisão, políticos e opinião pública. Até que a realização de um projeto pioneiro teve início no dia 17 de fevereiro de 2003, quando o prefeito de Londres, Ken Livingstone, deu início à execução de seu mais ambicioso projeto de campanha eleitoral: melhorar a acessibilidade ao centro de Londres, diminuir o nível de congestionamento e melhorar a qualidade do ar.

Desde aquela data todo motorista interessado em conduzir seu carro na região central de Londres deve pagar a tarifa de cinco libras por dia, no período entre 7 e 18h30. A meta é reduzir o número de carros acessando aquela área em 10% a 15% e gerar uma receita de 130 milhões de libras anuais (pouco mais de R$ 700 milhões). Como em Cingapura, parte da receita deverá ser canalizada para investimentos em transporte público, para torná-lo mais competitivo em relação ao transporte individual, e melhorias de infra-estrutura viária.

Londres é o caso exemplar que vai acabar inspirando todo mundo a dizer: por que não? Resumindo, o pedágio urbano virá cedo ou tarde, apesar de sua impopularidade. Claro, ninguém quer pagar por algo que até hoje todo mundo considerou grátis! Nem eu! Mas à medida que os inconvenientes do congestionamento passem de um determinado limite do suportável, nós, contribuintes, políticos, empresários, formadores de opinião, a sociedade, enfim, vamos começar a considerar uma mudança e repactuar um novo entendimento que incluirá o pedágio. O que é certo é que o pedágio urbano – a precificação pelo uso do espaço viário – é a única saída para acomodarmos o crescimento da frota motorizada e permitir a racionalização do direito de ir e vir.

O futuro – ano que vem ou daqui a 20 anos – será o seguinte: o carro vai ser um bem baratinho, acessível a camadas cada vez maiores da população. Como é hoje a televisão: quase 100% de penetração no mercado. Ou como o telefone que você pede à companhia telefônica para instalar na sua casa.

Os custos compreenderão aquisição do veículo, manutenção, seguros, taxas, combustível; porém, a parte mais significativa ao longo da vida útil do automóvel será referente à composição dos custos de pedágio e ao estacionamento. Resumindo: os custos serão maiores com o uso do que com a posse. Usou, pagou. Simples, não?

O pedágio urbano será parte de nosso mercado de mobilidade do século XXI. Obviamente, as experiências-piloto ocorrerão onde o calo estiver mais apertado, ou seja, em regiões onde o acesso está muito congestionado ou em vias de assim ficar. Quer apostar que as famosas marginais do Tietê e Pinheiros em São Paulo serão as primeiras a entrarem no pacote do pedagiamento naquela cidade?

À procura de vaga de estacionamento

À medida que crescem a posse e o uso do carro, não é apenas o engarrafamento que cresce, mas também a necessidade de mais locais para estacionar os carros. A voracidade por espaço de estacionamento é uma das características do crescimento do uso e da posse do automóvel. Esse consumo destrutivo do espaço das cidades tem dimensões que muito pouca gente se dá conta. Em cidades americanas, em média 1/3 do solo urbano é consagrado ao veículo, seja para circular, seja para estacionar. Acredito que essa já seja a proporção para São Paulo, Curitiba, Rio de Janeiro, Belo Horizonte.

Ocorre que o automóvel circula apenas uma fração do tempo total de sua vida. Algo em torno de 5% a 15%. O restante, seja em casa, na rua, no trabalho, nas compras, no lazer, um carro permanece parado. O que fazer com milhões de carros que ficam parados nas grandes cidades é tão crucial quanto o que fazer com o congestionamento.

O problema de estacionamento já aflige, inclusive, as regiões de baixa renda das grandes cidades. Ninguém poderia imaginar lá pelos anos 1970 ou 1980 que teríamos engarrafamentos ou forte demanda por vagas gerando um mercado de estacionamento dentro das favelas. Mas saiba que há quase uma década entender a favela como o endereço da miséria é um clichê obsoleto. As favelas são o endereço da baixa renda e não de miseráveis. Esse segmento da população tem progredido e cada vez se torna mais consumidor. Em várias favelas do Rio de Janeiro a posse do carro já alcança 14% dos domicílios. Com isso, é claro que o morro fica engarrafado também.

Quando você está ao volante certamente sente estresse tanto pelo engarrafamento quanto pela irritação da procura de vaga para estacionar. Na verdade, em nenhuma cidade do mundo existe infra-estrutura adequada e que responda satisfatoriamente às demandas de estacionamento. Onde estão as cidades que oferecem um *trailer* das tendências do futuro?

Garagens subterrâneas

George Pompidou, presidente da França entre 1969 e 1974, lançou a palavra de ordem "adaptar a cidade ao carro" no começo dos anos

1970, traduzindo, enquanto político, o que a imensa classe média européia elegia como o grande sonho de consumo: o carro próprio.

O design das cidades européias, consolidado ao longo do milênio passado, e que sofrera um rearranjo respondendo às demandas causadas pela Revolução Industrial, oferecia um espaço reduzido para a voracidade do uso e da posse do carro como um bem de consumo massificado. Resultado: ruas, praças, calçadas juncadas de automóveis estacionados e vias de circulação congestionadas.

Na Europa, os estacionamentos subterrâneos foram uma idéia experimentada inicialmente em Paris, bem como as vias rápidas subterrâneas. Subseqüentemente, essas propostas foram sendo copiadas e/ou adaptadas para outras cidades européias.

Em geral, a engenharia institucional e financeira passou a seguir o mesmo tipo de modelo adotado pelos franceses. O governo constituía uma empresa pública para fazer estudo, planejar, projetar um sistema de estacionamento *off-street*, preferencialmente subterrâneo, captar recursos e estabelecer parcerias com a iniciativa privada para implementar os projetos.

Paris começou de forma sistemática a buscar esta alternativa no final dos anos 1970 e dezenas de outras cidades européias a seguiram, como Milão, Barcelona, Estocolmo, Madri, Lisboa etc.

Em suma, a tendência do século XXI é de que seja expandida a oferta de estacionamentos subterrâneos, que serão um tipo de infraestrutura pública feita como se fosse um empreendimento imobiliário para acomodar uma frota que cresce como ninhada de coelhos. Esses empreendimentos serão implementados na forma de concessão e parceria público-privada. O governo delimita e regula as áreas, o tamanho e as especificações gerais de oferta de lotes de garagens subterrâneas e a iniciativa privada financia, constrói e opera.

Claro que o custo do estacionamento será repassado para os usuários do mesmo. Não cabe ao governo ser provedor de vaga grátis. Um veículo estacionado em via pública sem pagar está sendo subsidiado. Além disso, um veículo estacionado na via pública diminui a fluidez do trânsito e, portanto, impõe custos externos à coletividade.

Hoje, o espaço para acomodar toda a frota da cidade do Rio de Janeiro seria equivalente a aproximadamente 500 edifícios-garagens do tamanho do Rio Sul, shopping carioca que tem 48.000 m^2 de Área Bruta Locável (ABL). São Paulo requereria aproximadamente três vezes mais. Usando como medida um shopping paulistano, podemos dizer que seriam necessários 1.500 edifícios garagens do tamanho do Morumbi Shopping para estacionar a frota apenas da cidade de São Paulo. O Rio só tem uma garagem subterrânea até agora, mas vai ter muito mais, e as outras cidades brasileiras também. O slogan da sociedade do século XXI com relação ao carro será "*no free lunch*", ou seja, "não tem almoço grátis". Ter carro é um direito como ter acesso à linha telefônica; usá-lo exigirá cada vez mais contingenciamento, isto é, a imposição de limites e quotas por parte da sociedade através de ação governamental. Os líderes de nossa sociedade do século XXI deverão fazer com seus concidadãos o mesmo que um pai zeloso deve fazer com seus filhos adolescentes sobre a necessidade de contingenciar o uso do celular. Da mesma forma que o atual prefeito de Londres já está fazendo com o pedágio no Centro de Londres. O real custo do carro será "usou, pagou" e não mais "comprou, usou".

A sociedade como um todo não pode subsidiar você ou quem quer que seja dando o privilégio de uma vaguinha aqui e ali. Muito menos para seu carro ficar estacionado 95% de 13,5 anos, que é a vida média de um carro no Brasil. Por isso é que construir e operar garagens públicas e estacionamentos subterrâneos será um grande nicho de negócio nos tempos da Sociedade Digital Global. Espere e verá. Mas pense em racionalizar o uso do carro, senão você vai pagar muito caro.

Centralidades e subúrbios

Finalmente chegamos ao cerne da questão: você deve entender que na escolha de um território é preciso avaliar com profundidade, como um dos aspectos-chave de sua qualidade de vida, uma questão que tem dois lados: a acessibilidade e a mobilidade. Uma decisão sábia e racional sobre onde morar e viver e como se deslocar deve deixar de lado certas idéias fantasiosas sobre qualidade de vida. Como o projeto de viver em um condomínio fechado em locais remotos, por exemplo.

Em geral, condomínios fechados tendem a se transformar em deficitários esquemas que tentam reproduzir aquilo que a cidade aberta oferece com mais eficiência. Condomínios fechados são construídos na maior parte das vezes em áreas remotas porque as terras são mais baratas e, portanto, o empreendimento torna-se mais viável e rentável para o empreendedor imobiliário. Nessas regiões, a densidade populacional é baixa, existe muito pouca ou nenhuma oferta de serviços, varejo, escritórios, equipamentos públicos e privados como escolas, hospitais, teatros, museus etc. O que existe em geral está no shopping. Nessas regiões, onde a residência é sinônimo de condomínio fechado, o estilo de vida exige que você tenha carro. Muitas das vezes um carro para cada membro da residência, pois sem carro, não se chega a lugar nenhum.

Os acessos às áreas de condomínio fechado será cada vez mais congestionado até o momento em que chegará o pedágio, pois os contribuintes vão cobrar dos governantes que os preciosos recursos públicos sejam alocados de forma mais eficiente do que em vias expressas de uso grátis.

E então, mesmo que você ache muito legal morar numa casa em um condomínio de luxo, com uma estrutura ótima de serviços, prepare o bolso, pois o "almoço grátis" vai acabar ao longo da Renascença Digital.

As grandes cidades americanas já estão vivendo paulatinamente uma reversão da decadência que foi a contrapartida do florescimento dos subúrbios e dos shopping centers, processo iniciado há 50 anos e que esvaziou as áreas centrais de grande parte das grandes metrópoles nos EUA. Muito dos *baby-boomers*, aqueles nascidos após a Segunda Guerra Mundial e que foram criados em subúrbios e shoppings e que estão chegando agora aos 60 anos de idade, estão considerando a possibilidade de voltar a ter endereço em *downtown*, isto é, no centro. Nos centros e antigos bairros tradicionais estão sendo revitalizadas as conveniências em serviços, lazer, entretenimento e vida social em territórios que podem ser cobertos por viagens a pé, de táxi e transporte público. Essas regiões tornam-se novamente atraentes para aqueles que estão considerando que a vida deve continuar sendo ativa, principalmente agora que o horário de trabalho se torna desregulamentado e que se pode levar boa parte do trabalho para casa via Internet.

O que ocorre nos territórios centrais tradicionais das cidades nos

EUA de certa forma começa a se configurar como uma tendência em outros lugares pelo mundo afora. Áreas centrais e bairros tradicionais que decaíram sobretudo em função da tendência da suburbanização começam a receber um afluxo de vida nova. Em várias cidades onde esse processo vai se tornando visível, os territórios mais dinâmicos começam a ser chamados de centralidades urbanas. Nessas localidades você pode levar um estilo de vida menos dependente do carro. Pode racionalizar o custo do uso e da posse do carro e também dedicar menos tempo para dirigir. Afinal, morar em um condomínio que exige que você dirija uma hora e meia para ir, outra uma hora e meia para voltar significa que você tem que dedicar 32 dias do ano só dirigindo. Será que isso é mesmo qualidade de vida?

Em várias cidades brasileiras, muita gente que mudou dos bairros tradicionais para os condomínios remotos já começa a voltar para as centralidades. Gente que foi para Alphaville em São Paulo começa a voltar para áreas tradicionais como Higienópolis, Jardins etc. Famílias que saíram da Zona Sul do Rio para ir para regiões remotas como Barra e Recreio já não agüentam mais o movimento pendular diário casa-trabalho. Por isso, tantos estão retornando para Leblon, Botafogo, Copacabana e Flamengo, para morar perto de uma estação de metrô.

No momento em que o efeito estufa for embutido no preço dos combustíveis, além do tempo perdido nos engarrafamentos, quem anda muito de carro vai se ver torrando mais e mais dinheiro em combustível, pedágio e estacionamento no insano ir-e-vir do cotidiano. E aí, nestes tempos, as centralidades vão se tornar uma alternativa cada vez mais considerável tanto em termos de praticidade quanto de custo. E assim serão revitalizados centros e grandes áreas tradicionais.

Tudo o que foi apresentado neste capítulo é uma contribuição para que você tenha uma visão mais clara e racional dos prós e contras dos dois tipos de territórios que vão predominar nos tempos de Renascença Digital: os subúrbios de condomínios e as centralidades. Façam suas apostas, senhores, considerando com clareza os estilos de vida que mais se adaptam ao seu perfil.

Capítulo 12

A universalização da educação financeira na Renascença Digital

Inventando uma gestão inovadora da riqueza individual

Do dinheiro debaixo do colchão ao *private banking*

Private banking. Você sabe o significado dessa expressão? Pois bem, esse é um tipo de serviço bancário e financeiro que os bancos oferecem para pessoas que têm alta renda ou então elevado patrimônio pessoal. Rico ou simplesmente bem mais endinheirado que a média das pessoas, o cliente dos serviços de *private banking* necessita de soluções especiais em termos de serviços financeiros e para lidar com seus bens. Ter muito dinheiro e patrimônio traz junto muito trabalho para administrar. Verdade. O cliente de *private banking* tem necessidades que quem vive de salários mais modestos nem imagina. Parece engraçado e contraditório, mas um dos grandes problemas de ser rico ou simplesmente ter muito dinheiro é o fato de que você pode ficar pobre se não tomar cuidado. Além disso, ricos não têm aposentadoria e precisam gerir com muito cuidado seus recursos e patrimônio para os seus anos menos produtivos. Ricos correm riscos maiores de decadência do que nós, pobres mortais; muito embora, vistos assim de longe, do nosso ponto de vista, eles não aparentem estar muito preocupados com essas possibilidades.

Até algum tempo, os bancos costumavam identificar como clientes de *private banking* aqueles indivíduos que tinham mais de um milhão de dólares em dinheiro. Atualmente, os bancos já rebaixaram esse limite para a faixa de 50 mil dólares. Ou seja, se você tem mais de 100 mil reais em dinheiro vivo, já pode se classificar como um cliente *private banking*. Você pode ter certeza de que é melhor usar esses serviços do que deixar o dinheiro parado debaixo do colchão ou então naquela conta corrente convencional. Não é só uma questão de um atendimento mais personalizado. É muito mais. Por exemplo, no *private banking* é possível encontrar rentabilidade muito mais alta para as aplicações de investimento que o banco fizer para você.

Parece ainda um sonho muito distante falar de um mundo onde os serviços de *private banking* vão ser totalmente massificados. Mas pode ter certeza de que nos encaminhamos para esse futuro.

Talvez você que esteja lendo este livro ache que essa barreira que separa o cliente tradicional do cliente *private* esteja ainda muito alta, que isso ainda é muito dinheiro para um indivíduo. Mas veja bem que isso pode ser sua poupança de muitos e muitos anos. A tendência é que, mais e mais, nós como indivíduos vamos ter que administrar, pessoalmente ou em grupo, nossas poupanças de forma a termos o pé-de-meia para os anos menos produtivos da velhice. Afinal, essa é a coisa sensata a fazer na medida em que todos os governos, mundialmente, deverão ir reduzindo progressivamente o valor das aposentadorias dos indivíduos. Portanto, se quisermos ter mais dinheiro lá na frente, teremos de aumentar nossa capacidade de poupar individualmente.

Essa necessidade de novos serviços para ajudar os indivíduos a administrarem a riqueza conquistada ao longo da vida pode ser mais bem entendida se colocada em uma perspectiva de progresso evolutivo que a humanidade vem fazendo há uns cinco ou seis séculos. Vamos resumir como foi feita essa evolução ao longo do tempo para tornar mais claro para onde vamos.

Ao longo da história da humanidade, é bem recente o fato de as pessoas comuns terem de lidar com dinheiro no dia-a-dia. Até o final da Idade Média, tempos em que a maior parte da humanidade vivia nos campos sob a proteção dos senhores feudais, o homem e a mulher do povo passavam a maior parte de sua existência sem colocar a mão em dinheiro vivo. Aquelas moedas grandes e pesadas estampadas com a cara dos nobres eram, na verdade, de circulação bem restrita. Mesmo entre os nobres, o dinheiro tinha baixa circulação. Os camponeses, de forma geral, praticavam o escambo, isto é, a troca de coisas por eles produzidas por bens produzidos por outros. Esse sistema era tremendamente ineficiente. Como trocar um boi ou parte da sua safra por ferramentas, roupas, sabão, vela etc.? Acertar o valor das transações, dar o troco, tudo isso era extremamente complicado e tomava muito tempo.

A dificuldade do sistema de escambo fazia com que a riqueza não pudesse mudar de mão com freqüência. Riqueza sem circulação gera estagnação. Isso ficou claro nos quase 1.400 anos entre o Renascimento e a queda do Império Romano, quando constatamos que a riqueza dos senhores feudais era um *portfolio* de terras e suas salas atulhadas de tesouros. Num mundo sem dinheiro esse patrimônio tinha baixíssima liquidez, isto é, pouca capacidade de ser colocado em circulação.

Para muitos, ainda hoje, o dinheiro é uma invenção do demônio. Como pode um pedaço de metal gravado com a cara de alguém ou um pedaço de papel impresso criar tanta confusão, justificar tantos crimes e loucuras? Pense de outra forma. O dinheiro é o que possibilita a riqueza circular, isto é, ter liquidez. Os economistas definem a liquidez como sendo a facilidade com que um bem ou título pode ser convertido em dinheiro. Um mundo onde o patrimônio tem baixa liquidez, onde a riqueza não pode circular, é um mundo travado. Numa sociedade de baixa liquidez as pessoas farão apenas o necessário para sobreviver. O dinamismo floresce em sociedades nas quais existam mecanismos de recompensas e estímulo para que as pessoas inovem ou que produzam mais do que o estritamente necessário para sobreviver. E, nesse contexto, tem papel fundamental a invenção do dinheiro que, como bem diz o velho ditado, "faz o mundo rodar".

A sacudida no mundo medieval ocorreu em primeiro lugar nas repúblicas italianas, em especial nas cidades-Estado de Gênova, Veneza, Florença, que floresceram ao final da Idade Média e atingiram seu apogeu no Renascimento. Por quê? Foi ali que se deu a invenção e o começo da popularização do moderno sistema bancário que tornou mais eficiente e dinâmica a circulação de riquezas. Os homens dessas repúblicas aperfeiçoaram um sistema econômico muito mais sofisticado do que o do mundo feudal, onde a riqueza estava restrita à posse de terras e tesouros. A invenção e o aperfeiçoamento combinado de instituições e ferramentas compreendendo bancos, comércio, investimento, seguro, deram um dinamismo à capacidade de circular a riqueza jamais visto anteriormente em outras civilizações.

Após o Renascimento, mesmo a despeito da decadência das repúblicas das cidades-Estado italianas, graças à aceleração do processo de urbanização da humanidade, o dinheiro foi ganhando cada vez mais penetração como meio de troca e, cada vez mais intensamente, fazendo parte do cotidiano das pessoas comuns. E a roda da história continuou a rodar mais e mais rápido.

No alvorecer do século XVII, as nações do norte da Europa tomaram o lugar das repúblicas italianas como as locomotivas do sistema capitalista. A Holanda assumiu o papel de liderança nesse processo e a Suécia foi uma importante coadjuvante. Foi nesse país que, em 1661, pela primeira vez na Europa, foram impressas cédulas de papel-moeda. Observe, portanto, que papel-moeda é uma invenção que ainda não completou 350 anos. É verdade que o último dos grandes imperadores mongóis, Kublai Khan (1215-1294), teve a mesma idéia bem antes, por volta das primeiras décadas do século XIII. No entanto, a circulação de papel moeda no Oriente foi muito restrita e em nada se assemelhou à disseminação alcançada em poucos anos na Europa. A aceleração da circulação da riqueza passou a possibilitar um círculo virtuoso: riqueza estimula a geração de mais riqueza. Cada vez mais rápido em um mundo em que os mercados se expandem.

No início do século XIX era a vez de a Inglaterra assumir a liderança como a locomotiva do capitalismo. De lá para cá, ao longo desses dois séculos, mesmo apesar de todas as crises, a humanidade veio assistindo a esse sistema econômico se tornar hegemônico e global. Apesar das convulsões mundiais, nacionais e locais, como a crise de 1929, processos de hiperinflação como o que precedeu o nazismo na Alemanha, estagnações, quebras, bolhas, e outras disfunções ocasionais pelo mundo afora, o capitalismo, ou economia de mercado, vem mostrando grande capacidade de se rejuvenescer e evoluir. Por outro lado, as grandes experiências alternativas sempre resultaram em fracasso. A mais importante delas foi sem dúvida o regime comunista encabeçado pela União Soviética – experiência que começou no ano de 1917 e que teve, simbolicamente, seu atestado de óbito passado em outubro de 1989 com a queda do Muro de Berlim, embora a dissolução formal da URSS só tenha acontecido no ano de 1991.

Nesse início de século XXI estamos vendo a China, com seu 1,3 bilhão de habitantes, acelerar sua adesão ao sistema de mercado, já sendo atualmente a quarta potência econômica do planeta. Assim, todos os seres humanos deste nosso mundo contemporâneo globalizado vão sendo confrontados com a realidade de que não é possível viver sem dinheiro, nem tampouco se abster de usar meios e ferramentas eletrônicos para lidar com a sua circulação. É neste contexto econômico que somos desafiados a viver um mundo muito mais complexo que o de nossos bisavós, que poderiam muito bem passar a vida sem ter conta bancária, guardando seu dinheirinho sob o colchão.

De como vamos nos tornar cada vez mais exigentes em nossas necessidades e aspirações de serviços bancários e financeiros

No mundo do século XX, a maior parte das pessoas requeria pouco mais do que uma mera conta corrente, talão de cheques e uma conta poupança para atender às suas necessidades de serviços bancários e financeiros. Eram essas as ferramentas para lidar com a riqueza individual em um mundo onde o senso comum pensava na vida adulta como sendo segmentada em duas etapas: a fase produtiva e a aposentadoria. A fase produtiva era sinônimo de emprego, e isto queria dizer: dedicação exclusiva, horário integral e com relativa estabilidade, sendo a remuneração um salário fixo fornecido pelo empregador. A aposentadoria era a etapa da inatividade completa do indivíduo e a sobrevivência vinha do recebimento de uma quantia fixa fornecida pelo Estado através do sistema público de aposentadoria. As necessidades de serviços bancários e financeiros eram bem simples para a maioria da população. Bastava uma conta corrente para receber o salário ou a aposentadoria e um talão de cheques para pagar contas e retirar algum dinheiro.

Uma das características da Renascença Digital é a destruição criativa de diversas instituições do mundo do século XX. Como vimos nos capítulos anteriores, o trabalho deixará de ser sinônimo de emprego, a aposentadoria virtualmente deixará de existir e o Estado deverá assumir diferentes perspectivas. Na aurora da Sociedade Digital Global, esse complexo mundo novo que se antecipa na Renascença Digital, nós, como indivíduos, vamos ter de assumir novas e diferentes responsabilidades. E aí se incluem os desafios da gestão da riqueza que conquistarmos e construirmos ao longo de nossa vida como indivíduos. É nesse contexto que nossas novas necessidades de serviços bancários e financeiros vão surgindo.

Na medida em que se tornarem mais delinedas essas demandas por parte dos indivíduos, bancos e empresas desenvolverão inovadores produtos, serviços e soluções. A massificação dessa oferta será cada vez mais rápida na medida em que bancos e empresas investirem em tecnologia de informação digital. É assim que chegaremos um dia a ter como realidade acessível a grandes massas serviços que hoje são da excelência de *private banking*.

Olhe como isso já vem acontecendo há algum tempo e talvez a maioria das pessoas não tenha se dado conta. Até o final dos anos 1980, para qualquer indivíduo interessado em serviços bancários no Brasil e no mundo era necessário ir até uma agência bancária. Descontar cheques, sacar dinheiro, depositar ou sacar da poupança, pagar contas, negociar um empréstimo, movimentar investimentos, para todas essas necessidades tínhamos naturalmente de ir até uma agência bancária. A partir do final dos anos 1980, os caixas eletrônicos acrescentaram um enorme grau de conveniência aos serviços bancários. A partir dessa época, não era necessário ir até o banco nem tampouco estar restrito aos horários de funcionamento das agências. Podíamos sacar dinheiro a qualquer hora do dia, em qualquer ponto do país, e mais alguns anos depois já podíamos realizar isso em vários lugares do planeta.

Por volta de 1997, os bancos inauguraram o *Internet banking*. Foi a partir daí que qualquer computador conectado à Internet tornou-se uma agência bancária. Tudo bem que não conseguimos sacar dinheiro vivo, mas para isso tem sempre um caixa eletrônico por perto. Desde que o *Internet banking* apareceu, já é comum muitos clientes irem ao banco apenas para abrir a conta e passar anos sem voltar à agência original onde a conta foi aberta.

Mais recentemente, os bancos estão começando a operar via telefone celular. Isso representa mais conveniência para os clientes, pois o celular pode realizar todos os serviços similares aos oferecidos via *Internet banking*. Graças ao fato de os serviços oferecidos através da tecnologia de informação digital terem um custo muito mais barato para os bancos do que os oferecidos na agência, torna-se possível ampliar o mercado.[1]

A capacidade de baratear serviços bancários e financeiros graças ao uso da tecnologia de informação digital vai aumentar tremendamente o público consumidor desses serviços ao longo das décadas que estão por vir. Todo mundo vai precisar muito mais do que depositar e sacar dinheiro na conta corrente e poupar. As pessoas, mesmo as mais humildes e mais simples, vão começar a aprender a construir um *portfolio*, diversificar aplicações, analisar riscos, pedir empréstimos, realizar hipotecas etc.

Além disso, vamos precisar de serviços consultivos por parte das empresas e bancos que nos ajudem a tomar decisões sobre as melhores, mais seguras e rentáveis alternativas para gerir nossa poupança, os investimentos e seguros para as épocas de vacas magras, para os tempos de velhice, para as ocasiões em que vamos estar menos produtivos. Vamos precisar também, da mesma forma que as empresas já fazem hoje, de apoio para planejamento tributário defensivo, isto é, que busque minimizar a cobrança abusiva de impostos.

Precisaremos mais e mais de apoio dos prestadores de serviços financeiros para planejamento e soluções para as diferentes fases da vida. Por exemplo, para a fase menos produtiva, não apenas na velhice. Para quando mulheres estiverem interessadas em se dedicar mais à fase reprodutiva por alguns anos, sabáticos para lidar com seus projetos especiais de educação continuada. Precisaremos cada vez mais de financiamento para curso superior para os filhos, pois as universidades gratuitas não serão mais disponíveis daqui a alguns anos, mesmo as públicas.

Teremos maiores necessidades como indivíduos de contrair empréstimos e financiamentos para abrir e tocar novos negócios próprios. Afinal, a era do fim do emprego determinará um *boom* de empreendedorismo no qual serão multiplicadas de forma exponencial as nano, micro e pequenas empresas.

A educação universal hoje existente pretende qualificar o indivíduo para ter um emprego e para ganhar dinheiro, não para administrá-lo. Assim, de forma geral, as pessoas ainda têm um grau de instrução rudimentar em termos de educação financeira. Para promover uma melhor capacitação, temas como a matemática financeira, por exemplo, deverão passar a ser parte do currículo de educação fundamental para ajudar as pessoas a entenderem melhor como funcionam juros, investimentos, o valor do dinheiro ao longo do tempo e outros conceitos importantes que farão com que o indivíduo tenha mais consciência e preparo para gerir sua riqueza. Tudo isso ajudará a formar um indivíduo mais qualificado para assumir novas responsabilidades também no âmbito da gestão econômica e financeira de sua vida. A educação é que torna natural, no final das contas, uma determinada capacitação universal.

Não pense que isso é absurdo. Um exemplo similar pode ser dado considerando o caso da alfabetização da humanidade. Antes de Gutenberg inventar a impressão, a maior parte da humanidade na Europa podia passar a vida sem folhear um único livro. Nos mais de mil anos de história medieval, apenas religiosos e uns poucos nobres sabiam ler, menos ainda sabiam escrever. Em outras civilizações, como a egípcia, ler e escrever eram ainda mais restritos, tratando-se de um ofício de poucos. A imprensa, o barateamento do papel e a tradução da Bíblia para o alemão começaram a tornar a leitura mais disseminada entre o povo. Todavia, na Inglaterra de 1841 33% dos homens e 44% das mulheres eram analfabetos. Países europeus e da América do Norte conseguiram praticamente erradicar o analfabetismo ainda no início do século XX. No entanto, em termos globais, em 1970, tínhamos 45% da população do planeta incapaz de ler ou escrever uma única frase, e na virada do século, em 1998, a estimativa, segundo a Unesco, era de 18%.

Compare também com o que aconteceu na questão da higiene pessoal. Ela foi um dos fatores que permitiu à humanidade como um todo atingir uma maior expectativa de vida. Hoje, faz parte do senso comum a responsabilidade individual de lavar as mãos, escovar os dentes, tomar banho. Nada disso pertencia ao senso comum de alguns séculos atrás. Na Idade Média, apenas algumas pessoas tomavam banho anual. Mesmo pessoas supostamente mais educadas tinham pouca educação em termos de higiene pessoal, por exemplo. Historiadores hipotetizam que D. João VI nunca teria se banhado no Brasil. No contexto de seu próprio tempo, as pessoas não poderiam ser consideradas "porcas". Era a cultura da época. E essa foi mudada porque higiene pessoal se tornou parte da educação já no nível pré-escolar. A educação naturalizou costumes de higiene.

Com a globalização das pessoas, da qual trato com mais atenção no capítulo 15, o indivíduo também se torna global, vai igualmente impor a necessidade de criar novos serviços e soluções para realizar transações comerciais e financeiras internacionais. Um bom exemplo é o aumento exponencial da demanda por serviços de remessas internacionais de dinheiro feito entre pessoas. Segundo um estudo recente das Nações Unidas, a humanidade tem hoje mais de 200 milhões de pessoas que imigraram para outros países, a maior parte delas procurando melhores opções de trabalho e renda. Muitos deverão voltar para seus países de origem, pois mantêm vínculos próximos com seus parentes e cultura local. Não são como os imigrantes dos séculos passados que não tinham nossas opções de transporte (aviação civil massificada) e de telecomunicações (ligações telefônicas cada vez mais baratas e Internet). Sem essas alternativas, as pessoas que imigravam acabavam por perder sua relação com o país de origem. Hoje os imigrantes, via de regra, não só falam com freqüência com seus familiares e amigos nos países de origem como transferem dinheiro com regularidade para os familiares que ficaram.

A imigração passa a ser vista como uma fase temporária pelos imigrantes, cujo objetivo é acumular uma boa soma de dinheiro e retornar aos seus países para abrir um negócio próprio. Isso vale tanto para turcos na Alemanha, mexicanos nos EUA, argelinos na França, quanto para filhos de japoneses nascidos no Brasil e que vão trabalhar no Japão, os chamados decasséguis.

Esses 200 milhões de imigrantes já transferem anualmente mais dinheiro para seus países de origem do que todo o dinheiro investido no mesmo período pelas empresas multinacionais nos países em desenvolvimento. Esse mercado já constitui um disputado filão por parte de bancos e empresas interessados em cobrar uma pequena taxa de serviço por cada operação realizada.

No Brasil, por exemplo, já temos três milhões de brasileiros vivendo no exterior. Destes, 450 mil são decasséguis, que enviam quatro bilhões de dólares em remessas anuais para o Brasil, fora o que eles guardam para trazer na viagem de volta, quando então se lançam aqui como microempresários.

Neste contexto de dinamismo global, que não se restringe mais a alguns poucos países, vemos surgir uma humanidade na qual os indivíduos passam a ter mais dinheiro e patrimônio em suas mãos. A gestão dessa riqueza estará mais e mais na mão dos indivíduos, que necessitarão de inovadoras e mais sofisticadas soluções, produtos e serviços bancários e financeiros que lhes tragam mais segurança, conveniência e rentabilidade.

Nossos bancos brasileiros ainda não oferecem soluções de forma muito massificada como o sistema europeu e norte-americano. Por aqui temos ainda dois problemas. Primeiro, precisamos "bancarizar" mais nossa população, isto é, precisamos estender a oferta de serviços bancários a uma maior parcela da população. Apenas 50% dos indivíduos têm conta bancária no Brasil. É muito pouco. Compare-se com os EUA, onde apenas 10% da população não é bancarizada.

Não pense que a baixa "bancarização" no Brasil ocorre por causa da dimensão da pobreza no país. A pobreza no Brasil não é tão grande quanto se imagina. O governo fala em quase um terço da população vivendo abaixo da linha da pobreza. Na verdade, a iniciativa privada estima em apenas 10%.[2] O que precisamos é que o setor bancário entenda melhor que o cliente de baixa renda tem características diferentes dos clientes de média e alta renda. A informalidade nas relações econômicas (trabalho, produção e consumo) é que é enorme e é nela que está submersa mais da metade da economia do Brasil.

O outro grande problema é nossa cultura macroeconômica viciada em juros altos mantidos pelo governo. Os juros excessivamente altos tornam muito mais atraentes para os bancos realizar operações de compras de papéis emitidos pelo Tesouro Nacional do que ficar correndo atrás dos clientes. Isso fez com que os nossos bancos passassem a enxergar como clientes rentáveis apenas o chamado topo da pirâmide de renda.

A Internet será o grande canal dos serviços bancários e financeiros para que os bancos coloquem as versões populares do *private banking*. Ali cada vez mais faremos consultas, simulações, operações que nos possibilitarão fazer-mais-com-menos. Poderemos tomar conhecimento de deseconomias e desperdícios que hoje não temos ainda consciência. As empresas deste setor vão se tornar muito necessárias ao nosso dia-a-dia, e necessitaremos de sua assistência por anos e anos seguidos de nossas vidas. Da mesma maneira que somos clientes de serviços de saúde hoje e como seremos clientes de serviços de educação permanente.

Se você entrar na sua conta via Internet e gastar algum tempo pesquisando operações e partes do seu *Internet banking*, vai ficar surpreso como isso evolui. A maioria dos bancos já disponibiliza um sofisticado *portfolio* de serviços impensáveis dez anos atrás. Graças à Internet.

Nos países da União Européia, da América do Norte e nos antigos Tigres asiáticos (Coréia do Sul, Hong Kong, Cingapura) é impressionante como os bancos estão muito mais criativos em termos de gerar produtos e serviços de maior valor agregado para as pessoas, tudo acessível via Internet.

Você vai aos poucos perceber que a escolha dos seus provedores de serviços financeiros e bancários será cada vez mais importante em sua vida. O padrão *private banking* vai ser aos poucos acessível aos que não são ricos nem tampouco celebridades.

Mas isso não nos tirará a responsabilidade de aumentar sensivelmente nossa educação em termos de entender melhor como gerir nossa vida econômica e financeira. Isso fará parte de nossa educação continuada. Porém mais e mais produtos estarão vindo ao mercado, na forma de livros, cursos, colunas de jornais, cursos a distância, pacotes na Internet etc., destinados a tornar-nos cada vez mais proficientes em lidar com os desafios da autogestão de nossas riquezas.

Uma nova educação financeira é parte do desafio de construir novos estilos de vida mais sustentáveis. Só assim nos tornaremos mais qualificados para sermos menos dependentes passivos de empregadores e do governo e assumirmos, como indivíduos, mais riscos e maiores responsabilidades para participar de forma mais ativa no jogo produtivo da Sociedade Digital Global.

Notas

[1] Vale a pena dar uma olhada no indicador chamado custo de transação por cliente que os bancos estimam para se ter uma idéia do ganho de produtividade da aplicação

da tecnologia de informação digital aos serviços bancários e financeiros. Na média, uma pessoa que vá até uma agência bancária custa ao banco R$ 3,19. Caso essa pessoa resolva o mesmo problema via caixa eletrônico, isso terá para o banco o custo de R$ 0,64; e via *Internet banking* ou celular, o custo cairá para R$ 0,15.

[2] Os mitos e conceitos obsoletos a respeito do tamanho da pobreza no Brasil são questões de que trato, extensa e aprofundadamente, em meus dois livros anteriores: *Pegando no tranco – O Brasil do jeito que você nunca pensou* (Rio de Janeiro, Senac, 2006) e *Copo pela metade* (Elsevier, 2004).

CAPÍTULO 13

Entretenimento

EM ALERTA PARA NÃO SE TORNAR VÍTIMA DA NOVA INDÚSTRIA DE NARCOTIZAÇÃO DA SOCIEDADE DIGITAL GLOBAL

Panis et Digitalis Circenses

No século I da era cristã, o poeta satírico romano Juvenal deplorava em um de seus poemas a prática dos imperadores romanos de assegurar trigo e azeite de forma gratuita para pobres, bem como uma cara programação de jogos nos circos públicos para manter as massas entretidas e fora de sintonia com outras questões mais importantes como, por exemplo, o exercício e a própria legitimidade do poder. *Panis et Circensis*, isto é, pão e circo, a frase mais conhecida desse poema, tornou-se ao longo dos tempos uma expressão consagrada para identificar uma situação típica de civilizações passadas. Civilizações essas que, conhecendo um período de desenvolvimento e depois de fartura, enveredavam por uma trajetória de decadência, levadas por líderes que mantiveram a sociedade enredada na indolência e no prazer vulgar.

Ao longo do período de nossa caminhada como espécie nos últimos dez mil anos, desde o tempo em que deixamos de ser coletores e caçadores, temos construído sucessivas civilizações. Do apogeu e do colapso de muitas delas já podemos extrair algumas lições preciosas. Uma das mais valiosas é que a humanidade sempre dependeu de indivíduos e grupos de lideranças positivas para seguir em frente.

A vida cotidiana e o avançar em direção ao futuro são mais cheios de esperança e realização, tanto em termos individuais quanto coletivos, se existe uma liderança que consegue visualizar os perigos, riscos e oportunidades que estão por vir; que consegue se comunicar com o conjunto de indivíduos e mobilizá-lo acerca do caminho mais adequado a tomar e se, além disso, essa liderança consegue imprimir um ritmo de produtividade eficiente. Verdadeiros líderes não são meramente profetas ou intelectuais, são homens e mulheres de ação, que fazem acontecer aquilo que visualizaram e planejaram, mesmo em meio a obstáculos e riscos. Mas os grandes líderes são também arquitetos de sistemas que fazem com que os indivíduos se sintam co-responsáveis pelo sucesso e que também sejam recompensados pela sua participação.

A escolha errada pela liderança, em termos de objetivos nos quais o conjunto da sociedade deve alocar seus talentos e energia coletiva, pode levar a resultados desastrosos. Líder é aquele que tem noção exata da coisa certa a fazer em meio às mais diversas opções e que sabe como fazer acontecer. A civilização egípcia, liderada pelo regime autocrático dos faraós, fez várias escolhas erradas que conduziram ao declínio e finalmente ao colapso daquela grande civilização. O sistema produtivo baseado em uma pesada máquina escravocrata que concentrava excessivas energias em construções monumentais – que serviriam aos interesses religiosos exclusivos dos faraós – acabou por se tornar insustentável.

Nos tempos mais recentes, o nazismo exemplifica bem o caso de líderes que se apresentaram como uma opção equivocada para uma geração alemã que apostou em promessas de tempos melhores através do monstruoso sonho do Terceiro Reich. Nesse sonho, na verdade, um medonho pesadelo misturando intolerância e militarismo em escala jamais vista, acabou por conduzir a Alemanha aos escombros do final da Segunda Guerra.

Este capítulo é, provavelmente, a parte deste livro que escrevo com maior apreensão. Tenho um imenso temor de que a humanidade sucumba frente à fórmula do pão e circo. Este início de milênio é um tempo altamente positivo no que diz respeito às possibilidades de equacionar demandas relativas à sobrevivência material da humanidade. Certamente, nenhuma civilização que nos precedeu foi tão capaz quanto a nossa de preencher necessidades de alimentação, habitação e saúde, mesmo diante de projeções demográficas de que poderemos atingir a marca de nove, quem sabe dez bilhões de seres humanos habitando o planeta por volta do ano 2050. Certamente a variável meio ambiente é questão crucial a ser enfrentada. Não poderemos chegar lá com um sistema de produção e consumo baseado no atual. Mas, nessa questão, acredito que tenhamos capacidade de engenhar soluções que promovam a sustentabilidade ambiental.

Meu grande receio é de que não sejamos capazes de encontrar lideranças que mobilizem nossos contemporâneos para que os mesmos aloquem nossas melhores energias na direção correta. Existem hoje preocupantes sinais de que a parte considerável dos líderes políticos e cívicos está ignorando que uma parte significativa da humanidade já começa a mergulhar em uma espécie de torpor hedonista misturado com preguiça, mais interessada em se entreter do que viver a vida real. Se formos efetivamente nesta direção, o caminho para a Sociedade Digital Global não será uma renascença, mas um desastre.

O que exatamente me preocupa? Vou tentar ser mais explícito e detalhado nas próximas seções.

A sociedade do lazer

Uma queixa comum a todos nós é a de que estamos sempre assoberbados de coisas para fazer. Raramente se ouve alguém dizer que não tem coisas para fazer. Mesmo aposentados e crianças hoje em dia reclamam que têm menos horas no dia do que as que seriam necessárias para dar conta de todas as atividades que gostariam de realizar. Será que as coisas são efetivamente assim ou, talvez quem saiba, temos uma percepção psicológica equivocada?

Seria o caso de procurar algum tipo de pesquisas sobre como as pessoas estão usando as limitadas 24 horas de seu dia-a-dia? Pois bem, a primeira referência que encontrei trata da realidade dos EUA. Lá, como aqui no Brasil e em outras partes do mundo, o senso comum parece concordar que cresceu a carga de horas de trabalho no cotidiano, não só no local de trabalho propriamente dito quanto em casa. Trata-se de um livro lançado em 1992 pela economista Juliet Schor, antiga professora do Departamento de Economia da Harvard University, Business School, intitulado *The Overworked American: The Unexpected Decline of Leisure* (O americano sobrecarregado: O inesperado declínio do lazer),[1] não traduzido no Brasil. A autora sustenta com suas pesquisas exatamente essa percepção de que as pessoas estariam sendo cada vez mais exauridas pelo trabalho. Sua pesquisa apresenta uma base em dados que confirmaria que a carga de trabalho nas empresas estava aumentando e sendo igualada à que era o padrão nos tempos da Segunda Guerra Mundial. O livro parecia confirmar o que o senso comum das pessoas vive afirmando e se tornou um best-seller. No entanto outros economistas, mais recentemente, finalizaram um trabalho questionando as teses de Juliet Schor.

Mark Aguiar, do Federal Reserve Bank of Boston, e Erik Hurst, da University of Chicago's Graduate School of Business, resolveram fazer diferente do que Juliet Schor fez. Seu objetivo foi constatar não o tempo dedicado ao trabalho, mas o tempo dedicado ao lazer. Na verdade, eles criticavam as premissas adotadas por Schor dizendo que ela considerava trabalho apenas aquilo que era pago pelos empregadores. Advogavam que existem tarefas pessoais, domésticas e coletivas que também devem ser consideradas como trabalho, a despeito de o tempo dedicado a essas tarefas não ser remunerado. E então suas conclusões foram exatamente na contramão das de Schor. Os dois economistas responsáveis por esse estudo, como bons cientistas sociais, amam realizar pesquisas inquirindo as pessoas sobre seus hábitos, preferências, estilos de vida etc., e, a partir daí, construir análises sobre padrões de comportamento e tendências de grupos sociais. No caso do estudo desses dois economistas, os dados usados foram os chamados "diários de uso de tempo" coletados de forma metódica, uma vez a cada década, entre os anos de 1965 a 2003 por outros grupos de cientistas sociais. Para levantar esses diários de uso do tempo, os pesquisadores pediram aos entrevistados informações detalhadas sobre tudo o que eles fizeram no dia anterior e durante quanto tempo. Também realizadas na Austrália e em vários países europeus, as pesquisas do diário do uso do tempo formam um notável tesouro sócio-antropológico acerca da vida cotidiana das pessoas nos nossos tempos, pois as mesmas cobrem as 24 horas do dia e não apenas o tempo de trabalho no emprego.

Nas suas análises dos diários do uso do tempo, os dois economistas realizaram considerações as mais variadas. Por exemplo, consideraram como atividades não ligadas ao lazer, portanto trabalho, o tempo que se gasta no cotidiano fazendo compras, cozinhando, abastecendo e limpando a casa, bem como outras tarefas domésticas, as quais muitas vezes acabam sendo as culpadas por nos sentirmos sobrecarregados, especialmente as mulheres que têm filhos pequenos e trabalham fora.

A grande conclusão é que a vida dos norte-americanos, na realidade, está apresentando inesperado padrão de redução ao longo dos últimos 40 anos do tempo gasto com trabalho (remunerado e atividades não ligadas a lazer) e que, portanto, há sim mais tempo para o lazer. Na questão das atividades domésticas não ligadas ao lazer, aconteceu uma revolução. Aparelhos como máquina de lavar roupa, lava-pratos, aspiradores, entrega domiciliar etc., tornaram os serviços domésticos mais flexíveis e produtivos.

Nos últimos 40 anos, progressivamente o aumento do tempo de lazer já atingiu em média entre quatro e oito horas por semana. Portanto, se você considera que a semana de trabalho assalariado tem 40 horas semanais, esse acréscimo no tempo de lazer equivale a 5-10 semanas de férias extras.

A pesquisa analisa se o padrão tem validade tanto para pessoas das categorias socioeconômicas e de níveis de educação mais altos e mais baixos, homens, mulheres, casados, solteiros, com ou sem filhos, e a resposta é afirmativa. A surpresa maior corre por conta da descoberta que justamente as pessoas com nível mais baixo de educação têm uma média um pouco mais elevada do que a classe média mais alta. Infelizmente a pesquisa deixa de fora os aposentados e as pessoas com mais de 65 anos.

Assim, parece que a realidade é diferente da percepção. Mesmo existindo mais tempo para o lazer, as pessoas se sentem sobrecarregadas e não estão aproveitando o tempo extra para relaxamento. Por quê? Outros economistas analisaram os resultados da pesquisa e relataram, em entrevistas feitas em matéria saída na revista *Economist*, algumas tentativas de explicar.[2] Talvez, a própria prosperidade econômica e os avanços da vida moderna nos façam sentir assim, psicologicamente mais sobrecarregados e portanto mais estressados. Por um lado, existe a popularização de meios de comunicação como e-mail e celular, que nos faz sentir mais próximos ao ambiente de trabalho e, na medida em que a estabilidade de emprego diminui, mais tentados a nos mostrar engajados no fluxo do cotidiano do trabalho nas empresas. Além disso, com outras oportunidades de trabalho remunerado em paralelo ao emprego estável, uma hora de passeio no parque passa a ser mais valiosa em termos financeiros do que era antigamente e, por isso, passa a ser vista como um luxo. Os avanços da vida moderna, telecomunicações e transportes mais rápidos, fazem com que possamos espremer mais atividades no nosso cotidiano, dando-nos a impressão de que poderíamos fazer mais se fôssemos mais eficientes. Daí nasce um sentimento de culpa que torna difícil relaxar. Um dos economistas entrevistados faz uma provocação: quando as pessoas reclamam com ele de que estão muito ocupadas, ele diz a elas que o verdadeiro problema é que elas têm... "excesso de dinheiro". Parece que a percepção psicológica nos engana sobre a realidade do relógio. Tanto que, provocativamente, a matéria da *The Economist* tem o título de "Terra do lazer".

Ocorre que a realidade dos EUA vai sendo replicada em todos os outros países do planeta. O que parece acontecer é que nos grandes centros urbanos, seja no Rio de Janeiro ou em São Paulo, seja em Buenos Aires ou em Cidade do México, seja em Bogotá, Caracas ou Campinas, Cidade do Cabo, Johannesburgo, Nova Délhi etc., vamos todos convergindo para esse padrão frenético de vida, independentemente se são países pobres ou ricos. Em todos os países do mundo a renda per capita tem aumentado de geração para geração, mas precisamos sempre de mais dinheiro para financiar as facilidades da vida moderna e então perdemos o controle de nossa agenda cotidiana. Noves fora zero, parece que temos de reconhecer que o problema não é o excesso de trabalho, mas uma certa perda de controle psicológico sobre o conjunto excessivo de comprometimento e prioridades que fazemos em nossa vida cotidiana. Somos pressionados assim pelo estilo de vida que vamos adotando e, sem perceber, acabamos por entender como lazer apenas o ócio escapista, e aí mora o perigo.

Os perigos do encasulamento e do escapismo

As gerações que nos precederam eram indiscutivelmente mais ocupadas que nós somos nos dias atuais. Não estou considerando aqui as gerações dos tempos em que o mundo rural predominava, afinal, até 40 anos atrás, no Brasil, mais da metade da população não vivia no mundo urbano. No campo, a vida sempre foi muito mais dura que nas cidades. Mas mesmo aqui nas cidades nossos bisavós e avós não tinham máquina de lavar roupa, chãos de sinteco, aspiradores de pó, as famílias eram maiores, o horário de trabalho era muito maior. É verdade que perdemos muito mais tempo no trânsito, mas temos mais férias, mais feriadões, durante as noites é comum as pessoas dedicarem longas horas à TV, nos fins de semana ser espectador de esportes ou espetáculos, vida cultural, DVDs, cinemas, computador, leituras etc.

Mas as horas que coletivamente nós, enquanto humanidade, poupamos das tarefas enfadonhas ou da sobrevivência alienada, que em geral é um tipo de emprego que se detesta, não parecem estar sendo direcionadas de forma a construir grandes e maiores horizontes capazes de elevar nossa civilização a um novo e superior patamar. Será que estamos vivendo a ascensão perigosa de novos tempos de pão & circo, em que as pessoas estão sistematicamente se alienando e sendo alienadas das questões importantes para manter seu foco no entretenimento estéril? Vejamos algumas considerações neste sentido.

O vício em TV não é apenas uma expressão metafórica

Quem já educou, ou ainda está em período de educar, filhos menores de dez anos de idade sabe que uma das coisas mais difíceis é conseguir limitar o tempo que uma criança se dedica a ficar congelada em frente ao vídeo vendo asneiras e desperdiçando boa parte de sua infância. Mesmo que tenha investido em TV a cabo na tentativa de filtrar o lixo que invade sua casa via TV aberta, você sabe que no final das contas as crianças são terríveis. Em tempo de férias – nós mesmos já experimentamos isso em nossa infância! – elas são capazes de ficar até 12 horas em frente ao vídeo assistindo a desenhos, filmes, documentários etc.

A TV ao longo das cinco décadas de sua existência mostrou-se fundamentalmente um meio de entretenimento para a sociedade global como um todo. E de baixa qualidade, é importante notar. As produções dos mais diversos gêneros são feitas sempre nivelando pelo mais baixo nível; não importa se são novelas, reality shows, esportes, filmes e desenhos. Esse conteúdo, entremeado por intervalos comerciais, é responsável por mais de 90% da programação, que mantêm entretida uma população de quase seis bilhões de habitantes do planeta. Ao cabo de sua vida de cinco décadas, a TV frustrou a esperança de se tornar um meio de comunicação que nos fizesse avançar para um nível civilizatório superior.

A TV tem sido acusada de ser uma das estimuladoras da violência. Tentando provar ou descartar essa suposição, cientistas sociais têm estudado por décadas se existe uma correlação entre o aumento do nível de violência de nossa sociedade e as centenas de crimes, assassinatos, explosões, socos e coisas do gênero que a TV exibe no dia-a-dia. A questão ainda segue sendo controversa.

Porém, acredito que o problema maior é o próprio hábito de assistir à TV que se tornou um vício epidêmico de nossa civilização ao longo da última metade do século passado. O título desta seção foi uma adaptação de um artigo que saiu na influente revista *Scientific American*,[3] em que os autores sustentam que a TV, na verdade, é capaz de causar dependência, tal como cigarro ou álcool. Medindo ondas cerebrais através de EEG, batimentos cardíacos, atividade cardiovascular e outras atividades fisiológicas, os dois pesquisadores advogam que a sensação de relaxamento que sentimos pode, aos poucos e progressivamente, criar uma condição de dependência.

Os números são acachapantes. O brasileiro assiste em média quatro horas por dia, o europeu em torno de três horas e os americanos 4,5 horas por dia. Dados da ONU revelam que 93% das crianças têm acesso à TV e que elas passam pelo menos 50% de seu tempo mais ligadas ao aparelho do que em qualquer outra atividade não-escolar.

Se assistir à TV se torna ou não um vício, ainda assim esta forma de lazer tornou-se o ócio por excelência da humanidade. E um ócio esterilizante, no qual se troca o precioso tempo por algo de muito pouco valor. Tomemos uma média mundial baixa: três horas por dia dedicadas à TV; que equivalem, portanto, a uma média de 45 dias por ano. E se assim for, quem viver 75 anos terá dedicado nove anos inteiros de sua vida a assistir à TV. Especialistas em propaganda estimam que cada ser humano nos países de estilo de vida mais ocidentalizado é exposto a algo em torno de duzentas mil mensagens publicitárias dos mais variados tipos por ano. Somente na TV devemos absorver cerca de 26 mil comerciais por ano, sendo que quase dois anos de nossa vida serão dedicados a absorver comerciais (na TV, aberta ou a cabo).

Mesmo que a TV não tenha as características de dependência a substâncias químicas, existem evidências de algum tipo de mecanismo de complexo pavloviano de estimulação visual que nos causa atração e dependência progressiva. Experimente ficar em um ambiente onde existe TV ligada. Se você for um bebê ficará logo enfeitiçado e não vai mais tirar os olhos dali. Se for um adulto provavelmente vai demorar um pouco mais. Porém, mesmo os adultos tendem a apresentar um enfeitiçamento diante dos efeitos de mudança rápida de quadros típicos de edição de TV.

Famílias que assistiam à TV de forma costumeira e que foram privadas em experimentos conduzidos por cientistas sociais e psicólogos apresentaram verdadeiras crises de abstinência. Sem saber o que fazer de seu tempo livre e dependentes da TV para intermediar sua relação social, o convívio familiar e social dos indivíduos deteriorou em muitos dos casos.

Enfim, o processo de encasulamento nas residências, centrado no hábito de assistir passivamente à TV neste período de quase meio século, acarretou um substancial embrutecimento cultural e social das pessoas. Diferentemente dos tempos em que a TV não reinava nos lares, as pessoas tinham maior disponibilidade para a vida social, para atividades diversas de maior valor em termos de realização e de aquisição de conhecimento: ler, tocar um instrumento, escrever cartas, jogos de salão, hobbies como pintar, fazer coleções, passear, visitar parentes e amigos, atividades de voluntariado e comunitárias. Mas com a entrada do computador nos lares e com a disseminação da Web a partir da metade dos anos 1990, o tempo dedicado à TV passou a ser reduzido drasticamente, especialmente em relação ao público mais jovem. Adolescentes nos EUA praticamente já perderam o hábito de assistir à programação de TV, preferindo navegar na Web.

Porém há grandes riscos no horizonte diante do que poderá vir por aí, no caso da utilização do computador como canal de entretenimento. Usado com este fim, o computador poderá ser ainda mais danoso que a TV para a humanidade. Tudo dependerá das duas primeiras gerações de *heavy-users* da Web nos próximos anos. Em especial no período em que se der a convergência, isto é, a integração da Internet banda larga com a TV digital e com o telefone celular. Esta convergência vai significar, na prática, que teremos conexão praticamente universal, tanto de residências quanto de indivíduos, à grande estrada da informação digital.

Nessa direção, é fundamental ampliar coletivamente a capacidade de usar de forma positiva as novíssimas ferramentas da Sociedade Digital Global. Temos de buscar uma forma de encontrar um ponto de equilíbrio no qual a maioria das pessoas seja capaz de lidar sabiamente com os novos canais de conexão e os novos conteúdos da super-web que está nascendo. Caso contrário, poderemos começar a decair rapidamente como uma civilização doente.

O amadurecimento dos jovens está sendo retardado por causa dos excessos de consumo de entretenimento?

São quatro da manhã. O telefone celular colocado no travesseiro vibra sem fazer ruído. Daniela, 11 anos, 5a série, boa aluna de um colégio tradicional do Rio de Janeiro, acorda e se levanta na ponta dos pés. Sem acender a luz, encaminha-se para o computador que fica na mesa próxima à sua cama. Seu objetivo é ter mais tempo para brincar no Neopets, um portal de divertimento da Internet no qual os participantes adotam bichinhos virtuais para cuidar.

Na verdade, o Neopets é muito mais do que isso. Ali, os participantes são estimulados a permanecer, podendo escolher em um extenso cardápio possíveis atividades a serem desenvolvidas em torno do tema "bichinhos fofos" virtuais de estimação. Talvez você se lembre do tamagochi, aquele chaveiro com um bichinho virtual japonês, o qual o dono tinha de alimentar e dar carinho para um iconezinho que simulava um ser vivo, dando bips e se contorcendo no minúsculo visor do chaveiro, e que acabou se transformando numa coqueluche mundial. O Neopets é uma evolução muito mais caprichada. Ali se criou um mundo virtual, chamado Neopia, onde os participantes simulam e recriam atos da vida cotidiana tendo como objetivo conviver com misturas de animais domésticos e com criaturas fantásticas e fofas como dragõezinhos verdes e rosas. Você pode montar casas e lojas, fazer compras usando a moeda Neopontos, que se ganha vendendo e participando de diversos jogos. Você é estimulado a permanecer nesse mundo virtual, como se ele fosse auto-suficiente, o maior tempo possível, sem necessidade de navegar o ciberespaço do lado de fora do portal. É, no fundo, uma insidiosa armadilha para crianças. Por exemplo, você pode usar o próprio e-mail do Neopets, que se chama neo-mail, para se comunicar com os amigos e convocá-los a participar interativamente de games maneiros.

A febre Neopets já dura meses na casa de Daniela. A ardilosa embaixatriz de Neopia conseguiu transformar as atividades Neopets em programa familiar. Seu pai ajuda-a a cumular Neopontos para comprar uma casa maior e mais equipamentos para acomodar e tratar seus neopets. Sua mãe, mais atenta que o pai, tenta estabelecer limites. Já colocou uma planilha na parede para que Daniela anote o tempo de brincadeiras no Neopets. Um tempo limite semanal foi estabelecido. Como Daniela não pode ultrapassar esse limite, o remédio é levantar de madrugada e jogar quando todos estão dormindo. E claro, esquecer de anotar na planilha.

Como pré-adolescente, no princípio, Daniela ficou meio de nariz torcido para a idéia de brincar em site de bichinhos quando a opção foi apresentada por Gabriela, sua colega de turma. Mas logo, logo se apaixonou. Crianças com menos de dez anos amam desde o primeiro minuto de jogo. Toda a turma de Daniela praticamente está envolvida com Neopets. Coleguinhas com freqüência se encontram on-line para jogar.

Esse é um retrato de uma geração. Neopets foi retratado pelo jornalista David Kushner, em extenso artigo intitulado "The Neopets Addiction" (O vício Neopets), que saiu na revista *Wired*,[4] que trata de temas ligados à Internet. Nesse artigo, Kushner reporta suas investigações tanto sobre o perfil dos participantes em Neopia quanto sobre o lado comercial do negócio Neopets.

Neopets tem 25 milhões de participantes no mundo inteiro. Esses usuários têm acesso ao portal em dez diferentes opções de línguas e com isso atrai 2,2 bilhões de *pageviews* por mês. Pela métrica do portal, Daniela está na fase *heavy-user* (usuária pesada), pois tem acessado mais de 12 horas por semana. Na verdade, na média, os usuários dedicam 6 horas e 15 minutos por mês. Isso faz com que Neopets, em termos de permanência, esteja atrás apenas de Yahoo, MSN, AOL e e-Bay.

O Google é o primeiro em visita, mas não em termos de permanência. Os portais encarniçadamente disputam o tempo e a atenção dos usuários. Da mesma forma como Coca-Cola Company disputa a sede das pessoas com seu leque de produtos que vai de sucos a água mineral, passando, é claro, pelos diversos tipos de Coca.

O grande trunfo de Neopets é ter o foco demográfico muito bem definido, que torna esse portal o sonho dos marqueteiros de produtos e serviços infantis: quatro de cada cinco usuários têm menos de 18 anos; e dois em cinco têm menos de 13 anos.

Neopets foi criado por um casal e foi crescendo, crescendo, crescendo até ser vendido para a Viacom, a mesma empresa de comunicação que hoje é dona da MTV, Nickelodeon e Paramount Pictures. A empresa Neopets tem hoje valor de mercado de 160 milhões dólares. "Queremos estar onde as crianças estão e Neopets está repleto delas", afirma Jeff Dunn, presidente da Nickelodeon. O grande lance de Neopets é que ele parece um local isento de propaganda onde os pais podem deixar suas crianças sem problemas. Negativo. De acordo com Kalle Lasn, editor da revista *Adbusters*, que procura vigiar os abusos da indústria de publicidade e propaganda, o Neopets usa um modelo chamado marketing imersivo. Nesse modelo, não se faz propaganda ou merchandising da forma tradicional nem tampouco da forma subliminar primitiva como se fazia antigamente na TV, onde os produtos na mesa da novela apareciam todos com os rótulos arranjados e voltados para a câmera. No Neopets não se fazem arengas com as crianças do tipo compre-isso-compre-aquilo. No sentido de zelar pelos filhos pequenos – afinal ali freqüentam mais de meio milhão das crianças de menos de oito anos – os pais tentam entender melhor qual o tipo de negócio que Neopets vende, anuncia, como esse portal se sustenta financeiramente. Tarefa dura, não tão fácil de descobrir.

Parte do faturamento do Neopets vem do pagamento de marcas famosas que estão nos produtos que as crianças compram na base do faz-de-conta para mimar os neopets. Kalle Lasn dispara: "Neopets encoraja as crianças a despender horas em frente do monitor recrutando-as desde cedo para a sociedade de consumo da forma mais insidiosa possível, confundindo-lhes a cabeça." James McNeal, professor de marketing na Universidade de Texas A&M e autor do livro *O mercado das crianças: mitos e realidades* (não traduzido no Brasil), atesta: "Antes dos oito anos as crianças ainda não estão preparadas para se defender de mecanismos persuasivos de venda." Susan Linn, diretora do Centro de Mídia para Crianças (Judge Baker Children's Center) concorda que "quando a questão de obesidade infantil está sendo reconhecida como um dos maiores problemas de saúde pública, que moral, ética e justificativa social pode apoiar uma iniciativa para que as crianças ganhem pontos interagindo com comerciais produzidos na base do marketing imersivo de cereais açucarados?"

Para seu esquema de marketing imersivo, o qual procura não chatear as crianças com os esquemas de pregação tradicionais que as aborrecem e que deixam os pais confortáveis, pois não apresenta sinais evidentes de estímulo consumista, a empresa Neopets tem como clientes Atari, Lego, Mcdonalds, Disney, e muitas outras grandes transnacionais. Um participante pode ganhar 300 neopontos se responder à pergunta que os pesquisadores de marketing plantaram lá: "Quando foi a última vez que você foi ao Wal-Mart?"

A "fábrica" Neopets funciona 24 horas com 110 empregados em Los Angeles e outros 20 em Cingapura. Tradutores, artistas e desenvolvedores de programas, em especial, de minigames são recrutados na própria Internet e orquestrados por Doug Dohring, presidente da Neopets. Orgulhoso de sua estratégia, Doug afirma: "Usamos a Internet para criar Neopets, daí atingir escala global, e então trazê-la para o mundo real. Isto é o oposto do que todo mundo faz." E é assim que, além de jogar horas e horas, seu filho vem lhe pedir roupas, tênis, cadernos e recomendar produtos e serviços descobertos em Neopia. É assim que vem outra parte do faturamento da Neopets: licenciamento da imagem de seus produtos para fabricantes de roupas, calçados etc.

Por essas e outras, é que todos nós devemos alertar e acompanhar de perto as crianças na navegação da Web. O ciberespaço é tão perigoso quanto a própria rua. Você deixaria seu filho pequeno andar sozinho na rua?

Pessoalmente, gosto muito de ter acesso a pesquisas de mercado realizadas por empresas tentando entender os estilos de vida, os hábitos de consumo das pessoas. Deixando de lado o objetivo primeiro dessas iniciativas, que é procurar pistas para vender mais produtos e serviços, existe uma forma de olhar mais rica, pois essas pesquisas são conduzidas por cientistas sociais que criam uma verdadeira tela de radar de 360 graus sobre o ser humano e suas motivações. Lendo com cuidado as pesquisas é possível tentar deduzir tendências e perspectivas futuras – lembra-se da arqueologia reversa do futuro?

Recentemente, encontrei estudos de mercado que qualificam a geração que nasceu entre 1975 e 1985 como Geração MTV, por causa da influência mundial que esses jovens receberam durante sua adolescência pelos clipes e programas da MTV. Claro que é muito restritivo identificar uma geração inteira por apenas uma dimensão como essa, ou seja, o consumo de um único produto. Mas isso ocorre. Porém encontrei outras conversas marqueteiras preocupantes, como o diálogo entre dois pais de filhos da geração MTV registrado em um blog:[5]

> – Os jovens de 26 anos dos dias de hoje parecem ter a maturidade emocional que nós tínhamos aos 21 anos e a maturidade emocional que nossos pais tinham aos 16 anos.
> – Por que você diz isso?
> – Porque os jovens, no lugar de interagirem com questões práticas da vida, estão aprisionados em uma espécie de vício em entretenimento.
> – Por que você acha que isso estanca o processo de desenvolvimento da maturidade emocional?
> – Porque as pessoas desenvolvem sua maturidade emocional no processo de interagir com outras pessoas e ao tomarem decisões sobre questões práticas da vida. No lugar de aprenderem a ler as pessoas, os jovens passam boa parte do seu tempo jogando games, vendo filmes e não vivenciam os resultados de suas decisões. Eles têm dificuldades em encarar processos de tomada de decisão.
> – Isso é ruim?
> – Isso é pior ainda. Os pais acrescentam mais ao problema superprotegendo os filhos das dificuldades inerentes da realidade; eles protegem os filhos das conseqüências de suas próprias más decisões.
> – Você quer dizer que "o resultado de superproteção das conseqüências das ações é encher o mundo de tolos"?
> – Exatamente.

Mas existem muito mais coisas que podem contribuir para fomentar um estilo de vida encapsulado e negativamente narcotizado das novas gerações, e isso pode ter conseqüências graves do ponto de vista de nosso futuro como civilização...

Na fronteira entre o entretenimento e a *heroinaware*: os *games*

Em meados dos anos 1980, Luciana e Ronaldo, pais de um menino de seis anos, finalmente decidiram se separar após alguns anos em que os seus desentendimentos foram em um crescendo que destroçou o cotidiano da pequena família. Durante esse processo, Guilherme, o menino, passou a encontrar lenitivo nos videogames que naquela época ainda eram jogados usando a TV como monitor. Ronaldo se tornou ausente do dia-a-dia da criança, deixando toda a responsabilidade pela educação e cuidado do pequeno em mãos de Luciana, que entrou em depressão que se arrastou por meses a fio. Guilherme, fora do horário da pré-escola, só tinha praticamente o videogame como atividade. Em alguns dias era capaz de jogar durante quase oito horas. Sua inteligência emocional acabou sendo prejudicada de forma permanente tanto pela ausência da mãe e do pai como educadores quanto pela imersão em um mundo de fantasia onde o objetivo era subir de nível enfrentando os inimigos e vencendo obstáculos. Hoje, aos 26 anos, Guilherme é um adulto imaturo e com grandes limitações para encarar de forma pragmática os problemas de desenvolvimento e emancipação pessoal. Sua escolha profissional foi tornar-se programador. Formado, não encontra estágio ou emprego para se sustentar e por isso continua vivendo na casa da mãe. O computador plugado na Internet é sua zona de conforto. O ciberespaço é o mundo no qual se sente verdadeiramente feliz e seguro.

De acordo com a revista *Época*, que realizou extensa reportagem sobre games, a indústria de games, já há mais de dez anos, fatura mais do que Hollywood. No ano de 2005, no mundo todo, a indústria de games faturou US$ 10,5 bilhões enquanto a indústria do cinema faturou US$ 7,4 bilhões.[6]

Estaríamos nos encaminhando para um tipo de civilização em que o entretenimento on-line vem se tornando um Coliseu da Sociedade Digital Global? Construído no ano 70 d.C., o Coliseu, capaz de abrigar 70 mil espectadores, em um tempo em que Roma ainda tinha menos de 900 mil habitantes, incluídos os escravos, que eram a maioria da população, era apenas um dos vários equipamentos destinados ao entretenimento dos romanos de então. Mas ele não foi sequer o único nem o primeiro dos equipamentos do entretenimento ligado à fórmula *panis et circenses*. Essa tradição nasceu com o Circus Maximum, que foi sendo expandido sucessivamente ao longo de dois séculos antes de Cristo, até receber sua forma definitiva por ocasião das reformas feitas por Júlio César, por volta de 50 a.C. Com essas reformas, a capacidade de acomodar público elevou-se para meio milhão de espectadores; 250 mil pessoas sentadas e outras 250 mil em pé, sendo capaz de acomodar mais da metade de toda a população de Roma. Além do Coliseu e do Maximum, foram construídos outros *circa* como o Flaminium, Nero, Maxentius e outros. Era nos *circa* que se passavam para muitos romanos os momentos mais eletrizantes de suas vidas, vendo corridas de cavalos, bigas, lutas de gladiadores, os jogos. O resto de seu tempo parecia ser tão desmotivante que Roma acabou por se tornar presa de civilizações muito menos desenvolvidas que foram, como onda após onda, solapando toda a antiga grandiosidade do Império Romano. Até que a decadência atingiu um ponto sem retorno. Hoje restam dos circos as magníficas ruínas espalhadas como um lembrete para as gerações futuras pelos quatro cantos da Roma atual.

"Alcançar um objetivo no jogo, como ganhar uma guerra ou prêmio por matar um monstro, é um prazer enorme", afirma um dos entrevistados da citada matéria da revista *Época*, um biólogo de 44 anos residente no Rio de Janeiro. De fato, parecem existir evidências de que muita gente começa a preferir a existência no mundo do ciberespaço, a ponto de ter ali a sua Second Life, nome de um dos mais populares games on-line.

MMORPG é um acrônimo de significado difícil de memorizar: jogo de interpretação on-line e massivo para múltiplos jogadores (*massiva multiplayer on-line role-playing game*), mas é basicamente um termo que designa a atual geração de jogos de faz-de-conta em que os jogadores, a maioria dos quais nem se conhece no mundo real, se juntam na

Web, interagindo a partir de seus personagens criados para realizar coletivamente as mais estranhas fantasias. Avatares, dragões, heróis e vilões medievais, histórias fantásticas ou estelares, que misturam ficção científica e contos de fadas tornam-se o mundo onde milhões e milhões de adultos e adolescentes são capazes de empenhar cada vez mais e mais horas de sua existência.

Para muitos dos jogadores, os games se transformam numa analogia perfeita ao que foi relatado na trilogia cinematográfica intitulada *Matrix*. Esses filmes contam a história de um mundo no qual os humanos se tornaram fontes de energia para seres de inteligência artificial, que foram criados pela humanidade. Os humanos são mantidos vivos, porém em sono profundo, confinados em casulos cibernéticos. Para que os seres humanos possam produzir a energia que irá alimentar os seres artificiais, a atividade onírica é estimulada em rede, de tal forma que, apesar de imobilizados em seus casulos, os humanos têm a impressão de viverem. Os humanos vivem assim em uma realidade simulada plugados em uma gigantesca matriz como se fosse uma central de geração de energia.

Alguns humanos, tendo conseguido escapar dos casulos, articulam um movimento de resistência. De tempos em tempos, invadem a matriz onde estão os casulos e libertam outros humanos. Esses novos membros são treinados para compreender e enfrentar a realidade, que é diferente do mundo irreal no qual os seres aprisonados na matriz estão imersos. O roteiro tem suas raízes de inspiração entre outras obras no livro do filósofo francês Jean Baudrillard, *Simulacros e simulações*. Nesse livro, Baudrillard, profundamente pessimista com os rumos que nossa civilização tomou, advoga que nossa sociedade trocou toda a realidade e significado real por uma simulação fundamentada em símbolos de cultura e mídia ("um mundo extremamente negativo, saturado de imagens, sons, e propaganda").[7]

EverQuest, The Sims, Ragnorak são nomes de jogos atuais muito conhecidos em um mercado no qual já embarcam mais de 25 milhões de pessoas. Alguns cientistas estão estudando seriamente o que quer dizer esse mercado que cresce sem parar. Existem aqueles que estudam porque já se torna necessário acudir os que não estão apenas se entretendo, mas que já se encontram em um processo de "imersão tóxica"[8] no mundo desses games, como é o caso da acadêmica e psicóloga clínica dra. Maressa Orzack, do McLean Hospital e membro da Harvard Medical School. A dra. Orzack é fundadora e coordenadora do Serviço de Atendimento a Viciados em Computadores que atende pessoas, tanto crianças quanto adultos, que apresentam distúrbios comportamentais por causa da excessiva dedicação a games e entretenimento em computadores.

Um dos mais intrigantes estudos feitos até o presente é o conduzido pelo economista Edward Castronova a partir de suas observações feitas sobre o EverQuest. Por questões pessoais, quando estava atravessando uma má fase em sua vida pessoal, vivendo solitariamente em um subúrbio no interior dos EUA, Castronova passou a jogar todas as noites o EverQuest, um dos tais tipo de jogo MMORPG. (Repetindo para que o leitor não tenha de voltar páginas: jogo de interpretação on-line e massivo para múltiplos jogadores. Argh!)

Esse é um daqueles jogos on-line em que você paga US$ 10 por mês para jogar simultaneamente com 450 mil jogadores espalhados pelo mundo. Tendo escolhido seu personagem, ou no jargão de *gamers*, seu avatar (essa palavra vem do hindu e significa "encarnação"), você começa no nível um. Em um cenário de fantasia de mundo medieval, com direito a dragões, cavalheiros, magos, elfos etc., você poderá acumular pontos em tarefas feitas solitariamente ou com outros personagens que toparem se associar em guildas com você. Claro que o objetivo é tornar-se rico e/ou poderoso.

O jogo foi lançado em 1999. Castronova começou a jogar em 2001, e com isso encontrou jogadores veteranos que tinham acumulado muita riqueza na forma de tesouros de peças de platina. Ocorre que, um belo dia, Castronova viu no portal de leilões e-Bay o oferecimento de personagens e tesouros acumulados por jogadores do EverQuest. Repetindo para ficar mais claro para os que não entenderam. O e-Bay é um mercado livre na Internet onde são anunciadas coisas de segunda mão. É um verdadeiro sucesso e mais de 65 milhões de norte-americanos já utilizaram-no para transacionar alguma coisa. O e-Bay está provocando mudanças socioculturais profundas no *american way of life*. Você se lembra de ter visto em filmes norte-americanos aquela coisa de "*garage sale*", na qual adolescentes, em geral, colocam na porta da garagem todo o tipo de cacareco para os vizinhos interessados arrematarem? Pois é, as *garage sales* estão acabando porque o e-Bay é uma forma muito mais produtiva de leiloar. Fechado o negócio, é só despachar pelo correio para qualquer lugar dos EUA, ou do planeta, se você enviar como presente, pois coisa de segunda mão, em geral, não precisa de nota fiscal.

Pois bem, jogadores veteranos do EverQuest que se cansaram do jogo, ou que simplesmente precisavam de dinheiro, estavam negociando pontuações e personagens, isto é, suas propriedades no mundo virtual, para outros interessados. Quem eram os compradores do mundo virtual de EverQuest? Gente interessada em subir rápido na hierarquia. Gente interessada em não perder tempo tendo que sair do nível 1, matar coelhinhos e coisas de menor monta, e ir direto para o círculo dos VIPs do EverQuest. Gente em busca de status e poder no EverQuest. Castronova viu aí uma oportunidade de pesquisa social. Reuniu os dados disponíveis no e-Bay acerca de leilões e transações efetuados por jogadores e interessados no EverQuest e chegou à conclusão de que existia uma relação entre o valor das peças de platina (moeda usada no jogo) e o valor da transação em dólar no e-Bay.

Pensando como economista e pesquisador social, Castronova assumiu que os jogadores de EverQuest estavam criando uma ligação, um link, entre um mundo fantasioso e a realidade usando riqueza, e isso poderia render bons estudos econômicos. Fazendo aquelas contas que os economistas adoram fazer, Castronova concluiu que os jogadores trabalhando juntos estavam criando riqueza como se fossem um país. Através de suas pesquisas adicionais, envolvendo contatos e questionários com 3.500 jogadores, Castronova concluiu que as pessoas com idade média de 24 anos, estavam, também na média, destinando 20 horas semanais ao jogo, sendo que os mais dedicados registravam mais de seis horas por dia. Na verdade, essas pessoas estavam se dedicando a uma segunda vida. Considerando o padrão de vida das pessoas, sua renda média e o tempo dedicado ao jogo, e de olho nos valores de transação no e-Bay, Castronova propôs que, considerando que a cada hora dedicada ao jogo o jogador deixava de ganhar na vida real US$ 3,42, então o país EverQuest teria um PIB. Isto mesmo: um Produto Interno Bruto. O suficiente para colocar EverQuest na posição de país número

77 considerando o ranking de PIBs das nações do planeta Terra. Mas a coisa não pára aí. Levando em conta o número de jogadores, ele estimou a renda per capita de EverQuest e obteve um número estrondoso. Apesar de ser o PIB de um pequeno país, os habitantes de EverQuest eram quase tão ricos quanto os habitantes da Rússia em termos de renda per capita.

Castronova entrou na crista da onda como acadêmico quando seu artigo foi publicado na Internet trazendo essa desconcertante visão dos games. Imediatamente ele se tornou uma celebridade, afinal os games on-line estão se transformando em um dos mais quentes produtos de entretenimento com a expansão da Internet banda larga. Castronova, como acadêmico procurando aumentar ainda mais o charme de suas proposições, prefere categorizar os MMORPG como mundos sintéticos, isto é, mundos imersivos digitais que hospedam milhares de usuários on-line de forma persistente.

As pessoas engajadas em games MMORPG são absolutamente pessoas comuns. A diferença em relação aos que não jogam é que elas tendem a valorizar inclusive monetariamente o que ocorre no ciberespaço. Gente que chega ao nível 57, na forma, por exemplo, de um nobre guerreiro reconhecido por suas façanhas na comunidade EverQuest, avalia que tem um bem que pode ser transacionado a qualquer hora por 15 mil dólares ou mais no e-Bay.

Pesquisas realizadas junto a comunidades de usuários de MMORPG dão conta de que até 20% das pessoas envolvidas nessas atividades já sustentam que seu mundo do game, onde sua tribo está, é o seu verdadeiro local de residência. A Terra é o lugar onde elas dormem e se alimentam. A geografia de maior significado de suas vidas está no ciberespaço. Como em *Matrix*. Heroína virtual eletronificada?

A próxima fronteira de avanços tecnológicos que está chegando em breve ao mercado possibilitará a imersão sensorial que permitirá aos jogadores sentir e trocar sensações táteis, sonoras e visuais tridimensonais através de sensores e eletrodos ajustados em seu corpo. Desnecessário dizer que a indústria pornô on-line tem o maior interesse nesse tipo de avanço tecnológico.

O que mais me intriga e o que me parece mais ameaçador é o fato de que tanta gente prefira se ausentar do nosso mundo real justamente onde as sociedades são mais afluentes. Com a TV, a humanidade trocou algumas poucas horas de seu cotidiano por entretenimento frívolo; com o ciberentretenimento, bilhões de seres humanos poderão realizar imersões cada vez mais prolongadas, até que, coletivamente, acabemos por destruir o significado da vida. *Matrix*?

Não podemos subestimar a nossa responsabilidade em encontrar uma forma sábia de lidar com esse desafio. O ciberentretenimento pode ser muito mais destrutivo para nossa espécie do que qualquer outra tecnologia bélica jamais inventada. A massificação irresponsável do cyber-hedonismo pode nos levar para bem perto do colapso da civilização.

Notas

[1] Juliet Schor, *The Overworked American: The Unexpected Decline of Leisure*, Basic, 1992.

[2] Opiniões colhidas na revista *The Economist*, no artigo "The Land of Leisure", 2/2/2006.

[3] O artigo em questão se intitula "Television addiction is not a mere metaphor" e foi produzido pelos professores Robert Kubey e Mihaly Csikszentmihalyi. Kubey é atualmente professor na Rutgers University e diretor do The Center for Media Studies (www.mediastudies.rutgers.edu). Csikszentmihalyi é professor de psicologia da Claremont Graduate University e *fellow* da American Academy of Arts and Sciences.

[4] Davi Kushner, "The Neopets Addiction", *Wired*, dezembro de 2005.

[5] Entertainment addiction is dumbing down a generation posted y Seth Barnes.

[6] "Você e seu clone virtual", revista *Época*, número 419.

[7] Jean Baudrillard, *Simulacres et simulations*, 1981.

[8] Esta é uma expressão criada pelo economista e acadêmico Edward Castronova, estudioso de jogos em seu livro *Synthetic World*, University of Chicago, 2005.

Capítulo 14

Mídia pessoal e colaborativa

Em busca da informação e conhecimento para navegar em um mundo mais complexo e mais interdependente

Uma breve memória de uma fantástica aventura: da invenção da linguagem à superestrada digital de informação e conhecimento

Dizem que duas coisas são certas e inevitáveis na vida: a morte e os impostos. Pois bem, olhando o futuro à nossa frente, fique certo de que mais uma coisa é inevitável: nossa vida será cada vez mais complexa e interdependente. Calma. Ser mais complexo e mais interdependente não significa, necessariamente, que marchamos rumo a um mundo pior. Apesar de existerem pessoas que pensam dessa maneira. E não são poucas. Para explicar meu ponto de vista, necessito de uma breve retrospectiva. Acompanhe-me.

A invenção da comunicação oral

Iniciemos nosso *flashback* por volta de 100 mil a.C. Focalizemos um grupo de hominídeos vivendo como caçadores e coletores nômades que perambulam pelo continente africano. Sua existência não é muito diversa da de outros grupos de mamíferos que também caçam em bandos, como gorilas, chimpanzés etc. O cotidiano gira em torno de uma dura batalha por sobrevivência, na qual os indivíduos têm uma vida curta, subnutrida, sob constante estresse. De fato, pouca diferença havia entre esses nossos antepassados e os outros grupos de animais. Até que alguns dos indivíduos descobriram que uma habilidade natural comum a todos – a articulação de uma grande multiplicidade de sons usando a garganta, a boca e o aparelho respiratório – poderia ser usada de uma forma altamente não natural. Sons específicos poderiam ser associados a objetos, coisas, situações. Se boa parte dos indivíduos do grupo concordasse em usar os mesmos sons para designar de forma consensual os mesmos objetos, coisas e situações, poderiam se entender melhor para caçar, para fugir, para pedir coisas. Alguns dos indivíduos eram mais sábios e hábeis na capacidade de criar e assimilar a codificação de sons e coisas. Essa minoria criativa instigou a maioria do grupo a explorar as possibilidades dessa rudimentar comunicação em seu cotidiano. Assim, evoluindo de uma base simples, como a linguagem de Tarzan muito bem ilustra no célebre diálogo: "mim Tarzan, você Jane", esse grupo de hominídeos liderado pela talentosa minoria criativa passou a diferenciar-se dos outros grupos de mamíferos.

Imagine a revolução para os velhos indivíduos do grupo da época ao serem apresentados àquela engenhosa criação da comunicação verbal. Quem não era capaz de aprendê-la estava fora das caçadas, seria vítima mais fácil dos predadores, não conseguiria entender instruções para obter alimento e abrigo, e outras desvantagens do gênero.

Mas o progresso continuou célere com os descendentes desses pioneiros criando cada vez mais complexidades em termos de linguagem. Os intelectuais, artistas, engenheiros e empreendedores da época inventavam a gramática, expandiam o vocabulário de forma vertiginosa, criavam tempos verbais para poder apropriadamente expressar o que era passado e o que ainda seria futuro etc.

Certamente foi a linguagem verbal que permitiu aos humanos primitivos darem o salto que foi então, progressivamente, nos distinguindo, para sempre, dos nossos irmãos animais. Mesmo que macacos, gorilas, chimpanzés, golfinhos e baleias tenham lá uma linguagem, comparada à que fomos desenvolvendo, a dessas espécies é infinitamente menos sofisticada, portanto de um nível de complexidade muito menor.

A invenção da agricultura

Nossos humanos primitivos conseguiram através da conquista da linguagem inventar um novo processo de sobreviver quando descobriram que poderiam cultivar espécies vegetais e domesticar animais. Graças à intermediação da linguagem oral, que permitia classificar e explicar o como, quando e onde de cada tarefa a ser feita. Isso possibilitou uma forma mais eficiente de viver. A torturante fome, a crônica subnutrição foram vencidas exatamente pelos grupos de hominídeos que, graças à comunicação, se distanciavam mais e mais da vida natural dos outros animais. Mais segurança alimentar e mais tempo para outras tarefas. Mais tempo para reflexão, invenção ou simplesmente para a preguiça.

A invenção do comércio

Nesse contexto dos grupos que foram se fixando e produzindo de forma mais eficiente, começaram a se destacar indivíduos mais inquietos que se dedicavam a pensar sobre novas e interessantes coisas que poderiam ser conseguidas de outros grupos sem a estressante violência dos combates de saque. Esses indivíduos notaram que existiam coisas que poderiam ser simplesmente trocadas de forma amigável. Vencendo o medo e a desconfiança, arriscando na comunicação com estranhos ao seu grupo, esses indivíduos tentaram trocar aquilo que em sua tribo era produção excedente.

Nascia o comércio baseado no escambo, isto é, troca direta de mercadorias sem intermédio de dinheiro, que representou um enorme salto de complexidade na vida de nossos antepassados. O conforto de ter sobras para trocar trazia o desafio de negociar com outras tribos e grupos. Ponha-se no lugar dos escolhidos para ir ao mercado, para encontrar representantes de tribos e grupos, muitos deles com enorme grau de diversidade, para discutir como trocar peles, sementes, vasos etc. Lembre-se que tudo isso era feito sem dinheiro e sem apelar para as armas, portanto a linguagem se diversificava e se sofisticava cada vez mais. Mundo complexo aquele, não? Imagine o pânico dos indivíduos mais velhos, que nunca aprenderam completamente a comunicação com sons, ao ver os jovens negociando com estranhos.

A invenção das cidades

Alguns espertinhos resolveram ficar no local onde se realizava com certa freqüência o mercado de trocas e não retornar para o acampamento onde se fixavam os demais membros da tribo. Esses espertinhos sabiam que poderiam ter boas recompensas intermediando as operações de escambo, sobretudo se conseguissem aumentar o número de grupos que convergiam para aquelas atividades. Isso. Você adivinhou. Esses caras estavam inventando a cidade. E veja bem: a cidade foi, depois da agricultura e da linguagem oral, o terceiro grande salto da espécie humana. E aí por volta de 10 mil a.C. tínhamos então uma primeira grande cidade da humanidade: Ur, localizada no atual Iraque. Descoberta em 1687 – esteve virtualmente fechada nos últimos 20 anos aos visitantes e mesmo estudiosos pelo regime do ditador Saddam Hussein –, Ur está sendo redescoberta desde 2004 graças a métodos arqueológicos que usam recursos de alta tecnologia pela primeira vez. Tudo leva a crer que Ur foi realmente o local onde se erigiu a primeira grande metrópole da humanidade, a qual, no período entre 2030 a.C e 1980 a.C., chegou a abrigar uma população de 65 mil habitantes. Ur teria declinado a partir de 550 a.C. e, provavelmente, fora abandonada por volta do ano 500 a.C., talvez por questões de mudança climática, isto é, por causa da seca.

As cidades foram a grande invenção da humanidade que permitiu aos humanos darem um salto civilizatório. Só o espaço das cidades – a chamada fábrica urbana – poderia nutrir, fomentar e permitir a criação de sinergias de inovações e aperfeiçoamento reunindo a ação colaborativa de milhares de seres humanos. As cidades, diferentemente do campo, traziam para o mesmo espaço cotidiano talentos e recursos difíceis de reunir no mundo rural no qual a agricultura era a mais desenvolvida das atividades.

A invenção da linguagem escrita

Foi no espaço urbano que se deu um novo salto civilizatório dos humanos, quando finalmente nossos antepassados começaram a criar a linguagem escrita. Até então, todo o conhecimento tinha de ser passado de forma verbal de geração para geração. Tudo leva a crer que foram os egípcios, o mais urbanizado e brilhante dos povos da Antiguidade, que, por volta de 3200 a.C., criaram e aperfeiçoaram o primeiro sistema de comunicação de linguagem escrita. Imagine quanta confusão. A complexidade da linguagem escrita criou um grande abismo entre os que sabiam ler e os que não sabiam, tendo vigorado durante quase quatro mil anos, indo até meados do século XIX, quando então começaram os esforços dos governos para massificar entre seus cidadãos a habilidade de ler e escrever.

Mas por que demorou tanto tempo a massificação da linguagem escrita? Simples. Os livros, ou seus antecessores, eram objetos caríssimos, produzidos todos, sem exceção, artesanalmente. Mesmo até a Idade Média, livros eram objetos de luxo feitos pelos copistas encerrados em mosteiros e abadias medievais. Saber ler era um privilégio, algo só justificado e acessível para os nobres e religiosos. Tudo começou a mudar quando, em 1447, Johannes Gutenberg (cerca de 1390-1468), um inventor e metalúrgico alemão da cidade de Mainz, criou uma coisa chamada "tipos móveis", que permitia reproduzir textos de forma muito mais rápida e mais barata do que a empregada pelos copistas.

Os ventos do Renascimento

A invenção da imprensa escrita chegou a acontecer na China quase 250 anos antes do feito de Gutenberg, mas sua massificação só ocorreu no contexto do Renascimento e foi sinergizada pelo florescimento do capitalismo ocidental e da expansão dos mercados. Na China Imperial daquela época, as inovações não eram processos validados pelo mercado ou por um conjunto maior de pessoas. Era um complicado processo autocrático dependente da aprovação direta do imperador. E, no caso da impressão, o imperador não viu tanta vantagem em abrir um privilégio de poucos que estavam satisfeitos com os produtos dos copistas e, portanto, não via tantas vantagens no processo não artesanal de reprodução da linguagem escrita.

No caso da Europa, a invenção de Gutenberg coincidiu com o espírito do Renascimento, com a aceleração da urbanização, que criou o mercado consumidor da época. Adicionalmente, a ocorrência da Reforma Protestante criou uma demanda com sua política de incentivar as pessoas a lerem a Bíblia em latim vulgar.

Até o Renascimento, a vida cotidiana da humanidade naquele mundo medieval era uma vida rural. Não existia educação fora do âmbito religioso ou da nobreza. As pessoas comuns, a grande massa, eram constituídas de camponeses que gravitavam 365 dias por ano em espaços geograficamente muito reduzidos. Pouquíssimos eram os indivíduos que se afastavam do entorno de suas casas, seja no dia-a-dia ou mesmo ao longo de toda sua existência. Sobrevivendo de forma muito simples e frugal em comunidades praticamente auto-sustentáveis, esses camponeses viviam num mundo onde a Igreja Católica e a nobreza os amparavam e, ao mesmo tempo, os exploravam. Mas sua vida seguia presa em um tempo circular, marcado fundamentalmente pelo ciclo das estações do ano. A mesma existência, dia após dia, década após década, quase século após século. Por mais de mil anos. Até que começaram a soprar os ventos do Renascimento, os tempos que se seguiram ao final da Idade Média e que precederam a Reforma Protestante. Para operar nesse mundo, a grande maioria da humanidade não necessitava de novas informações nem tampouco o dinheiro fazia parte das operações de troca. Nesse contexto histórico, o estoque de conhecimento que o homem e a mulher comuns necessitavam era muito reduzido, se comparado aos tempos que se seguiram.

Enfim, o mundo fechado cede lugar ao dinâmico mundo urbano

A urbanização e a quebra do monopólio religioso sobre o conhecimento são duas das principais forças que marcam a transição do mundo medieval para o mundo moderno que nos precedeu. Para operar no mundo das cidades, os humanos dos novos tempos necessitavam sempre aumentar seu estoque de informações. Foi com o Renascimento que a percepção do senso comum acerca da passagem do tempo deixa de ser circular e passa a ser linear. A idéia de progresso começa a tomar corpo. As cidades-Estado do norte da Itália, Gênova, Florença, Veneza, inventam o capitalismo como forma de aumentar e circular a riqueza. Assim, começa a se delinear um mundo mais complexo e mais interdependente onde, para operar, é necessário ter mais informação e conhecimento. Para circular nesse meio ambiente humano de forma eficaz é muito mais conveniente a informação na forma escrita. É nesse ambiente que floresce a invenção de Gutenberg, como o computador.

Dinheiro que circula cria riqueza. De forma análoga, informação que circula permite aumentar o estoque de conhecimento. Conhecimento que se amplia torna o ambiente humano mais complexo. Maior complexidade, maior necessidade de informação para operar.

A simplicidade da vida medieval ficou para trás e o mundo rural ia cedendo lugar ao mundo das cidades onde tudo girava mais rápido. Adicionalmente inicia-se a época das grandes navegações, que permite à humanidade descobrir um mundo muito maior e mais diverso do que se supunha. Porém, ainda assim, a maior velocidade com que a informação podia trafegar ainda era a velocidade da tração animal ou das caravelas impulsionadas pelos ventos marítimos.

A transmissão de informações rompe a barreira da velocidade da tração animal e dos ventos

Em 1825, mais uma vez o mundo dos humanos experimentou uma nova aceleração quando os limites da velocidade saltaram as barreiras da tração animal e dos ventos graças à conjunção de três grandes inovações: a máquina a vapor, chamada locomotiva, o leito com trilhos de aço e as rodas de aço flangeadas (a flange é a aba que têm as rodas dos carros ferroviários). Foram essas criações que deram origem ao sistema trem e estrada de ferro. Foi no dia 27 de setembro daquele ano que começou a operar de forma comercial a primeira estrada de ferro projetada para transportar passageiros e carga em horários regulares. Aquele foi um grande marco para a humanidade. Pela primeira vez, a Locomotiva nº 1 da Stockton & Darlington Railway passou a cobrir, várias vezes por dia, a distância de 15 km entre Stockton-on-Tees e Darlington, na Inglaterra, em apenas 65 minutos, atingindo em alguns trechos a alucinante velocidade para aquela época de 39 km/hora, puxando seis carros de carvão e mais 21 carros nos quais se distribuíam 450 passageiros.

Em poucos anos, a operação exitosa da primeira ferrovia foi sendo copiada e aperfeiçoada mundo afora. Isso significava que a informação poderia agora viajar de forma mais rápida e em maior volume; portanto, mais complexo e mais interdependente se tornava o mundo que nossos antepassados estavam nos legando.

As ferrovias foram o símbolo por excelência da inovação e do progresso nos anos que se seguiram, por isso, não foi nenhuma coincidência que a próxima grande inovação diruptiva acontecesse em contato com as estradas de ferro. Em 9 de abril de 1839 era inaugurado o primeiro telégrafo em Londres interligando por cabos as estações de Paddington e West Drayton. Porém a promessa do telégrafo (fusão dos radicais gregos *tele*, distância, e *grafo*, escrito) foi plenamente realizada através dos aperfeiçoamentos feitos pelo norte-americano Samuel Morse (1791-1872), que implementou, digamos assim, o hardware do telégrafo original e escreveu um novo software que convertia a linguagem escrita para um código mais fácil para a transmissão elétrica. O primeiro telegrama de Morse foi em 1844, enviado de Washington, DC para Baltimore, com a mensagem: "Que obra Deus fez?" (*What hath God wrought?*). O feito se tornou ainda mais espetacular quando a primeira transmissão telegráfica transcontinental entre as Américas e a Europa foi realizada com êxito no dia 27 de julho de 1866. Antes disso, qualquer informação entre o Velho e o Novo Mundo por mar tinha sua velocidade limitada à velocidade dos navios. Até então transporte e comunicação eram virtualmente sinônimos. Com o telégrafo, pela primeira vez na história da humanidade, a velocidade da informação se descolava definitivamente, e para todo o sempre, dos limites próprios dos meios de transporte. Além disso, pelo fato de a circulação da informação poder ser bidirecional, tinha-se daí para frente a possibilidade de comunicação interativa a longa distância em tempo real. Os numerosos sistemas públicos e privados de pombos-correios existentes podiam finalmente ser aposentados.

O aparecimento da primeira mídia de massa para a transmissão de informações

Como resultado das transformações ao longo do século XIX, o mundo se tornava assim ainda mais complexo e interdependente. E mais populoso também, pois de acordo com estimativas feitas por demógrafos teríamos cruzado a barreira do primeiro bilhão de seres humanos vivendo sobre o planeta Terra no ano de 1802. (O patamar do segundo bilhão foi atingido no ano de 1927.) Este primeiro bilhão estava assim distribuído: 203 milhões na Europa, apenas sete milhões na América do Norte, 809 milhões na Ásia, 110 milhões na África e 24 milhões na América Latina.

As pessoas, sobretudo na Europa e na América do Norte, demandavam, de forma crescente, informações para poderem operar nesse ambiente de intensa inovação, pleno tanto de riscos quanto de oportunidades. Foi nesse contexto que apareceram e floresceram os jornais diários, a primeira grande mídia de massa. O período entre 1860 e 1910 é considerado por historiadores da mídia como sendo a era de ouro dos jornais. Por quê?

O mercado de jornais cresceu naquela época como cresce em nossos dias o mercado de computadores e acesso à Internet. Esse crescimento era a combinação explosiva tanto de oferta quanto de demanda. Por um lado, a capacidade de oferta crescia graças aos avanços da tecnologia em impressão e comunicação e também por causa do aprimoramento e profissionalização dos recursos humanos. Os primeiros jornais eram no mais das vezes destinados a vocalizar a opinião político-partidária dos seus donos. Com a profissionalização e especialização dos recursos humanos, a qualidade do produto aumentou drasticamente. Do lado da demanda, existia um crescente interesse das pessoas por mais informações que lhes permitissem participar ativamente do admirável mundo novo da industrialização da sociedade e conhecer os fatos e tendências relevantes em economia, sociedade, política, bem como entretenimento, incluindo fofocas sobre celebridades internacionais, nacionais e locais.

Mas não eram apenas as oportunidades econômicas e de negócios, nem as inovações tecnológicas e demográficas que excitavam o interesse público trazendo cada vez mais e mais pessoas a demandar informações para poder viver melhor. As melhores condições de vida e o poder aquisitivo das pessoas faziam com que essas desembarcassem em massa no mercado consumidor. Neste sentido, foram muito importantes os movimentos sociais, em especial os de cunho socialista e social-democrata, que foram progressivamente se fortalecendo a partir das revoltas de 1848 que se alastraram pela Europa. No processo de novos direitos conquistados, de melhoria dos rendimentos, foi emergindo aquilo que passaríamos a designar como classe média. Esta se tornou o ator central do mercado de massa que cresceu de maneira vigorosa ao longo da primeira metade do século XX.

A transmissão de informações passa a não necessitar mais de um meio material

No entanto, apesar de rápida, a transmissão da informação ainda era feita sempre por meio físico, isto é, o telégrafo ainda necessitava de um cabo para interligar os pontos de recepção e transmissão. Os sinais de inovação e de nova aceleração começam a ficar visíveis quando o engenheiro italiano Guglielmo Marconi (1874-1937) e o físico alemão Karl Ferdinand Braun (1850-1918) são agraciados com o Prêmio Nobel de Física em 1909 por suas contribuições ao desenvolvimento do telégrafo sem fio. O naufrágio do Titanic no ano de 1912 faz com que todos os navios passem a ser equipados com o telégrafo sem fio.

O próximo salto ocorreu com as transmissões comerciais de rádio, que tiveram início pela primeira vez na Argentina, no ano de 1920, com fins de entretenimento. Nesse mesmo ano, no dia 31 de agosto, foi transmitido o primeiro noticiário na cidade de Detroit, no estado de Michigan, EUA. Estava quebrado definitivamente o monopólio dos jornais como canal de mídia de massa. A mídia deixava assim de ser sinônimo de imprensa, que etimologicamente vem de imprensar, isto é, imprimir graficamente. Estava inaugurada a era da mídia eletrônica.

O avanço da eletrônica, inicialmente cristalizado na válvula, a qual passou a ser o elemento mais importante na massificação dos receptores de rádio, veio finalmente acalentar a idéia de que seria possível transmitir imagens em movimento da mesma forma que a voz humana era transmitida pelo rádio. A primeira transmissão de TV foi realizada em Londres, no ano de 1936, porém até 1945 existiam apenas sete mil receptores de TV em todos os EUA. Foi só após o fim da Segunda Guerra Mundial que efetivamente se iniciou a era da TV. A partir daí ocorreu um crescimento exponencial do número de aparelhos de TV, primeiro nos EUA, e a seguir em todo o planeta. Hoje, mesmo em locais considerados pobres, o número de televisores é maior do que o de geladeiras. A TV tornou-se o grande veículo de massa a fornecer informações para que as pessoas passassem a participar desse nosso admirável mundo novo.

O telefone na história da comunicação

A comunicação pessoal entre os indivíduos era tradicionalmente restrita à alternativa de cartas, enviadas pelo correio ou através de um portador privado, até a invenção do telefone, que permitiu aos indivíduos se comunicarem a distância e em tempo real. Esse meio de comunicação foi patenteado por Alexander Graham Bell no ano de 1870, porém os primeiros sistemas só vieram a entrar em operação a partir de 1877. Mas já em 1880 existiam 47.900 aparelhos em funcionamento nos EUA. A partir daí, a malha de serviço de telefonia foi sendo expandida e mais tarde integrada globalmente usando links de tecnologias mais recentes, como microondas e satélites. Foram transcorridos mais de cem anos para que uma nova tecnologia de telefonia chegasse ao mercado: a tecnologia celular. Introduzida no mercado de massa nos anos 1990, seu crescimento tem sido tão avassalador que o número de aparelhos celulares deverá ultrapassar ainda nesta década o número de aparelhos conectados ao sistema fixo (cabo) de telefonia. Os fabricantes de celular estimam que em 2015 serão 4,5 bilhões de celulares no planeta.

Entra em cena a grande rede

A Guerra Fria teve início logo após o final da Segunda Guerra Mundial e reuniu, de um lado, sob a liderança dos EUA, os países democráticos do Ocidente favoráveis à economia de mercado; e de outro, sob o comando da URSS, os países formalmente favoráveis ao socialismo. Felizmente, o desfecho desse conflito não foi a conflagração nuclear que toda a humanidade temia: no dia 9 de novembro de 1989 caiu o Muro de Berlim, data simbolicamente considerada como o final da Guerra Fria. A partir daí até a dissolução da URSS em 1991, povos de todas as nações sentiram-se aliviados e então foram sendo liberadas enormes quantidades de recursos orçamentários mobilizados por governos e energias da humanidade, sobretudo o talento de inventores, técnicos, físicos, engenheiros nos EUA e outros países da Europa que vinham sendo canalizados para desenvolver tecnologias aplicáveis à indústria bélica e de defesa. A relocação desses recursos para criar novos produtos e serviços deslanchou nos anos da década de 1990. Essa foi uma década de indescritível progresso tecnológico, de inovação e de empreendedorismo que ainda não foi reconhecida como tal. Nessa década, grandes pensadores, como Peter Drucker, autor e consultor de administração, perceberam que a humanidade estava começando a deixar o mundo da civilização pós-industrial e a ingressar em uma nova etapa a qual começaram a chamar de Sociedade do Conhecimento. Por quê?

Até os anos 1980, o computador era uma tecnologia acessível apenas a grandes corporações, universidades e governos. As potencialidades do uso do computador estavam distantes das pessoas, das pequenas e microempresas, que são na verdade as grandes geradoras de empregos e postos de trabalho de qualquer sociedade, mesmo nos países mais ricos. Foi com o advento do PC, computador pessoal, no começo dos anos 1980, que o computador começou a fazer sua entrada no cotidiano da sociedade e, de forma vertiginosa, em meados dos anos 1990, tornou-se ubíquo em nossas vidas. Simultaneamente ao impulso que a informática tomou nos anos 1990, juntou-se o progresso das aplicações em telecomunicações que foram relocadas da Guerra Fria para as aplicações no mercado corporativo civil. Da integração da informática com telecomunicações apareceu essa ferramenta fantástica que passamos a chamar de Tecnologia da Informação.

Por sua vez, o processo de interligação do computador pessoal com a capilaridade da estrutura telefônica, amadurecido na segunda metade dos anos 1990, levou a Internet – até então uma rede ligando pesquisadores acadêmicos, órgãos de governos e empresas – para dentro de nossas vidas de uma forma avassaladora.

O aparecimento da World Wide Web, ou simplesmente Web, se tornou visível para a sociedade como um todo a partir de 1996. Não imediatamente, mas aos poucos foi ficando claro para uma parte da humanidade que um novo salto estava sendo dado em termos civilizatórios. A Tecnologia da Informação, para o bem e para o mal, abria novos e admiráveis tempos.

Hoje, similarmente ao encontro que se deu entre informática e telecomunicações, estamos no limiar de uma nova convergência tecnológica que fará com que virtualmente todos os 6,5 bilhões de seres humanos estejam muito próximos de ter acesso a essa grande rede: a superestrada digital da informação. Essa convergência se dará com a integração da rede de computadores que já navega a Web com, simultaneamente, os canais provedores e os receptores de televisão digital e os operadores e aparelhos de telefonia celular. Isso acontecerá de forma extremamente rápida ao longo da presente década. Quando essa imensa rede estiver toda conectada, o acesso à Web será praticamente possível para todos os seres humanos em seu cotidiano.

Evidentemente este será – já é na verdade! – um mundo infinitamente mais complexo e interdependente do que o que nossos pais e nossos avós nos legaram. Passaremos a ser todos, simultaneamente, consumidores e produtores ativos de informação. Mais do que isso: de conhecimento.

Como foi relatado, a Renascença se deu quando as pessoas saíram dos campos e foram para as cidades, quando o conhecimento deixou de ser monopolizado pelos mosteiros, pelos religiosos e pelos nobres. O mundo medieval fechado, de tempo cíclico e virtualmente estático, implodiu e deu lugar a um horizonte de incertezas e mudanças aceleradas.

O começo de algo muito grande: a Renascença Digital é como uma explosão cambriana de criatividade

De forma análoga, parece que estamos embarcando em uma nova Renascença. Qual a melhor designação para essa era na qual estamos ainda nos portais? Sociedade do Conhecimento? Era de Aquários? Sociedade Digital Global? As oportunidades são incomensuráveis. Porém os riscos são igualmente tremendos.

Tendo como principal estrutura a superestrada digital de informação, estaremos avançando tremendamente como civilização caso tenhamos a sorte de desenvolver um nível produtivo mais sustentável do ponto de vista ambiental e que também ofereça às pessoas, independentemente de raça, credo, nacionalidade ou posição social, maior acessibilidade em termos de oportunidade de realizações, tanto em termos de mercado quanto de interesse e significado pessoal.

Se entendermos o que uma rede de comunicação e acessibilidade pode fazer por um país, poderemos antever o que a grande rede digital fará com nossa sociedade global. Um bom exemplo neste sentido foram as observações feitas há quase dois séculos por Alexis de Tocqueville (1805-1859), o grande pensador e historiador francês, em seu clássico *A democracia na América*. Escrito com base em suas observações ao visitar os Estados Unidos em 1831, Tocqueville afirmou: "A América é o país que goza da maior soma de prosperidade até agora atribuída a uma nação, é também um país que, proporcionalmente a sua idade e meios, realizou os maiores esforços para tornar a comunicação fácil... uma das primeiras coisas realizadas em um novo Estado é estabelecer os meios para a chegada do correio. Nas florestas do Michigan não existe uma cabana tão isolada, um vale tão selvagem, que não receba cartas e jornais pelo menos uma vez por semana. Testemunhamos isso... [Os americanos são] empreendedores que sentem a necessidade de meios de comunicação com vivacidade, e os utilizam com ardor (...). De todos os países do mundo a América é um dos que o movimento de pensamento e da atividade humana é o mais contínuo e rápido." Ao comparar os estados sulistas com o restante dos EUA, Tocqueville afirmava que é "onde a comunicação é menos fácil, [por isso os estados sulistas] são menos vigorosos se comparados aos demais [estados do norte]." [1]

Sucessivas levas civilizatórias do *Homo sapiens* têm elevado tanto o nível de complexidade quanto de interdependência do convívio humano. Fizemos uma longa jornada desde os tempos em que éramos parte de uma espécie diversa na forma de bandos de hominídeos até os dias do começo da implementação da superestrada digital de informação e conhecimento. Temos uma infra-estrutura que ainda vamos aprender coletiva e individualmente a usar. A Renascença Digital é o portal de entrada da Sociedade Digital Global.

O uso de e-mail, de blogs, wikis, de portais e sites que tornam possível o compartilhamento de bases de dados, de informações e conhecimento contendo textos, imagens, sons digitalizados crescerá exponencialmente e de forma ininterrupta, como já vem acontecendo desde a década de 1990. Isto irá acelerar processos de criação participativa independentemente da localização geográfica das pessoas e organizações com uma força e um vigor extraordinários, só possibilitados pelo aparecimento da Internet. Para onde vamos exatamente é muito cedo ainda ousar afirmar. Mas será um mundo mais complexo e mais interdependente.

Alguns autores fazem predições preocupantes e negativas. Outros se mostram cínicos ou céticos. Porém alguns autores visionários arriscam a fazer previsões auspiciosas, como, por exemplo, o consultor e estrategista Paul Saffo.[2] Paul é um dos diretores do Instituto para o Futuro, uma instituição tipo *think-tank* (tanque-de-pensar) sediada na Califórnia que lança mão de uma analogia para afirmar que, nas próximas décadas, a humanidade deverá experimentar uma explosão cambriana de criatividade.

A Era Cambriana, explica ele, foi um período da história da Terra, ocorrido 539 milhões de anos atrás, no qual ocorreu a mais intensa proliferação de espécies biológicas, uma florescência de expressiva diversidade. O Cambriano foi justamente o período em que a vida biológica no planeta, enquanto processo evolutivo, deu um tremendo salto tanto em termos de complexidade quanto de diversidade. Tudo leva a crer que foi nesse período que apareceram os organismos multicelulares. Até então, acreditam os cientistas, o mundo era povoado apenas por formas monocelulares. Por essa razão, a chamada "explosão cambriana" exerce uma enorme fascinação não só sobre os cientistas, mas também sobre qualquer um que dela ouça falar.

Fazendo uso dessa analogia, Paul Saffo ousa afirmar que "estamos entrando numa era de riqueza cultural e abundante de escolhas como nunca vimos antes na História da Humanidade", sobretudo pela capacidade de fomentar intensamente a emergência de uma cultura participativa.

Um exemplo? Você provavelmente já ouviu falar da *Wikipedia*, uma fantástica enciclopédia na Internet na qual as pessoas são os próprios editores. A Wiki viria das iniciais da frase em inglês What I Know Is... (O que eu sei é...) ou, de acordo com outras fontes, viria da palavra *wiki* em havaiano, que significa rápido. A *Wikipedia* já deixou longe a *Encyclopaedia Britannica* em termos de tamanho e cresce exponencialmente, e é hoje um dos mais consultados portais da Internet. A qualidade também tem sido auditada por fontes confiáveis e constatou-se que a Wikipedia, por causa do permanente uso de dezenas de milhões de pessoas que a consultam e corrigem, tem apenas um terço a mais que as incorreções anotadas na própria *Britannica*. Sendo assim, vale a pena correr os riscos. Os milhões e milhões de usuários têm seus territórios de monitoração permanente para detectar inexatidões e fraudes. Mas a Wikipedia é um exemplo de um gênero colaborativo existente na Internet. Centenas de outros wikis estão em andamento e outros sendo iniciados na Internet como processos de criação coletiva participativa e de compartilhamento intelectual. Esses colaborativos reúnem o conhecimento de milhares de experts que operam, nutrem e criam novos bancos de conhecimento humano disponibilizados online. Acessível a qualquer leigo. Sem muralhas. Sem pagamento de ingresso. Sem horários de funcionamento.

Cada vez mais, no nosso dia-a-dia, precisaremos de mais informações, dados e conhecimento estocado em algum canto da Web. Mesmo as antigas e confiáveis fontes, como os jornais, revistas especializadas e enciclopédias estão tendo que se reinventar para não se tornarem fontes estagnadas, e todos esses veículos procuram acertar o passo com a Web. Quem não se conectar não sobreviverá.

Além dos wikis, os blogs são outro tipo de comunidades da Internet que estão se disseminando como cogumelos no campo depois de chuva de verão. Os blogs também traduzem o início dessa gigantesca transformação social: o desejo de participar e não meramente mais assistir passivamente, como nas eras de ouro de TV, jornal e rádio. Essa transformação vai arrombar a cidadela do sistema de massificação que teve seu auge entre as décadas de 1960 e 1990, cujo principal ícone era a TV. E isso vai revolucionar nossa civilização. Quer ver por quê?

O espírito da transição na Renascença Digital: em busca do equilíbrio entre a massificação e a fragmentação

Até antes do advento da Web, nos tempos em que a TV reinava soberana entre todos os veículos de mídia, parecia haver poucas dúvidas de que a humanidade seguiria inexoravelmente uma vocação à massificação, tendência apresentada pelas modernas sociedades de consumo de padronizar gostos, hábitos, opiniões, valores. No entanto, quando a Web começou a ganhar visibilidade pública na metade dos anos 1990, parece ter havido um ponto de inflexão na massificação que a humanidade foi progressivamente vivenciando ao longo do século XX.

O monitor de TV ainda é ubíquo, mas o tempo que se consagra a assistir passivamente à TV, absorvendo as mensagens emitidas pelos grandes produtores de conteúdo massificado, vai sendo substituído por outros hábitos: a navegação individualizada e interativa.

Quanto mais novo o indivíduo, menos tempo dedicado à TV e mais tempo dedicado à Internet. E com isso a mídia de massa, que desenvolveu e prevaleceu no século XX, vai sendo substituída pela mídia pessoal.

Parece que o consumo de conteúdo homogêneo e homogeneizador, típico dos tempos da TV soberana, era aceito pela imensa maioria por não existirem muitas alternativas. Com a infinidade de canais de navegação existentes na Web, cada um elege um leque de opções muito mais personalizado. Além disso, não obstante a diversidade de opções de conteúdo, a Web vai se tornando cada vez mais participativa e colaborativa. As pessoas não se limitam a ser espectadores, consumidores passivos de informação e conteúdo. Na Web, você participa do show. Cada vez mais as pessoas são produtores e criadores.

O mundo do século passado em termos de comunicação tinha a seguinte configuração: de um lado estavam os poucos e grandes emissores de mensagem; de outro, aqueles bilhões de seres humanos, na condição de passivos consumidores de conteúdo.

Esse mundo está em metamorfose e vai se transformando cada vez mais aceleradamente. Milhares e pequenos em rede estarão se associando para produzir e criar mais conteúdos, conhecimento e valor. Grandes emissores continuarão existindo, porém têm que entender a nova lógica de um mundo onde os indivíduos não estão passivos. Pelo contrário. Os grandes emissores se sentirão como se estivessem jogando "xadrez de bruxo". Neste jogo, sabem aqueles que leram *Harry Potter*, as peças têm vontade própria. Portanto, o jogo é um complexo colaborativo.

A propensão à massificação começa a ser compensada pela fragmentação. Mas isso, por si só, não é necessariamente bom. A massificação exagerada é um problema, pois gera empobrecimento cultural ao homogeneizar excessivamente o público. Mas tem também o lado positivo: a criação de uma base comum para a humanidade. Essa base comum, ou *commons*, como dizem os cientistas sociais, é o patrimônio compartilhado pela comunidade dos humanos que nos dá proximidade. Da mesma forma que respeitamos como bem comum uma rua ou uma praça como espaço público, ou então o meio ambiente, como mares, rios, e temos um sistema de responsabilidade e manutenção de um bem que, se destruído, todos serão prejudicados.

A fragmentação que estamos começando a experimentar, por outro lado, se extremada, produzirá a destruição dos *commons* e fará com que revertamos ao estado tribal, em que os grupos se estranhavam mais do que cooperavam.

Vamos ter de achar um meio-termo entre a massificação e a individualização, para que criemos mundos com pontos de contato entre os diversos territórios. Nos anos que estão por vir vai ser como andar no fio da navalha. A travessia em direção à Sociedade Digital Global deve ser o caminho que conduz à Sociedade do Conhecimento. A Sociedade do Conhecimento é uma associação global de pessoas com interesses similares que procuram fazer uso efetivo do conhecimento específico de sua área de interesse ou *expertise* e, através de um processo de interação com outras pessoas de áreas e *expertise* diversas, produzem mais conhecimento. Dentro desse contexto, estamos condenados a demolir todos os muros que possam colocar em isolamento indivíduos, sejam em guetos, classes sociais, tribos, nações. Outra rota leva provavelmente à barbárie.

Na biologia não existem indivíduos blindados. Vida é processo de troca, de simbiose. As membranas que envolvem as células têm um grau de permeabilidade, sem essa capacidade de troca, ocorre a morte.

Para navegarmos os tempos mais complexos do futuro que se abre à nossa frente, eu, você, cada indivíduo vai precisar se alimentar de informações de maneira especializada e diversa. Cada indivíduo deverá ter que buscar montar a sua dieta individualizada de conhecimento. Claro que teremos necessidade de *commons*, porém os graus de diversidade de estilos de vida, de anseios de realização pessoais serão extremamente diversos. Assim, não nos bastará assistir à TV ou ler jornais para nos informar sobre as diversas facetas do meio ambiente artificial resultante da vida humana em sociedade: a política, a economia, minha cidade, meu bairro, o tempo (meteorologia), como devo planejar meu progresso na educação, meus destinos de férias, a diversificação de minhas economias, a gestão de meu bem-estar e saúde etc., etc. Para montar meu pacote de conhecimento, precisarei estabelecer minha dieta de informação. E, para isso, necessitarei de montar minha mídia pessoal. Terei de acessar os provedores de informação, base de dados e de conhecimento, públicos, privados, ONGs, "imprensa" tradicional, redes, experts etc.

É assim que vamos em direção a um futuro. Mais global, predominantemente mais digital, infinitamente mais complexo e mais interdependente. O mundo cada vez mais parecido com a caótica Internet. E a Internet cada vez mais parecida com a cara de nosso mundo e de cada um de nós.

Apavorado? Não fique! É apenas uma nova era. O quadro abaixo retrata esquematicamente as características das duas sociedades entre as quais estamos transitando na Renascença Digital. Faz sentido para você?

Da sociedade massificada para a sociedade em rede[3]		
Período	**1950-1993[4]**	**1993 em diante**
Mídia dominante	Meios de comunicação de massa	Meios de comunicação interpessoal
Tendência predominante	Massificação	Fragmentação
Veículo principal	TV	Web
Localização dominante	Sala de estar	Qualquer lugar
Experiência social predominante	Assistir passivamente e consumir conteúdo	Participar, interagir e criar conteúdo
Atores dominantes	Poucos e grandes	Milhares e pequenos em rede

Notas

[1] Alexis de Tocqueville, *A democracia na América*, São Paulo, Itatiaia, 1998.

[2] Conforme entrevista concedida à revista *The Economist*, no suplemento especial "A Survey of new media", 22 de abril de 2006.

[3] Esse quadro tem inspiração em proposta originalmente concebida por Paul Saffo, em texto de sua autoria disponível em seu site www.saffo.com, intitulado "Farewell Information, it's a Media Age", e que incorpora minhas próprias concepções.

[4] No dia 30 de abril de 1993, O CERN, Organização Européia para a Pesquisa Nuclear, tornou públicos a arquitetura e protocolos em hardware e software para serem adotados de forma voluntária por todos aqueles, indivíduos e organizações, públicas e privadas, sem restrições geográficas, interessados em participar da rede de computadores interligados globalmente.

Capítulo 15

A nova geografia multinacionalizada do cotidiano

O indivíduo também se torna global

A ampliação do território cotidiano das pessoas

Ao longo de praticamente toda a história da humanidade, o cotidiano das pessoas comuns, isto é, aquelas que não eram nobres nem ricas, transcorria dentro de um território muito próximo de suas residências. Movimentando-se a pé, seja vivendo no campo, seja nas cidades, a imensa maioria da população levava praticamente sua existência inteira confinada em um raio de pouco mais de centenas de metros ao redor do local de nascimento. Somente uma minoria, constituída de marinheiros, aventureiros, nobres, comerciantes e saltimbancos, sabia o que eram longos deslocamentos em um mundo onde o trabalho era realizado no espaço doméstico, onde não existiam férias nem tampouco turismo; onde o meio de transporte terrestre alternativo a andar a pé era na base da tração animal.

No contexto das mudanças que foram acontecendo na Revolução Industrial, a partir da metade do século XIX, os seres humanos começaram a vivenciar a expansão de seu território cotidiano, graças ao ritmo imposto pela nova ordem produtiva que tomou conta do planeta e às novas tecnologias de transportes. Primeiro entraram em cena os sistemas de transportes públicos e em seguida explodiu a capacidade produtiva da indústria automobilística após a Segunda Guerra Mundial. A partir daí, deu-se a massificação do automóvel, que criou uma extraordinária demanda por estradas asfaltadas e infra-estrutura viária. Em 1960, a frota de veículos no planeta era de menos de 200 milhões. No Brasil, tínhamos pouco mais de 200 mil. Na metade da década atual, temos 1,2 bilhão de veículos motorizados, dos quais 32 milhões estão no Brasil.

Assim, em apenas um século o mapa do cotidiano dos seres humanos expandiu-se em uma escala astronômica. Hoje, são muito comuns, seja nos países plenamente industrializados ou em países emergentes como Índia, Brasil, México etc., estilos de vida nos quais as pessoas se deslocam mais de cem quilômetros por dia apenas para ir e voltar do trabalho.

Mas não é só graças aos sistemas de transportes públicos urbanos e ao automóvel que o raio de vivência cotidiana das pessoas segue aumentando. Na Europa e no Japão, países nos quais os trens-bala, que atingem velocidades de até 380 km/hora, são parte da rede de transportes, existe um número cada vez mais expressivo de pessoas que costumam realizar 300 km por dia em viagens pendulares casa-trabalho. Na França, por exemplo, o trem de alta velocidade, chamado popularmente de TGV (*train à grand vitesse*), que permite velocidades operacionais de 320 km/hora, vem sendo utilizado mais e mais como um transporte cotidiano. Segundo a SNFC, empresa ferroviária estatal que administra o TGV, dezenas de pessoas moram em Lyon e trabalham em Paris, pois com esse meio de transporte é possível realizar esse trajeto de 463 km em apenas duas horas. O TGV entrou em operação em 1981 e vem conquistando desde então uma reputação de meio de transporte de massa extremamente rápido e seguro, que até hoje não registrou uma única vítima fatal. O serviço vem sendo progressivamente estendido a outras regiões da França de maneira tal que muitos especialistas em planejamento urbano e de transporte costumam dizer que com o TGV criou-se um novo anel de suburbanização no entorno de Paris com um raio entre 200/300 km. Esta região seria a Paris Metropolitana do século XXI.

De forma similar, o deslocamento pendular cotidiano casa-trabalho para indivíduos mais singulares, em termos de renda e de necessidades profissionais, como artistas e executivos, pode ser realizado de forma ainda mais eficiente por meio do transporte aéreo. Desde os anos 1990, não são mais tão incomuns os viajantes que realizam deslocamentos cotidianos nas linhas de ponte aérea, isto é, nas rotas de menos de uma hora de vôo em que o serviço corre continuamente em horários regulares. Mesmo em países emergentes isso já é freqüente. Por exemplo, existem muitos indivíduos que fazem com regularidade quase cotidiana o deslocamento entre Rio de Janeiro e São Paulo, distantes 450 km de distância, em 35 minutos.

Os aviões e os trens de alta velocidade, ao se transformarem em ferramentas de mobilidade de muita gente, estão esticando ainda mais o mapa do cotidiano da espécie humana. Este mapa tem um raio impensável para os indivíduos do século XIX. Guardadas as devidas proporções, seria tão espantoso quanto hoje pensarmos em morar em NY e trabalhar em Paris.

No entanto o tempo não pára e o operoso *Homo sapiens* tornou disponível e vem popularizando desde a virada do século a mais extraordinária das ferramentas de comunicação: a Web. A Internet, mesmo ainda na infância da grande rede que irá maturando ao longo da Renascença Digital, já substitui muitas das necessidades de mobilidade física pela inacreditável capacidade de acessibilidade virtual. Com a Web mais e mais pessoas vão percebendo que uma nova dimensão vai sendo incorporada ao cotidiano humano no planeta Terra. Essa geografia é chamada por muitos de ciberespaço e, com essa nova dimensão, nossa geografia do cotidiano passa a ter a própria extensão do planeta.

A nova geografia criada pelo ciberespaço

Enquanto escrevo este capítulo, na tela do computador em que trabalho já piscaram os alertas de diversos e-mails que me chegaram de diferentes partes do mundo. Amigos e colegas de trabalho que residem ou estão em trânsito em outras partes do mundo interagem comigo, enquanto estou sentado em minha mesa de trabalho no Rio de Janeiro. Chegam tanto mensagens relacionadas ao meu trabalho, quanto relacionadas às minhas relações pessoais e afetivas. Podem ser de colegas das Nações Unidas que trabalham na Mongólia, ou mensagens de clientes empresariais da Coréia do Sul. Podem ser amigos de Amsterdã ou, quem sabe, conhecidos franceses que gostariam de permutar seu apartamento de Paris com o meu no Rio de Janeiro no período de férias escolares de nossos respectivos filhos. Tudo isso compõe um mapa novo de minha geografia humana que seria impensável antes do advento da Internet.

A possibilidade de ter informações de longas distâncias era um privilégio de reis e de nobres até bem pouco tempo atrás. Uma das melhores ilustrações da força desse tipo de privilégio é o que teria sucedido a Nathan Rothschild (1777-1836). Este era um dos membros da famosa, rica e legendária família européia-judia de banqueiros da qual se dizia em 1841 que "só existe um grande poder na Europa e este é Rothschild". Nathan teria feito um aumento considerável de sua fortuna por ter apostado especulativamente em títulos do governo inglês, porque teve em primeira mão, através de seu sistema de pombo-correio particular, a notícia da vitória do Duque de Wellington (1769-1852) sobre Napoleão (1769-1821) na batalha de Waterloo, realizada no dia 18 de junho de 1815. Se esse fato é ou não verídico, pouco importa. Ele apenas ilustra que saber o progresso dos acontecimentos a algumas centenas de quilômetros era uma prerrogativa de um diminuto grupo de seres humanos sobre o planeta Terra.

Ao longo de século XX, as pessoas que moram em grandes cidades pelo mundo afora, para operacionalizar sua vida cotidiana, se acostumaram a mentalizar os mapas de suas metrópoles dando um destaque especial à rede de transporte. Por exemplo, os mapas de metrô de Londres, Paris e Nova York estão impressos tanto na mente dos moradores dessas cidades quanto em cartões-postais ou *t-shirts*, por exemplo, que os turistas gostam de levar como suvenir. Dificilmente quem mora em cidade que tem metrô desconhece a estação mais próxima de sua residência.

Porém novos mapas de cotidianos estão se formando, em especial com o advento da Internet banda larga. Desde então, muita gente já não se referencia e nem se condiciona pelas barreiras da distância da geografia física em termos de cotidiano, trabalho e vida pessoal. Não estamos mais agrilhoados à dimensão geográfica do planeta Terra. O aumento da penetração da Internet banda larga nas empresas, governos e residências vai implodindo essas barreiras. A geografia humana, tanto no plano individual quanto coletivo, vai sendo reorganizada. Como analogia, talvez estejamos fazendo com nosso universo humano algo semelhante ao que foi feito por Einstein ao implodir o espaço euclidiano e propor uma nova compreensão completamente não intuitiva de espaço-tempo representada pela concepção de universo baseada em geometria não-euclidiana.

A Web está trazendo uma nova dimensão para a civilização humana no planeta Terra da mesma forma que pioneiros como o veneziano Marco Polo (1254-1324), que trouxe para os europeus que emergiam dos tempos imóveis da Idade Média uma perspectiva mais ampla de mundo apontando para um Oriente cheio de vitalidade, riquezas e diversidade. Como conseqüência da praticidade e das vantagens do uso dessa geografia que mistura mobilidade e acessibilidade, mais e mais de nosso tempo – seja trabalhando, nos divertindo ou simplesmente socializando com amigos e conhecidos – será despendido na frente da tela do computador ou de outros dispositivos de acesso à Internet. É um sistema de navegação simples para o usuário, apesar de alta complexidade do ponto de vista da navegação que bits e bytes realizam no ciberespaço fazendo viagens à velocidade da luz através de uma sofisticada e complexa infra-estrutura compreendendo fibras ópticas, satélites, microondas, servidores, roteadores, cabos e centrais telefônicas.

A facilidade e o barateamento do uso da Internet trarão nas próximas duas décadas toda a humanidade para um convívio cotidiano virtual. Afinal, a Internet quebra e quebrará mais e mais barreiras também para os indivíduos, da mesma forma que as empresas transnacionais já não vêem barreiras entre países. Vamos descobrir que fazemos parte, como jamais houve, de uma humanidade que habita uma comunidade global também no dia-a-dia. É nesse novo mundo, no qual estamos entrando como pioneiros, que viverão, inteiramente à vontade, nossos netos. O mundo da Sociedade Digital Global.

Com a Web, os indivíduos passam a cultivar as relações internacionais pessoais e profissionais e assim tornam sua vida globalizada

Neste começo de milênio, temos uma população de 6,5 bilhões de habitantes, dos quais aproximadamente um bilhão faz parte da União Européia e da América do Norte, Austrália, Nova Zelândia e Japão. Essas regiões funcionam como pólos atratores de pessoas interessadas em melhores oportunidades de trabalho e aperfeiçoamento, tendo atraído até o momento um montante de 200 milhões de imigrantes egressos de países emergentes.[1]

Através da história da humanidade, o fenômeno da migração tem representado a "corajosa expressão de vontade individual de vencer a adversidade e buscar uma vida melhor".[2] Quem dentre os moradores dos países emergentes ou dos países menos desenvolvidos não terá tido, pelo menos por um breve momento em sua vida, um pensamento, ainda que rápido, uma cogitação, acerca de imigrar para os pólos atratores? Os desequilíbrios e assimetrias entre povos, nações e continentes sempre existiram. No entanto, por causa da comunicação global, as pessoas têm conhecimento de novas oportunidades e de vantagens que estão à disposição, em especial para aqueles que vivem nos pólos atratores. Com isso, a pressão migratória tenderá a aumentar ainda mais. Essa tendência é altamente problemática tanto para as sociedades dos pólos atratores quanto para os países que são deixados para trás. Este aumento, nas décadas que estão por vir, poderá acarretar sérios problemas.

Precisamos reverter essa assimetria e dar melhores condições de prosperidade às sociedades dos países emergentes e dos países em desenvolvimento. Não será por meio de legislação xenófoba ou de muros que reverteremos a atual pressão migratória.

A Internet, como um meio de acessibilidade virtual somado ao desenvolvimento da logística e transporte, poderá estabelecer uma nova geografia capaz de reverter essa pressão migratória e permitir que a humanidade globalizada encontre um ponto de equilíbrio mais sustentável, tanto do ponto de vista dos indivíduos quanto do das sociedades nacionais e regionais.

A humanidade, na forma de coletividades nacionais, vem aprendendo ao longo dos séculos a conviver internacionalmente. É verdade que a duras penas. Porém temos feito avanços importantes. Empresas se vêem cada vez mais como atores transnacionais, e os países terminaram, de forma praticamente unânime, por adotar uma perspectiva multilateral ao longo do século XX. Temos, sim, perspectivas positivas de aumentar a interdependência entre sociedades, nações e negócios.

A humanidade da metade do século XXI deverá ser uma sociedade de indivíduos de atitude e expressão fortemente globalizadas, em termos pessoais, sociais e profissionais, para os quais as fronteiras nacionais deverão ser como são hoje as fronteiras entre cidades e estados dentro de um país: demarcações as quais pouca gente se dá conta quando cruzam.

Efetivamente os indivíduos que se prepararem desde cedo para serem atores globalizados deverão colher recompensas maiores do que aqueles que se sentem desconfortáveis em reconhecer o mérito desta nova perspectiva. Pagarão caro os indivíduos relutantes, os que têm mais dificuldade em apreender essa nova dimensão da humanidade, aqueles que não procurarem se reciclar e se preparar para essa nova perspectiva. Serão como os que se recusavam a aprender a ler quando a alfabetização de massa começou a ser impulsionada na metade do século XX pelos governos. Quanto mais indivíduos despreparados para exercer plenamente uma atitude globalizada, mais perderemos espaço para a intolerância, para o terrorismo, para líderes demagógicos; e menos capacidade teremos de resolver os graves desafios ambientais que desconhecem barreiras abstratas criadas pela humanidade.

Como nos preparar para uma tarefa de tal envergadura? A primeira barreira a superar é a da língua. Neste sentido, o esperanto foi uma tentativa bem-intencionada que não deu certo. Proposta e criada em 1887 por Ludwig Lazar Zamenhof (1859-1917), um médico polonês visionário, como uma língua artificial concebida para ser aprendida de forma rápida e simples, o esperanto jamais conseguiu ser mais do que uma gota d'água na Babel lingüística planetária. O inglês tornou-se o esperanto que deu certo. E se você não se tornou fluente, procure pelo menos ler e escrever o suficiente para usar a Internet. Nas décadas a seguir, os puristas de suas línguas procurarão criar barreias e mais barreiras, temerosos da contaminação que o inglês possa infligir às suas línguas e culturas nativas. Será inútil.

Em termos lingüísticos, o mundo deverá caminhar para uma realidade semelhante à existente hoje na Holanda, onde cada pessoa domina pelo menos duas línguas: a local, o holandês no caso, e a internacional, o inglês, evidentemente. Pessoas encapsuladas em apenas uma única língua serão cada vez em número mais reduzido. Muitas das relações de trabalho, em especial aquelas mais rentáveis, serão progressivamente descorrelacionadas da geografia local. Com a disseminação das conexões banda larga, o seu endereço que importa é seu e-mail ou IP (Internet Protocol address), que é o número que sinaliza sua localização quando conectado à Internet. Por exemplo, muitos dos anúncios classificados de oportunidades de trabalho e mesmo empregos da revista *The Economist*, a mais influente das revistas corporativas internacionais, já procuram candidatos até mesmo para cargos de diretoria para trabalharem sem especificar qualquer exigência de residência. Os serviços exigirão muito deslocamento sem padrão de regularidade, e o mais importante, além da disponibilidade para os mesmos, é a alta proficiência no uso de computador com acesso à Internet banda larga. Não importa onde o candidato irá morar, apenas espera-se que ele cumpra as metas e os objetivos estabelecidos. Outros exemplos? Desde metade dos anos 1990, algumas das grandes empresas de consultoria transnacionais já não designam sequer salas para seus executivos. Esses profissionais trabalham a maior parte do tempo em suas próprias casas e em escritórios de clientes. Com seus notebooks e acesso rápido à Internet, estão sempre conectados com suas empresas e seus colegas. Quando precisam trabalhar alguns dias na sede da própria empresa, devem fazer reserva antecipada e *check-in* ao se apresentar nas empresas, como se as mesmas fossem hotéis.

Nos anos que estão por vir, como contraponto à diminuição do emprego tradicional como vínculo dominante de relacionamento indivíduos-organizações, veremos surgir uma enorme diversidade de estilos de vida e de contrato entre pessoas e organizações. E as oportunidades de trabalho não deverão conhecer barreiras. Se as empresas encontram toda a sorte de facilidade para se globalizarem, por que, então, os indivíduos deverão enfrentar uma situação diversa?

Os terceirizados, os *part-time,* irão crescer em número explosivo. Deverá aumentar o exército dos *bingeworkers*, isto é, os trabalhadores que têm jornada de trabalho ultraflexíveis e não se incomodam de varar as noites no escritório, nem tampouco trabalhar meses seguidos sem tirar férias.

Aliás, esses profissionais não são na verdade *workaholic* (viciados em trabalho). Os *bingeworkers* buscam padrão de satisfação de vida pessoal alto e não são meros *free-lancers*. Procuram mais realização do que mera remuneração. São uma espécie de comandos. Quando terminam uma missão, saem de férias por períodos mais longos e várias vezes por ano.[3] Por tudo isso, precisamos descontruir as fronteiras.

É interessante notar que os imigrantes desse começo de século da infância da Sociedade Digital Global já não são mais isolados e distantes de suas comunidades de origem como antigamente. Pelo contrário. Com os custos da telefonia se tornando cada vez mais baixos, com os vôos aéreos mais baratos, regulares e convenientes, o contato com parentes e amigos não é mais uma barreira quase intransponível que levava as pessoas a se distanciarem e a perder seus elos. Mais do que antigamente, os imigrantes atuais cultivam a esperança e os planos de voltar em condições melhores para, por exemplo, abrir seu próprio negócio.

Mas não é apenas o trabalho uma força que leva as pessoas a se globalizarem. Em termos de vida pessoal, já existe muita gente que cultiva uma comunidade global de amigos e colegas. A Internet permite que surjam novos focos de interesse comum que podem ser desenvolvidos e nutridos sem que haja necessidade de deslocamento freqüente. Antigamente nossa comunidade era o nosso bairro. Hoje, além de nosso bairro, nossas comunidades são os nossos interesses coletivos com outros seres humanos, estejam onde estiverem. Nossa geografia será definida pelo estilo de vida e pelos temas em torno dos quais desejamos construir mais significado em nossa existência.

De certa forma todos esses grupos sociais e pessoas são ainda pioneiros. Representam uma tendência altamente positiva de estimular uma sociedade global mais capaz de confraternizar independentemente de etnias, nacionalidades, governos e credos religiosos. Esses pioneiros costumam se sentir em casa em qualquer lugar do planeta. São uma espécie de embaixadores dos novos tempos da Sociedade Digital Global. Fazem parte ativa de uma vanguarda capaz de transformar os desafios da crescente complexidade e interdependência em um caminho viável para a humanidade nas décadas que estão por vir. São como novos Marcos Polo ajudando a tornar o planeta Terra em um mundo onde as forças negativas que causam dissensão e desinteligência sejam muito menores do que as forças positivas de coesão e que podem ajudar a tornar a Renascença Digital o áureo tempo do florescimento da tolerância e do respeito pela diversidade humana.

Notas

[1] Essa é uma estimativa do relatório "International Migration and Development", apresentado pelo secretário-geral das Nações Unidas na Assembléia Geral realizada no dia 18 de maio de 2006.

[2] Uma das lúcidas colocações contidas no documento acima referido.

[3] O termo *bingeworker* foi criado por Tim Osrbor Jones, professor de recursos humanos e liderança da Henley Management School College, Oxford, Inglaterra. *Binge*, do inglês, significa bebedeira, porre, e foi criado fazendo analogia com *bingedrinking*, que significa passar dias sem beber, porém tirar um dia para fazê-lo e encher a cara para valer. A revista *Época*, n. 428, 31/7/2006, trouxe uma matéria sobre *bingerworkers*.

Conclusão

Os pioneiros do tempo e os novos estilos de vida

Livre-Arbítrio e Eros enfrentam *Maktub* e Tânatos para criar o futuro

Existem tempos nos quais os saberes, receitas, caminhos, fórmulas e ferramentas que as pessoas tradicionalmente usam não são mais eficazes. Ao longo da caminhada da humanidade, determinadas gerações, mais do que outras, são levadas a se defrontar com obstáculos que parecem intransponíveis. Existem fases cruciais, tanto na vida de uma pessoa quanto de uma coletividade, em que os desafios assumem uma perspectiva paralisante.

Nessas circunstâncias, muitos olham o futuro com medo, alguns com ceticismo, outros com cinismo. Não raro, dentro dessas situações em que reina a incerteza e a angústia, as multidões tendem a seguir profetas, demagogos e aventureiros que muitas vezes as conduzem a descaminhos que podem ser fatais para a civilização. Como seres humanos, quando nos defrontamos com caminhos que nos parecem insondáveis, temos comumente dois tipos de atitude.

De um lado temos uma atitude fatalista, uma perspectiva moral segundo a qual tudo acontece porque tem de acontecer. A melhor síntese dessa perspectiva fatalista talvez seja expressa na exclamação árabe *maktub*, que significa "estava escrito" (particípio passado do verbo *ktab*, isto é, escrever). Quando o árabe exclama em seus momentos de desespero, dor e angústia "*maktub*!", não expressa revolta contra o destino, mas conformação. Mas, no entanto, o conceito de fatalismo expresso no Alcorão também não difere da perspectiva com que muitos cristãos e judeus olham para o futuro acreditando que "o futuro a Deus pertence" e não há o que fazer.

De outro lado temos uma atitude contrária a tomar uma posição fatalista. Essa atitude não-conformista pode existir mesmo entre aqueles indivíduos que têm uma posição religiosa perante os mistérios da vida. Esses indivíduos acreditam que o ser humano foi dotado de dois dons sagrados: a capacidade de amar e do livre-arbítrio, isto é, a possibilidade de decidir, de escolher em função da própria vontade. Assim, indivíduos que têm uma posição não-fatalista entendem que, ainda que não tenhamos controle de nossos destinos, isto não quer dizer que sejamos prisioneiros do destino. A atitude não-conformista torna o indivíduo mais livre, com capacidade de vislumbrar múltiplos caminhos e escolhas e não um mero condenado do destino ditado por divindades.

Na escolha entre o *maktub* e o livre-arbítrio, pode estar, em determinados momentos-chave da existência coletiva humana, a própria sobrevivência de uma civilização. Arnold Toynbee (1889-1975), o célebre historiador inglês, dizia que "as civilizações morrem por suicídio, não por assassinato". Toynbee afirmava que "como seres humanos, nós somos dotados de liberdade de escolha e nós não podemos atirar a nossa responsabilidade sobre os ombros de Deus ou da Natureza. Nós devemos assumi-la. Essa é nossa responsabilidade".

A autoridade de Toynbee para falar comparativamente de civilizações se apóia de forma consistente na sua obra maior realizada em vida, *Um estudo de História*,[1] alentada e titânica realização em 12 volumes que considerou e analisou 21 das 23 maiores civilizações criadas pela humanidade. Entre outras, foram analisadas, de forma meticulosa, as civilizações egípcia, suméria, andina, maia, grega, romana, iraniana, árabe, yucatec, mexicana, hindu, do Extremo Oriente (Japão e Coréia), babilônica, otomana, polinésia, hitita, ortodoxa russa etc. Como todo grande pensador, Toynbee provoca reações adversas por parte daqueles que não aprovam suas idéias. No seu caso, uma grande torrente de críticas sobre as conclusões e análises de sua obra se concentra no argumento de que ele enfatiza extraordinariamente o papel das religiões como motor do destino das civilizações.

Segundo Toynbee, as civilizações progridem como resposta a um conjunto de desafios de extrema dificuldade, quando uma "minoria criativa" projeta soluções novas que reorientam toda a sociedade. Quando a civilização responde positivamente aos desafios, ela evolui. Quando falha, entra em declínio. Toynbee entendia a sociedade como uma rede de relações sociais e não como uma máquina inalterável ou intangível. Quando essa rede de relações sociais é capaz de tomar e implementar decisões de forma sábia ou insensata pode tomar caminhos virtuosos ou ter o desastre como seu destino. Apesar de ter sido um otimista durante toda sua existência, Toynbee não era um otimista da mesma natureza que os marxistas, que julgam que estamos fadados ao progresso humano como espécie simplesmente como resultado de leis da História.

Encalacrados nesses nossos tempos, nos quais a mudança rápida e vertiginosa se tornou a regra, devemos encarar o nosso futuro, o futuro da espécie humana, com otimismo ou com pessimismo? Com esperança ou com desespero?

Na verdade, nem o ceticismo, nem *maktub*, nem o cinismo poderão nos lançar em uma direção que faça com que o período que estamos vivendo seja a Renascença Digital. Nas décadas que estão por vir poderemos estar desenhando e construindo caminhos que poderão desembocar em direção diversa de tempos de ouro para a humanidade. A Sociedade Digital Global pode ser uma época de profundas divisões, de sectarismos, de terrorismo, de falta de confiança mútua na qual a humanidade retroaja à barbárie.

O *éthos* do homem medieval, isto é, o espírito característico e predominante nas atitudes e sentimentos daqueles tempos, era de que o homem era a criatura favorita de Deus e que por isso o planeta Terra era o centro do universo. Dentro daquele contexto, apesar de serem as criaturas favoritas de Deus, as pessoas eram vistas e viam a si próprias como um rebanho de fiéis conduzidos na existência terrena pela Santa Madre Igreja. Os pioneiros do tempo daquela época, a minoria criativa daqueles tempos, foram os indivíduos que ousaram deixar os campos e ir para as cidades. Foram inventores e cientistas que ousaram ver a Natureza com outros olhos, como espiar os céus pelos recém-criados telescópios e dizer que a Terra não era o centro do universo, mas um planeta. Foram artistas que ousaram criar novas experimentações para além dos recorrentes temas religiosos. Foram indivíduos empreendedores que resolveram criar bancos, financiar navegações, explorar novos mundos. Essa minoria criativa trouxe um novo tempo que ficou conhecido na História da humanidade como Renascença.

Nos nossos tempos atuais, a nossa minoria criativa quase em sua totalidade ainda não se auto-reconhece. É talvez uma dupla de centena de milhões de pessoas dentre os quase sete bilhões que habitam a Terra. Porém, cabe a esta minoria assumir a responsabilidade de forjar uma nova atitude coletiva que pode delinear um novo espírito dos tempos, um novo *éthos*. Esses pioneiros do tempo estão mudando suas próprias vidas, seus estilos de vida e com isso contribuem para mudar o mundo e a sociedade em que vivemos. O novo espírito coletivo que pode emergir pode ser um amálgama reunindo o livre-arbítrio, o não-conformismo, o gosto pela inovação e reinvenção furiosa, e tudo isso temperado por uma enorme capacidade de tolerância e de convivência com a diversidade da espécie humana, independentemente de raça, sexo, nacionalidade, religião. Se assim for, podemos ter a esperança de que nossos tempos sejam de fato a Renascença Digital.

Essa minoria criativa deve procurar mais e mais os indivíduos talentosos, aquelas pessoas capazes de resolver com criatividade questões complexas. A Internet tem sido o canal por excelência onde se dá o diálogo desta minoria criativa. Essa ferramenta é um veículo neutro no qual têm trafegado tanto conteúdo virtuoso quanto corrupto. Mas isso são escolhas individuais de seres que compartilham essa notável infra-estrutura e não a natureza da própria ferramenta. Amaldiçoar a criação da Internet seria como amaldiçoar a criação do dinheiro. Ambas são ferramentas que podem servir indistintamente tanto ao bem quanto ao mal.

Mas, como outras vezes na História da humanidade, a escolha a fazer não é apenas entre *maktub* e livre-arbítrio. Dentro dessa perspectiva, a minoria criativa não pode ignorar que o que está em jogo não são apenas caminhos individuais de sobrevivência. Há uma segunda escolha. Temos também de escolher entre a vida e a morte de nossa espécie, uma escolha entre Eros, o deus do amor, e Tânatos, o deus da personalização da morte na mitologia grega. Não há nada escrito que o futuro será desta ou daquela forma. Se não nos julgarmos antecipadamente condenados ao fracasso ou à morte da nossa civilização, poderemos operar a grande transformação. Se optarmos simultaneamente pelo livre-arbítrio e pelo amor generoso, estes nossos tempos serão conhecidos no futuro como a era da Renascença Digital.

Renascença Digital é uma trilogia. E os três volumes têm em comum a minha busca por iluminar as inovações e experimentações que podem fazer a diferença em termos de apontar para o que pode dar certo. Resolvi dedicar o primeiro volume dessa trilogia à reflexão sobre as pessoas e mudanças de estilos de vida porque julgo que são os indivíduos que mudam, em primeiro lugar, suas próprias vidas, os que impulsionarão progressivamente as mudanças nas organizações e na sociedade como um todo.

Do seio da minoria criativa deverão emergir aqueles indivíduos que liderarão a mudança das nossas organizações, que no final das contas são as formas coletivas de interação dos seres humanos para realizar determinados objetivos que individualmente não seriam possíveis, como são as empresas e as ONGs, por exemplo. Portanto, as organizações inovadoras serão o tema do segundo volume desta trilogia.

Dentre os pioneiros do tempo deverão emergir novas lideranças apaixonadas pela grande arte da Política (com pê maiúsculo); homens e mulheres que trarão novas respostas para os desafios de criar formas de governo mais democráticas, ao mesmo tempo mais eficientes, mais sofisticadas e mais humanizadas. Assim, o terceiro e último volume desta trilogia procurará refletir e amadurecer questões relativas ao reencantamento da política e da reinvenção do setor público. Neste volume, estaremos de frente para o desafio de desenhar novos governos que, sem sufocar a individualidade, serão provedores de serviços mais eficientes no âmbito das nações e localidades e ao mesmo tempo capazes de responder à globalização da humanidade da forma mais ampla e positiva, em termos de segurança econômica, social, militar e ambiental.

A minoria criativa ainda está em gestação. Mas se você procurar ao redor com cuidado e atenção, poderá encontrar muitos deles em ação, ou pelo menos evidências desse tipo de comportamento e atitude. Talvez, seguindo algumas de minhas reflexões, você mesmo possa começar a se auto-reconhecer como um pioneiro do tempo.

Civilização não é um lago parado, mas uma criação humana em processo. Como tão bem afirmou Toynbee: "civilização é um movimento, não uma condição; uma viagem e não um porto seguro." Serão extraordinários e desafiadores os tempos que estão por vir. Mas para aqueles que souberem vencer o medo e a incerteza, que procurarem extrair de seu cérebro, coração e alma aquilo que nós humanos somos capazes de produzir da forma mais positiva e que forem capazes de ser ousados, tenho certeza, valerá a pena a jornada.

Nota

[1] A. Toynbee, *Um estudo da história*, São Paulo, Martins Fontes, 1986.

Este livro foi composto em Minion-Regular,
corpo 11,7/14. Impresso pela Ediouro Gráfica
sobre papel Offset 75g, em março de 2007.